教育部 财政部职业院校教师素质提高计划职教师资培养资源开发项目
"会计学"专业职教师资培养资源开发(VTNE073)
21世纪全国高等院校财经管理系列实用规划教材

中级会计实务

总主编 潘林芝
主 编 罗素清 贾明月 孙芳桦

内 容 简 介

本书以高等职业教育人才培养目标、以企业会计准则为指导，会计理论与会计实务相结合，在理论指导下注重学生的会计核算能力和师范技能；以中级会计师考试大纲为参考标准，以职业能力培养为重点，按照会计岗位工作过程系统化的要求；以典型工作流程为载体，以工作项目和工作子项目为中心组织教材体系。本书共设置货币资金业务的核算、往来款项业务的核算、财产物资业务的核算、投资业务的核算、资金业务的核算、经营成果业务的核算、财务报告的编制共七个项目。教材内容的组织依照"任务驱动""问题解决"的模式，让学生在真实或模拟的情境下，通过解决问题的方式，在完成具体项目的过程中掌握相关会计理论与实践知识和教师技能，使学生具有中职会计教师岗位的职业能力。

图书在版编目(CIP)数据

中级会计实务/罗素清，贾明月，孙芳桦主编. —北京：北京大学出版社，2017.5
ISBN 978-7-301-28129-1

（21 世纪全国高等院校财经管理系列实用规划教材）

Ⅰ.①中… Ⅱ.①罗…②贾…③孙… Ⅲ.①会计实务—高等学校—教材 Ⅳ.①F233

中国版本图书馆 CIP 数据核字（2017）第 037143 号

书　　　名	中级会计实务 ZHONGJI KUAIJI SHIWU
著作责任者	罗素清　贾明月　孙芳桦　主编
策划编辑	王显超
责任编辑	翟　源
标准书号	ISBN 978-7-301-28129-1
出版发行	北京大学出版社
地　　　址	北京市海淀区成府路 205 号　100871
网　　　址	http://www.pup.cn　新浪微博：@北京大学出版社
电子信箱	pup_6@163.com
电　　　话	邮购部 62752015　发行部 62750672　编辑部 62750667
印　刷　者	北京溢漾印刷有限公司
经　销　者	新华书店
	787 毫米×1092 毫米　16 开本　18 印张　420 千字 2017 年 5 月第 1 版　2017 年 5 月第 1 次印刷
定　　　价	42.00 元

未经许可，不得以任何方式复制或抄袭本书之部分或全部内容。
版权所有，侵权必究
举报电话：010-62752024　电子信箱：fd@pup.pku.edu.cn
图书如有印装质量问题，请与出版部联系，电话：010-62756370

教育部 财政部

职业院校教师素质提高计划成果系列丛书

项目牵头单位：浙江师范大学
项目负责人：潘林芝

项目专家指导委员会

主　任：刘来泉
副主任：王宪成　郭春鸣
成　员：(按姓氏笔画排列)

刁哲军	王继平	王乐夫
邓泽民	石伟平	卢双盈
汤生玲	米　靖	刘正安
刘君义	孟庆国	沈　希
李仲阳	李栋学	李梦卿
吴全全	张元利	张建荣
周泽扬	姜大源	郭杰忠
夏金星	徐　流	徐　朔
曹　晔	崔世钢	韩亚兰

出 版 说 明

《国家中长期教育改革和发展规划纲要(2010—2020年)》颁布实施以来，我国职业教育进入到加快构建现代职业教育体系、全面提高技能型人才培养质量的新阶段。加快发展现代职业教育，实现职业教育改革发展新跨越，对职业学校"双师型"教师队伍建设提出了更高的要求。为此，教育部明确提出，要以推动教师专业化为引领，以加强"双师型"教师队伍建设为重点，以创新制度和机制为动力，以完善培养培训体系为保障，以实施素质提高计划为抓手，统筹规划，突出重点，改革创新，狠抓落实，切实提升职业院校教师队伍整体素质和建设水平，加快建成一支师德高尚、素质优良、技艺精湛、结构合理、专兼结合的高素质专业化的"双师型"教师队伍，为建设具有中国特色、世界水平的现代职业教育体系提供强有力的师资保障。

目前，我国共有60余所高校正在开展职教师资培养，但由于教师培养标准的缺失和培养课程资源的匮乏，制约了"双师型"教师培养质量的提高。为完善教师培养标准和课程体系，教育部、财政部在"职业院校教师素质提高计划"框架内专门设置了职教师资培养资源开发项目，中央财政划拨1.5亿元，系统开发用于本科专业职教师资培养标准、培养方案、核心课程和特色教材等系列资源。其中，包括88个专业项目，12个资格考试制度开发等公共项目。该项目由42家开设职业技术师范专业的高等学校牵头，组织近千家科研院所、职业学校、行业企业共同研发，一大批专家学者、优秀校长、一线教师、企业工程技术人员参与其中。

经过三年的努力，培养资源开发项目取得了丰硕成果。一是开发了中等职业学校88个专业(类)职教师资本科培养资源项目，内容包括专业教师标准、专业教师培养标准、评价方案，以及一系列专业课程大纲、主干课程教材及数字化资源；二是取得了6项公共基础研究成果，内容包括职教师资培养模式、国际职教师资培养、教育理论课程、质量保障体系、教学资源中心建设和学习平台开发等；三是完成了18个专业大类职教师资资格标准及认证考试标准开发。上述成果，共计800多本正式出版物。总体来说，培养资源开发项目实现了高效益：形成了一大批资源，填补了相关标准和资源的空白；凝聚了一支研发队伍，强化了教师培养的"校—企—校"协同；引领了一批高校的教学改革，带动了"双师型"教师的专业化培养。职教师资培养资源开发项目是支撑专业化培养的一项系统化、基础性工程，是加强职教教师培养培训一体化建设的关键环节，也是对职教师资培养培训基地教师专业化培养实践、教师教育研究能力的系统检阅。

自2013年项目立项开题以来，各项目承担单位、项目负责人及全体开发人员做了大量深入细致的工作，结合职教教师培养实践，研发出很多填补空白、体现科学性和前瞻性的成果，有力推进了"双师型"教师专门化培养向更深层次发展。同时，专家指导委员会的各位专家以及项目管理办公室的各位同志，克服了许多困难，按照两部对项目开发工作的总体要求，为实施项目管理、研发、检查等投入了大量时间和心血，也为各个项目提供了专业的咨询和指导，有力地保障了项目实施和成果质量。在此，我们一并表示衷心的感谢。

编写委员会
2016 年 3 月

前　言

根据《教育部 财政部关于实施职业院校教师素质提高计划的意见》(教职成〔2011〕14号),"十二五"期间,中央财政安排专项资金,组织具备条件的全国重点建设职教师资培养培训基地,开发职教师资本科专业的培养标准、培养方案、核心课程和特色教材(以下简称"本科专业职教师资培养资源开发项目"),具体包括88个专业项目和12个公共项目。通过开发,在大量实证调研基础上形成系列成果,这对职教师资培养工作的科学化、规范化、特色化,完善职教师资培养体系具有重要意义。

按照项目实施办法,专业项目要取得四部分成果:一是该专业的教师标准;二是该专业的培养标准;三是该专业的人才培养质量评价方案;四是至少五本该专业师资培养的核心课程教材及数字化资源。

"中级会计实务"课程资源建设是本项目的核心成果之一。本书的编写遵循高等职业教育人才培养目标和职教师资培养模式改革的重点,突出实践性、师范性和职业性。围绕形成师范生的"专业实践能力"和"专业问题的解决能力"进行开发。财政部于2006年颁布新企业会计准则,之后又对相关准则进行修订并颁布了一些新的会计准则。鉴于此,本书以高等职业教育人才培养目标、企业会计准则为指导,会计理论与会计实务相结合,在理论指导下注重学生的会计核算能力和师范技能;以中级会计师考试大纲为参考标准,以职业能力培养为重点,按照会计岗位工作过程系统化的要求;以典型工作流程为载体,以工作项目和工作子项目为中心组织教材体系。本书共设置货币资金业务核算、往来款项业务的核算、财产物资业务的核算、投资业务核算、资金业务的核算、经营成果业务的核算、财务报告的编制共七个项目。教材内容的组织依照"任务驱动""问题解决"的模式,让学生在真实或模拟的情境下,通过解决问题的方式,完成具体项目的过程中来掌握相关会计理论与实践知识和教师技能,使学生具备中职会计教师岗位的职业能力。

本书在写作过程中得到了财经商贸类专家指导小组郭杰忠教授、石伟平教授、夏金星教授、刘君义教授、王继平教授、师慧丽老师的悉心指导和热忱帮助,以及项目办组织的专家培训。三年多来,专家们渊博的职业知识、循循善诱的职业素养、诲人不倦的职业精神,指导和激励我们完成项目开发的每一项工作。可以说,项目的每一项进展,都凝聚着专家们的心血,在此向你们致以诚挚的感谢。

本套丛书由潘林芝总体设计。本书由罗素清、贾明月、孙芳桦主编,罗素清老师主要负责编写持有至到期投资、长期股权投资、非流动负债、收入、费用和利润、财务报告;贾明月老师主要负责编写固定资产、无形资产、投资性房地产、流动负债、所有者权益;孙芳桦老师主要负责编写货币资金、应收款项、交易性金融资产与可供出售金融资产、存货。

此外，本书的编写还得到张晖、金高军和刘斌红等老师以及付志坚（浙江尖峰股份有限公司原财务总监）和夏祖兴（金华安泰会计师事务所所长）等企业财务人员的大力支持。

本书在编写过程中参阅了大量文献资料，得到了有关领导、专家的支持，在此一并表示感谢！

《中级会计实务》编写组
2016 年 6 月

目 录

第 1 章 货币资金业务的核算 ... 1
1.1 现金业务核算 ... 2
1.1.1 库存现金的管理 ... 2
1.1.2 库存现金收支业务的核算 ... 3
1.1.3 库存现金清查业务的核算 ... 3
1.2 银行存款业务核算 ... 6
1.2.1 银行存款的管理 ... 6
1.2.2 银行存款收付业务的核算 ... 8
1.2.3 银行存款清查业务的核算 ... 9
1.3 其他货币资金业务核算 ... 13
1.3.1 其他货币资金的构成 ... 13
1.3.2 其他货币资金业务的核算 ... 14
本章小结 ... 21
训练题 ... 22

第 2 章 往来款项业务的核算 ... 25
2.1 应收款项业务的核算 ... 26
2.1.1 应收票据业务的核算 ... 26
2.1.2 应收账款业务的核算 ... 27
2.1.3 预付账款业务的核算 ... 28
2.1.4 其他应收款项业务的核算 ... 29
2.1.5 应收款项减值业务的核算 ... 30
2.2 应付款项业务的核算 ... 38
2.2.1 应付票据的核算 ... 38
2.2.2 应付账款的核算 ... 39
2.2.3 应付职工薪酬的核算 ... 41
2.2.4 应交税费的核算 ... 43
本章小结 ... 50
训练题 ... 51

第 3 章 财产物资业务的核算 ... 55
3.1 存货业务核算 ... 56
3.1.1 存货取得与发出业务的核算 ... 56
3.1.2 原材料业务的核算 ... 59
3.1.3 周转材料业务的核算 ... 61
3.1.4 库存商品业务的核算 ... 62
3.1.5 存货清查业务的核算 ... 64
3.1.6 存货期末计量业务的核算 ... 65
3.2 固定资产业务的核算 ... 78
3.2.1 固定资产的确认与计价 ... 79
3.2.2 固定资产取得的核算 ... 80
3.2.3 固定资产折旧的核算 ... 82
3.2.4 固定资产处置与盘亏毁损的核算 ... 85
3.3 无形资产业务的核算 ... 93
3.3.1 无形资产的特征 ... 93
3.3.2 无形资产的分类 ... 94
3.3.3 无形资产取得的核算 ... 94
3.3.4 无形资产研究开发的核算 ... 94
3.3.5 无形资产的摊销 ... 96
3.3.6 无形资产的出售和出租 ... 96
3.4 投资性房地产业务的核算 ... 101
3.4.1 投资性房地产及其特征 ... 101
3.4.2 投资性房地产的确认与初始计量 ... 102
3.4.3 投资性房地产的后续计量 ... 103
3.4.4 投资性房地产的转换 ... 104
3.4.5 投资性房地产的处置 ... 105
本章小结 ... 112
训练题 ... 112

第 4 章 投资业务的核算 ... 116
4.1 交易性金融资产业务的核算 ... 117
4.1.1 交易性金融资产的界定 ... 117
4.1.2 交易性金融资产的初始确认与计量 ... 117
4.1.3 交易性金融资产的后续计量 ... 118

  4.1.4 交易性金融资产的终止
    确认 118
 4.2 持有至到期投资业务的核算 121
  4.2.1 持有至到期投资的定义与
    特征 122
  4.2.2 持有至到期投资的初始确认与
    计量 122
  4.2.3 持有至到期投资的后续
    计量 123
  4.2.4 持有至到期投资的终止
    确认 124
 4.3 可供出售金融资产业务的核算 131
  4.3.1 可供出售金融资产的界定 131
  4.3.2 可供出售金融资产的初始确认与
    计量 132
  4.3.3 可供出售金融资产的后续
    计量 132
  4.3.4 持有至到期投资重分类为可供
    出售金融资产 133
  4.3.5 可供出售金融资产的终止
    确认 133
 4.4 长期股权投资业务的核算 140
  4.4.1 长期股权投资的含义及
    分类 141
  4.4.2 长期股权投资的初始投资成本的
    确定 142
  4.4.3 长期股权投资的后续计量—成本
    法与权益法 143
  4.4.4 长期股权投资的成本法与权益法
    相互转换的会计核算 145
  4.4.5 长期股权投资减值的核算 147
  4.4.6 长期股权投资处置的核算 147
 本章小结 164
 训练题 165

第5章 资金业务的核算 169

 5.1 负债融资业务的核算 170
  5.1.1 流动负债的核算 170
  5.1.2 长期负债的核算 172

 5.2 所有者权益业务的核算 186
  5.2.1 实收资本的核算 186
  5.2.2 资本公积的核算 187
  5.2.3 盈余公积的核算 189
  5.2.4 未分配利润核算 190
 本章小结 194
 训练题 195

第6章 经营成果业务的核算 198

 6.1 收入业务的核算 199
  6.1.1 收入的定义与构成 199
  6.1.2 销售商品收入业务的核算 200
  6.1.3 提供劳务收入业务的核算 204
  6.1.4 让渡资产使用权收入业务的
    核算 206
 6.2 费用与利润业务的核算 220
  6.2.1 费用的定义与种类 220
  6.2.2 费用的核算 221
  6.2.3 利润的核算 223
 本章小结 230
 训练题 230

第7章 财务报告的编制 234

 7.1 资产负债表的编制 235
  7.1.1 财务报告定义及其体系 235
  7.1.2 财务报表列报的基本要求 236
  7.1.3 资产负债表的编制 238
 7.2 利润表的编制 245
  7.2.1 利润表的定义和内容 245
  7.2.2 利润表的结构与格式 246
  7.2.3 利润表的填列方法 247
 7.3 现金流量表的编制 250
  7.3.1 现金流量表概念和作用 250
  7.3.2 现金流量的分类 252
  7.3.3 现金流量表的结构 253
  7.3.4 现金流量表的编制 255
 7.4 所有者权益变动表的编制 262
  7.4.1 所有者权益变动表的内容 262
  7.4.2 所有者权益变动表的格式 263

  7.4.3 所有者权益变动表的填列
    方法 264
7.5 财务报表附注 267
  7.5.1 财务报表附注的概念和
    特征 267

  7.5.2 财务报表附注的主要内容 268
本章小结 274
训练题 275

参考文献 278

第1章 货币资金业务的核算

职业能力目标

- **专业能力目标**
  - 能理解相关货币资金的管理要求。
  - 能掌握相关货币资金收付业务的核算。
  - 能掌握相关货币资金清查业务的账务处理。
- **教学能力目标**
  - 熟悉货币资金业务的会计核算。
  - 结合专业知识和学情进行个性化专业教学设计。
  - 营造良好的项目、选择合适的教学方法进行专业教学实施。
  - 选择恰当的方式开展专业教学评价。
- **社会能力目标**
  - 具备一定的沟通协调能力,处理好个人与他人关系,处理好企业内外相关部门的关系。
  - 能利用现代信息技术获取并甄别相关信息,分析对货币资金业务的影响。
  - 了解企业货币资金业务核算现状。

工作任务分析

- 了解《现金管理暂行条例》《银行账户管理办法》的规定。
- 核算库存现状、银行存款、其他货币资金业务。
- 编制银行存款余额调节表。

1.1 现金业务核算

辉正公司为了满足正常的生产经营可以将大量的库存现金存放在本企业保险柜吗？库存现金能用于各种类型的支付吗？辉正公司收到产品销售收入时，会计人员应该如何进行核算，可以直接用于支付吗？如何确保现金的实际数和账面数相符，该如何对现金进行有效管理？

知识准备

1.1.1 库存现金的管理

1. 库存现金的定义

库存现金是指存放在单位会计部门，由出纳员保管的为了满足经营过程中零星支付需要而保留的现款，包括人民币和外币。库存现金是企业流动性最强的资产，对于维持企业正常的生产经营管理具有重要作用，但它也是企业最容易流失的资产，加强库存现金管理具有重要的意义。

2. 库存现金的管理

库存现金的管理是指企业按照国家有关现金管理的财经法规和企业内部控制制度的要求，对现金收入和支出的管理。我国《现金管理暂行条例》规定，凡是在银行或其他金融机构开立账户的机关、团体、部队、企事业单位必须依照《现金管理暂行条例》规定收入和使用现金，自觉接受开户银行的监督。《现金管理暂行条例》的具体内容如下所述。

1) 现金的库存限额

现金库存限额是指按照银行现金管理的规定，由开户银行核定的企业现金的库存最高额度。现金的库存限额由企业提出申请，经由开户银行根据开户单位的实际需要和距离银行远近等情况审查核定。现金的库存限额原则上根据企业3~5天日常零星开支所需现金确定，边远地区和交通不便地区的开户单位可适当放宽，但最多不得超过15天。

没有在银行单独开立账户的附属单位也要实行现金管理，必须保留的现金，也要核定限额，其限额包括在开户单位的库存限额之内。商业和服务行业的找零备用现金也要根据营业额核定定额，但不包括在开户单位的库存限额之内。

2) 现金的使用范围

现金的使用范围有：①职工工资、津贴。②个人劳务报酬。③根据国家规定颁发给个人的科学技术、文化艺术、体育等各种奖金。④各种劳保、福利费以及国家规定的对个人的其他支出。⑤向个人收购农副产品和其他物资的价款。⑥出差人员必须随身携带的差旅费。⑦结算起点(1 000 元)以下的零星支出。⑧中国人民银行确定需要支付现金的其他支出。

除上述范围内的支付可以使用现金外，其他款项结算必须通过开户银行办理转账结算。同时，除第⑤、⑥项外，开户单位支付给个人的款项，超过使用现金限额的部分，应当以支票或银行本票支付；确需全额支付现金的，经开户银行审核后，予以支付现金。

3) 现金收支的管理

(1) 企业的现金收入应当于当日送存开户银行；当日送存确有困难的，由开户银行确定送存时间。

(2) 企业支付现金，可以从本企业库存现金限额中支付或者从开户银行提取，不得从本企业的现金收入中直接支付(即坐支)。因特殊情况需要坐支现金的，应当事先报经开户银行审查批准，由开户银行核定坐支范围和限额。另外企业应定期向银行报送坐支金额和使用情况。

(3) 企业从开户银行提取现金，应当写明用途，由本单位财会部门负责人签字盖章，经开户银行审核后，予以支付现金。

(4) 企业因采购地点不固定，交通不便，生产或者市场急需，抢险救灾以及其他特殊情况必须使用现金的，应当向开户银行提出申请，由本单位财会部门负责人签字盖章，经开户银行审核后，予以支付现金。

1.1.2　库存现金收支业务的核算

1. 现金的总分类核算

为了总括地核算和监督库存现金的收、付和结存情况，应设置"库存现金"总分类账户。该账户属于资产类账户，借方反映库存现金的增加，贷方反映库存现金的减少，期末余额在借方，反映企业实际持有的库存现金。如有外币现金的收付，则应在库存现金账户中分别按不同的币种开设明细账户，进行明细核算。

企业收到现金时，借记"库存现金"账户，贷记有关账户；支付现金时，借记有关账户，贷记"库存现金"账户。

2. 库存现金的序时核算

为了全面、连续、序时、逐笔地反映和监督现金的收入和支出、结存情况，防止现金收支差错及舞弊行为的发生，企业还应设置"库存现金日记账"进行序时核算。

"库存现金日记账"为订本式账簿，由出纳人员根据涉及现金收、付的记账凭证按照业务发生的先后顺序逐日逐笔登记。每日终了，应结出余额，并与实存现金数进行核对，做到账实相符。

1.1.3　库存现金清查业务的核算

企业应当按规定进行库存现金的清查，一般采用实地盘点法，即通过库存现金的盘点实有数与现金日记账的余额进行核对的方法，来查明账实是否相符。

1. 库存现金的清查方式

库存现金的清查可分为以下两种情形。

(1) 出纳员自查。在日常的工作中，现金出纳员每日清点库存现金实有数额，并及时与库存现金日记账的余额相核对,这实际上也是现金出纳员的工作职责。

(2) 专门人员清查。在由专门清查人员进行的清查工作中,为了明确经济责任,出纳人员必须在场。清查人员要认真审核收付凭证和账簿记录,检查经济业务的合理性和合法性。此外,清查人员还应检查企业是否以"白条"抵充现金。

企业库存现金盘点结束后,应编制"库存现金盘点报告单"(表1-1),由盘点人员和出纳员共同签字方能生效。

表1-1 库存现金盘点报告单

单位名称:　　　年　月　日

实存金额	账存金额	实存与账存对比		备注
		盘盈	盘亏	

盘点人签章:　　　　　　　　　　　　　　　　　　　　出纳员签章:

2. 库存现金盘盈、盘亏的核算

企业库存现金发生盘盈和盘亏,首先计入"待处理财产损溢"账户及其所属明细账的贷方或借方,经批准后,则按照审批意见,从该账户借或贷方结转至有关账户。

(1) 现金盘盈,属于应支付给有关人员或者单位的,按照实际盘盈金额,贷记"其他应付款";属于无法查明原因的,贷记"营业外收入"。

(2) 现金盘亏,属于应由责任人赔偿或者保险公司赔偿的部分,按照实际盘亏金额,借记"其他应收款";属于无法查明原因的,借记"管理费用"。

业务操作

任务一:库存现金收支业务的核算

1. 任务描述

辉正公司2×15年10月发生以下业务。
(1) 5日将销售剩余原材料A所收到的现金2 000元当日存入银行。
(2) 15日单位采购员小王出差填妥借款单,借差旅费500元,已用现金支付。
(3) 20日小王回来报销差旅费,有关费用单据共计支出450元,余款50元交还现金。

2. 任务要求

请为辉正公司编制相应的会计分录。

3. 任务分析

辉正公司为了总括地核算和监督库存现金的收、付和结存情况,首先应设置"库存现金"总分类账户;该账户属于资产类账户,借方反映库存现金的增加,贷方反映库存现金的减少,期末余额在借方,反映企业实际持有的库存现金。其次,当辉正公司收到现金时,借记"库存现金"账户,贷记有关账户;最后,当支付现金时,借记有关账户,贷记"库存现金"账户。

4. 任务具体完成过程

(1) 销售原材料,属于日常业务中的副业,收到款项的同时,确认"其他业务收入"。
借:银行存款   2 000
　　贷:其他业务收入   2 000

(2) 出差预借差旅费时。
借:其他应收款——小王   500
　　贷:库存现金   500

(3) 报销差旅费并交还余款。
借:管理费用   450
　　贷:其他应收款——小王   450
借:库存现金   50
　　贷:其他应收款——小王   50

任务二:库存现金盘盈、盘亏业务的核算

1. 任务描述

辉正公司2×15年10月12日对库存现金进行实地盘点,发现库存现金盘亏(短缺)2 000元,仔细调查后仍不清楚原因。2×15年10月20日对库存现金也进行实地盘点,发现库存现金盘盈(溢余)500元,调查后确认是尚未支付给丙公司的违约金。

2. 任务要求

(1) 请为辉正公司编制2×15年10月12日现金盘亏的会计分录。
(2) 请为辉正公司编制2×15年10月20日现金盘盈的会计分录。

3. 任务分析

辉正公司2×15年10月对库存现金进行实地盘点,发现库存现金盈亏。首先,将库存现金发生的盘盈和盘亏数,计入"待处理财产损溢"账户及其所属明细账的贷方或借方,经批准后,则按照审批意见,从该账户借方或贷方结转至有关账户。其次,2×15年10月12日现金盘亏2 000元,无法查明原因,经批准转入"管理费用"。最后,2×15年10月20日现金盘盈500元,属于应支付给丙公司的违约金,按照实际盘盈金额,贷记"其他应付款"。

4. 任务具体完成过程

(1) 为辉正公司编制2×15年10月12日现金盘亏的会计分录。
发现库存现金盘亏时:
借:待处理财产损溢——待处理流动资产损溢   2 000
　　贷:库存现金   2 000

经批准，确定无法查明原因：
借：管理费用   2 000
    贷：待处理财产损溢——待处理流动资产损溢   2 000
(2) 为辉正公司编制 2×15 年 10 月 20 日现金盘盈的会计分录。
发现库存现金盘盈时：
借：库存现金   500
    贷：待处理财产损溢——待处理流动资产损溢   500
经查明批准是少付、尚未支付给丙公司的违约金：
借：待处理财产损溢——待处理流动资产损溢   500
    贷：其他应付款——丙公司   500

1.2 银行存款业务核算

情境引例

辉正公司 20×4 年 7 月 1 日销售 A 产品一批，价值 50 000 元，增值税 8 500 元，收到款项后该如何处理？辉正公司当月需要去异地采购重要原材料，金额较大，怎样才能实现便捷安全的支付？另本期辉正公司的银行存款发生额较大，交易数量较多，如何确保银行存款的账面数与实存数相一致？

知识准备

1.2.1 银行存款的管理

银行存款是指企业存放在银行或其他金融机构的货币资金，包括人民币存款和外币存款。我国规定，凡是独立核算的企业都应在银行开设账户用以保存货币资金，并办理转账结算业务。

1. 银行存款管理的具体要求

1) 严格执行银行账户管理办法的规定

按照中华人民共和国《银行账户管理办法》规定，凡是独立核算的企业都应在当地银行开设账户，以办理银行存款的存入、付出和转账业务。开户时，企业要凭有关证明文件到银行办理开户手续，并在银行预留有效印章样本。单位银行结算账户按用途可分为基本存款账户、一般存款账户、专用存款账户、临时存款账户。

2) 贯彻内部控制制度，实行钱账分管的原则

银行存款和现金一样，应由出纳人员管理，并负责办理收付款业务；票据及各种付款凭证应指定专人保管，并由专人负责审批；审批和具体签发付款凭证的工作应分别由两个或两个以上的人员办理，不能由一人兼管。

3) 银行存款收付业务必须使用银行统一规定的结算凭证

企业向银行存入款项时，要填制"送款单"或"进账单"，将现金或转账支票送存银行，

或由银行按支付结算办法规定划转存入企业存款账户,企业根据"送款单"或"进账单"回单联或银行收账通知单入账。企业从银行提取现金或支付款项时,应签发支票或其他结算凭证或银行根据支付结算办法的规定,主动将款项从企业存款账户中划出,企业根据银行盖章的付款通知单入账。企业填写的各项收付款结算凭证,必须如实填明款项来源或用途,不得弄虚作假以套取银行信用。

4) 定期与银行核对账目

企业收入的一切账款,除国家另有规定的外,都必须及时送存银行;一切支出,除规定用库存现金支付的外,都应按照支付结算办法的有关规定,通过银行办理转账结算。因此,企业要定期与银行核定账目,发现不符的账项要及时与银行联系,查明原因,进行账项调整。

2. 银行支付结算方式

1) 支票结算方式

支票是由出票人签发的,委托办理支票存款业务的银行或者其他金融机构在见票时无条件支付确定金额给收款人或者持票人的票据。支票可分为现金支票、转账支票和普通支票,现金支票不可背书转让。

收款单位对于收到的支票,应在支票的有效期内填制进账单连同支票送交银行,根据银行退回的进账单第一联和有关的原始凭证编制收款凭证,或根据银行转来的由出票人送交银行支票后,经银行审查盖章的进账单回单联和有关的原始凭证编制收款凭证;付款单位对于付出的支票,应根据支票的存根和有关原始凭证及时编制付款凭证。

2) 银行本票结算方式

银行本票是由银行签发承诺自己在见票时无条件支付确定的金额给收款人或持票人的票据,具有信誉高、支付功能强等特点。

收款单位按规定受理银行本票后,应将本票连同进账单送交银行办理转账,根据银行盖章退回的进账单第一联和有关原始凭证编制收款凭证。付款单位在填送"银行本票申请书"并将款项缴存银行,收到银行签发的银行本票后,根据申请书存根联编制付款凭证。企业因银行本票超过付款期限或其他原因要求退款时,在交回本票和填制进账单经银行审核盖章后,根据进账单第一联编制收款凭证。

3) 银行汇票结算方式

银行汇票是由出票银行签发,由其在见票时按照实际结算金额无条件支付给收款人或持票人的票据,具有使用灵活、票随人到、兑现性强等特点。

收款单位应当将汇票、解讫通知和进账单送交银行,根据银行退回的进账单回单和有关的原始凭证编制收款凭证。付款单位应在收到银行汇票后根据"银行汇票申请书(存根)"编制付款凭证;如有多余款项或因汇票超过付款期限等原因退款时,应根据银行的多余款收账通知编制收款凭证。

4) 商业汇票结算方式

商业汇票是由出票人签发,委托付款人在指定日期无条件支付确定的金额给收款人或持票人的票据。按承兑人不同,分为银行承兑汇票和商业承兑汇票。

采用商业汇票方式的,收款单位将要到期的商业汇票连同填制的邮划或电划委托凭证,一并送交银行办理转账,根据银行的收款通知据以编制收款凭证;付款单位在收到银行的付款通知时,据以编制付款凭证。收款单位将未到期的商业汇票向银行申请贴现时,应按规定填制贴现凭证,连同汇票一并送交银行,根据银行的收账通知编制收款凭证。

5) 汇兑结算方式

汇兑是指汇款人委托银行将款项汇给收款人的一种结算方式。汇兑分为信汇和电汇两种。信汇是指汇款人委托银行以邮寄方式将款项划转给收款人;电汇则是指汇款人委托银行通过电报方式将款项划转给收款人。后者的汇款速度比前者迅速。

收款单位对于汇入的款项,应在收到银行的收账通知后,据以编制收款凭证;付款单位对于汇出的款项,应在银行办理汇款后,根据汇款回单编制付款凭证。

6) 委托收款结算方式

委托收款是收款人委托银行向付款人收取款项的结算方式。委托收款只适用于已承兑的商业汇票、债券、存单等付款人的债务证明办理款项的结算。按款项划回方式可分为邮寄划回和电报划回两种。

收款单位对于委托款项,根据银行的收账通知编制收款凭证;付款单位在收到银行转来的委托收款凭证后根据委托收款凭证和有关的原始凭证编制付款凭证。

7) 托收承付结算方式

托收承付是指根据购销合同由收款人发货后委托银行向异地付款人收取款项,由付款人向银行承认付款的一种结算方式。托收承付结算起点为 10 000 元,新华书店系统结算起点则为 1 000 元。

收款单位对于托收款项,根据银行的收账通知和有关的原始凭证编制收款凭证;付款单位对于承付的款项,应于承付时根据托收承付结算凭证的承付支款通知和有关的原始凭证编制付款凭证。如拒绝付款,属于全部拒付的,不作账务处理;属于部分拒付的,付款部分按上述规定处理,拒付部分不作账务处理。

8) 信用卡结算方式

信用卡是指商业银行向个人和单位发行的,凭以向特约单位购物、消费和向银行存取现金,具有消费信用的特制载体卡片。

采用信用卡结算方式的收款单位对于当日受理的信用卡签购单,填写汇计单和进账单,连同签购单一并送交银行办理转账。在收到银行收账通知时,据以编制收款凭证;付款单位对于付出的信用卡资金,应根据银行转来的付款通知和有关的原始凭证编制付款凭证。

1.2.2 银行存款收付业务的核算

银行存款收付业务的财务处理包括总分类核算和序时核算两方面。

1. 银行存款收付的总分类核算

为了总括核算银行存款的收入、支出和结存情况,应设置"银行存款"总分类账户。该账户属于资产类账户,用来核算企业存入银行或其他金融机构的各种款项,账户的借方登记存入银行或其他金融机构的款项,贷方登记从银行提取或支付的款项,期末余额在借方,反映企业存在银行或其他金融机构的各种款项。

企业收到款项时,借记"银行存款"账户,贷记有关账户;付出款项时,借记有关账户,贷记"银行存款"账户。

2. 银行存款的序时核算

为了及时核算银行存款的收、付和结存情况,加强对银行存款的管理,企业还要设置"银行存款日记账",进行序时核算。银行存款日记账采用订本式账簿,由出纳员根据记账凭证和银行收、付款结算凭证,按经济业务发生的先后顺序逐日逐笔进行登记,每日终了应结出余额,定期与银行核对,保证账实相符。有外币业务的企业应分别按人民币和外币设置银行存款日记账(表1-2)进行序时核算。

表1-2 银行存款日记账

单位:元

2×15年		凭证		摘要	对方科目	结算凭证		借方	贷方	余额
月	日	字	号	承前页		种类	号数			
8	1									300 000
8	2	银付	51	提现备发工资	库存现金	现支			10 000	290 000
8	3	银收	48	收回A公司货款	应收款项	汇兑		5 000		295 000
8	4	银收	49	销货款存入	主营业务收入、应交税费	进账单		11 700		306 700
8	5	银付	52	支付购材料价税款	材料采购、应交税费	转支			9 360	297 340

3. 外币银行存款收付业务核算

有外币存款的单位,应在"银行存款"总账科目下分别对人民币和各种外币设置明细分类账户进行核算,单位发生外币业务时,应将有关外币金额按折合为人民币记账。除另有规定外,所有与外币业务有关的账户,应采用业务发生时的汇率或外币业务发生当期期初的汇率折合。期末,按照期末汇率折合的人民币金额与原账面人民币金额之间的差额作为汇兑损益,分别计入当期财务费用、长期待摊费用或予以资本化处理。

购入外汇或不同外币兑换而产生的银行买入价、卖出价与折合汇率之间的差额,计入当期财务费用。

1.2.3 银行存款清查业务的核算

1. 银行存款的清查方法

银行存款的清查,与实物和现金的清查方法不同,它是采用与银行核对账目的方法来进行的,即将企业的银行存款日记账与从银行取得的对账单进行逐比核对,以查明银行存款的收入、付出和结余的记录是否正确。经过核对,检查双方记录有无错误,有无未达账,

并在此基础上确定银行存款的实有额。"银行存款日记账"应定期与"银行存款对账单"核对，至少每月核对一次。

在实际工作中，企业银行存款日记账余额与银行对账单余额往往不一致，其主要原因：一是双方账目发生错账、漏账；二是正常的"未达账项"。因此，在与银行核对账目之前，应先仔细检查企业银行存款日记账的正确性和完整性，然后再将其与银行送来的对账单逐笔进行核对。

2. 未达账项

未达账项，是指由于企业与银行取得凭证的实际时间不同，导致记账时间不一致，而发生的一方已取得结算凭证且已登记入账，而另一方未取得结算凭证尚未入账的款项。企业与银行之间的未达账项，有以下四种情况。

(1) 银行已收，企业未收。银行已经收款入账，而企业尚未收到银行的收款通知因而未收款入账的款项。如委托银行收款等。

(2) 银行已付，企业未付。银行已经付款入账，而企业尚未收到银行的付款通知因而未付款入账的款项。如借款利息的扣付、各种代扣费等。

(3) 企业已收，银行未收。企业已经收款入账，而银行尚未办理完转账手续因而未收款入账的款项。如收到外单位的转账支票等。

(4) 企业已付，银行未付。企业已经付款入账，而银行尚未办理完转账手续因而未付款入账的款项。如企业已开出支票而持票人尚未向银行提现或转账等。

3. 银行存款余额调节表的编制

通过逐笔核对银行存款日记账与银行对账单，如果发现企业有错账或漏账，应立即更正；如果发现银行有错账或漏账，应及时通知银行查明更正；如果发现有未达账项，则应据以编制银行存款余额调节表(表1-3)进行调节，并验证调节后余额是否相等。

表1-3 银行存款余额调节表

单位：元

项 目	金 额	项 目	金 额
银行存款日记账余额		银行对账单余额	
加：银行已收，企业未收		加：企业已收，银行未收	
减：银行已付，企业未付		减：企业已付，银行未付	
调节后的存款余额		调节后的存款余额	

应该指出，上表中的"调节后的存款余额"只表明企业可以实际动用的银行存款数，并非企业银行存款的实际数。编制银行存款余额调节表的目的是消除未达账项的影响，核对银行存款账目有无错误。"银行存款余额调节表"只起到对账作用，该表本身并非原始凭证，不能根据该表在银行存款日记账上登记，而要等到银行转来有关原始凭证后再按记账程序登记入账。

业务操作

任务一：银行存款收付业务的核算

1. 任务描述

2×15年9月10日，辉正公司开出现金支票一张，从银行提取现金10 000元备发工资。2×15年9月11日，辉正公司收到银行转来A公司汇来前欠货款5 000元。2×15年9月12日，辉正公司将本日销货款11 700元(其中含增值税1 700元)填制"进账单"送存银行。2×15年9月14日，辉正公司购进甲材料一批(尚未验收)，价款8 000元，增值税款1 360元，签发转账支票付讫。辉正公司采用实际成本法核算。

2. 任务要求

(1) 请为辉正公司编制2×15年9月10日相应的会计分录。
(2) 请为辉正公司编制2×15年9月11日相应的会计分录。
(3) 请为辉正公司编制2×15年9月12日相应的会计分录。
(4) 请为辉正公司编制2×15年9月14日相应的会计分录。

3. 任务分析

为了核算银行存款的收入、支出和结存情况，辉正公司应设置"银行存款"账户，用来核算企业存入银行或其他金融机构的各种款项。首先，2×15年9月10日，辉正公司开出现金支票一张，从银行提取现金10 000元，即做提现的会计分录，借记"库存现金"，贷记"银行存款"。其次，2×15年9月11日，辉正公司收到银行转来A公司汇来前欠货款5 000元，借记"银行存款"，贷记"应收账款"。再次，2×15年9月12日，辉正公司将本日销货款11 700元送存银行，则进行收入确认的处理，借记"银行存款"，贷记"主营业务收入""应交税费——应交增值税(销项税额)"等。最后，2×15年9月14日，辉正公司购进材料，签发转账支票付讫，则借记"在途物资""应交税费——应交增值税(进项税额)"等，贷记"银行存款"。

4. 任务具体完成过程

(1) 为辉正公司编制2×15年9月10日提现的会计分录：

借：库存现金　　　　　　　　　　　　　　　　　　　　　　　10 000
　　贷：银行存款　　　　　　　　　　　　　　　　　　　　　　10 000

(2) 为辉正公司编制2×15年9月11日收到货款的会计分录：

借：银行存款　　　　　　　　　　　　　　　　　　　　　　　5 000
　　贷：应收账款——A公司　　　　　　　　　　　　　　　　　5 000

(3) 为辉正公司编制2×15年9月12日送存收入相应的会计分录：

借：银行存款　　　　　　　　　　　　　　　　　　　　　　　11 700
　　贷：主营业务收入　　　　　　　　　　　　　　　　　　　　10 000
　　　　应交税费——应交增值税(销项税额)　　　　　　　　　　1 700

(4) 为辉正公司编制 2×15 年 9 月 14 日购进材料相应的会计分录:

借: 在途物资　　　　　　　　　　　　　　　　　　　　8 000
　　应交税费——应交增值税(进项税额)　　　　　　　1 360
　　贷: 银行存款　　　　　　　　　　　　　　　　　　　　9 360

任务二: 银行存款清查业务的核算

1. 任务描述

辉正公司 2×15 年 7 月 25 日后的银行存款日记账(表 1-4)与 7 月 30 日收到的银行对账单(表 1-5)记录如下(假定 7 月之前的记录全部相符)。

表 1-4　辉正公司 2×15 年 7 月银行存款日记账

单位: 元

时　间	凭证号	摘　要	借　方	贷　方	余　额
7 月 25 日	略	略			30 000
7 月 26 日	收字 20 号	销售 A 产品	12 000		42 000
7 月 27 日	付字 15 号	购买甲材料		22 000	20 000
7 月 28 日	收字 21 号	销售 B 产品	300		20 300
7 月 29 日	付字 16 号	付汽车修理费		2 100	18 200
7 月 30 日	收字 22 号	销售 A 产品	1 800		20 000

表 1-5　2×15 年 7 月银行对账单

单位: 元

时　间	凭证号	摘　要	借　方	贷　方	余　额
7 月 25 日	略	略			30 000
7 月 26 日	略	A 货款		12 000	42 000
7 月 27 日	略	A 货款		1 800	43 800
7 月 28 日	略	甲货款	22 000		21 800
7 月 29 日	略	M 公司汇款		400	22 200
7 月 30 日	略	水费	200		22 000

2. 任务要求

请为辉正公司核对银行存款,并编制银行存款余额调节表。

3. 任务分析

银行存款的清查采用的是对账法。首先,将辉正公司的银行存款日记账与从银行取得的对账单逐笔核对,以查明辉正公司银行存款的收入、付出和结余的记录是否正确。其次,逐笔核对后发现以下未达账项: 2×15 年 7 月 28 日销售 B 产品,企业已入账,但是银行尚未登记入账; 2×15 年 7 月 29 日企业已支付汽车修理费并登记入账,银行尚未付款登记入账;银行已收到 M 公司汇入款项并登记入账,企业未收到入账通知尚未登记入账。2×15年 7 月 30 日银行已划转水费登记入账,企业未收到付款通知尚未登记入账。对于发现的未达账项,编制银行存款余额调节表进行调节,并验证调节后余额是否相等。

4. 任务具体完成过程

辉正公司的银行存款日记账与银行对账单进行逐笔核对发现以下未达账项:2×15 年 7 月 28 日销售 B 产品,企业已入账,但是银行尚未登记入账;2×15 年 7 月 29 日企业已支付汽车修理费并登记入账,银行尚未付款登记入账;银行已收到 M 公司汇入款项并登记入账,企业未收到入账通知尚未登记入账;2×15 年 7 月 30 日银行已划转水费登记入账,企业未收到付款通知尚未登记入账。因此,银行存款余额调节表(表 1-6)如下:

表 1-6　银行存款余额调节表

单位:元

项　　目	金　　额	项　　目	金　　额
银行存款日记账余额	20 000	银行对账单余额	22 000
加:银行已收,企业未收	400	加:企业已收,银行未收	300
减:银行已付,企业未付	200	减:企业已付,银行未付	2 100
调节后的余额	20 200	调节后的余额	20 200

注:"银行存款余额调节表"只起到对账作用,该表本身并非原始凭证,不能根据该表在银行存款日记账上登记,而要等到银行转来有关原始凭证后再按记账程序登记入账。

1.3　其他货币资金业务核算

情境引例

辉正公司 2×15 年 12 月需要去异地采购重要原材料,金额较大,怎样才能实现便捷安全的支付?辉正公司短期闲置资金,准备入市进行短期投资获利,其将大额资金投入证券市场,期间该如何进行账务处理?

知识准备

1.3.1　其他货币资金的构成

其他货币资金是指企业除现金、银行存款以外的其他各种货币资金,主要包括外埠存款、银行汇票存款、银行本票存款、信用卡存款、信用证保证金存款和存出投资款等。

1. 外埠存款

外埠存款是指企业为了到外地进行临时或零星采购,而汇往采购地银行开立采购专户的款项。采购专户只付不收,付完结束账户。

外埠存款的核算程序主要有三个步骤：汇出资金并开户；采购付款；余额转回。

2. 银行汇票存款、银行本票存款、信用卡存款、信用证保证金存款

银行汇票存款是指企业为了取得银行汇票按规定存入银行的款项。银行本票存款是指企业为取得银行本票按规定存入银行的款项。信用卡存款是指企业为取得信用卡而存入银行信用卡专户的款项。信用证保证金存款是指采用信用证结算方式的企业为开具信用证而存入银行信用证保证金账户专户的款项。

这些存款的会计核算均可分为三个环节：取得汇票、本票、信用证或信用卡；用票、证或卡付款；余额转回。

3. 存出投资款

存出投资款是指企业为购买股票、债券等根据有关规定存入在证券公司指定银行开立的投资款专户，但尚未进行短期投资的款项。

1.3.2 其他货币资金业务的核算

1. 外埠存款业务

企业将款项汇往外地开立采购专用账户，根据汇出款项凭证编制付款凭证时，借记"其他货币资金——外埠存款"科目，贷记"银行存款"科目；收到采购人员转来供应单位发票账单等报销凭证时，借记"材料采购""在途物资"或"原材料""库存商品""应交税费——应交增值税(进项税额)"等科目，贷记"其他货币资金——外埠存款"科目；采购完毕收回剩余款项时，根据银行的收账通知，借记"银行存款"科目，贷记"其他货币资金——外埠存款"科目。

2. 银行汇票存款业务

企业填写"银行汇票申请书"、将款项交存银行时，借记"其他货币资金——银行汇票存款"科目，贷记"银行存款"科目；企业持银行汇票购物、收到有关发票账单时，借记"材料采购""在途物资"或"原材料""库存商品""应交税费——应交增值税(进项税额)"等科目，贷记"其他货币资金——银行汇票存款"科目；采购完毕收回剩余款项时，借记"银行存款"，贷记"其他货币资金——银行汇票存款"科目。

3. 银行本票存款业务

企业填写"银行本票申请书"、将款项交存银行时，借记"其他货币资金——银行本票存款"科目，贷记"银行存款"科目；企业持银行本票购物、收到有关发票账单时，借记"材料采购""在途物资"或"原材料""库存商品""应交税费——应交增值税(进项税额)"等科目，贷记"其他货币资金——银行本票存款"科目。

4. 信用卡存款业务

企业应填制"信用卡申请表"，连同有关资料一并送存发卡银行审核后发卡，交存备用金并根据银行盖章退回的进账单，借记"其他货币资金——信用卡存款"科目，贷记"银行存款"科目；企业用信用卡购物或支付有关费用，收到开户银行转来的信用卡付款凭证

及所附发票账单,借记"管理费用"等科目,贷记"其他货币资金——信用卡存款"科目;企业信用卡在使用过程中,需要向其账户续存资金的,应借记"其他货币资金——信用卡存款"科目,贷记"银行存款"科目;企业的持卡人如不需要继续使用信用卡时,应持信用卡主动到发卡银行办理销户,销卡时,信用卡余额转入企业基本存款户,不得提取现金,借记"银行存款"科目,贷记"其他货币资金——信用卡存款"科目。

5. 信用证保证金存款业务

企业填写"信用证申请书",将信用证保证金交存银行时,应根据银行盖章退回的"信用证申请书"回单,借记"其他货币资金——信用证保证金存款"科目,贷记"银行存款"科目;企业接到开证行通知,根据供货单位信用证结算凭证及所附发票账单,借记"材料采购""在途物资"或"原材料""库存商品""应交税费——应交增值税(进项税额)"等科目,贷记"其他货币资金——信用证保证金存款"科目;将未用完的信用证保证金存款余额转回开户银行时,借记"银行存款",贷记"其他货币资金——信用证保证金存款"科目。

6. 存出投资款业务

企业向证券公司划出资金时,应按实际划出的金额,借记"其他货币资金——存出投资款"科目,贷记"银行存款"科目;购买股票、债券、基金等时,借记"交易性金融资产"等科目,贷记"其他货币资金——存出投资款"科目。

业务操作

任务一:外埠存款业务的核算

1. 任务描述

2×15 年 8 月 10 日,辉正公司委托当地开户银行将 60 000 元存款汇往采购地银行开设临时采购专户。8 月 15 日,公司收到采购员交来供货单位开来的增值税专用发票,注明采购材料的不含税价款 30 000 元,增值税 5 100 元。8 月 20 日,原材料验收入库。8 月 20 日,采购员完成采购任务将外埠存款余额 24 900 元划回公司银行存款账户。辉正公司采用实际成本法核算。

2. 任务要求

根据上述经济业务,请为辉正公司编制相应的会计分录。

3. 任务分析

辉正公司将款项汇往外地开立采购专用账户进行异地采购。首先,根据汇出款项凭证编制付款凭证时,借记"其他货币资金——外埠存款"科目,贷记"银行存款"科目。其次,收到采购人员转来供应单位发票账单等报销凭证时,借记"在途物资""应交税费——应交增值税(进项税额)"等科目,贷记"其他货币资金——外埠存款"科目。再次,当原材料验收入库时,借记"原材料"科目,贷记"在途物资"科目。最后,采购完毕收回剩余款项时,借记"银行存款"科目,贷记"其他货币资金——外埠存款"科目。

4. 任务具体完成过程

(1) 在采购地银行开设临时采购专户：

借：其他货币资金——外埠存款　　　　　　　　　　　　　60 000
　　贷：银行存款　　　　　　　　　　　　　　　　　　　　60 000

(2) 采购材料时：

借：在途物资　　　　　　　　　　　　　　　　　　　　　30 000
　　应交税费——应交增值税(进项税额)　　　　　　　　　　5 100
　　贷：其他货币资金——外埠存款　　　　　　　　　　　　35 100

(3) 材料入库时：

借：原材料　　　　　　　　　　　　　　　　　　　　　　30 000
　　贷：在途物资　　　　　　　　　　　　　　　　　　　　30 000

(4) 余额退回时：

借：银行存款　　　　　　　　　　　　　　　　　　　　　24 900
　　贷：其他货币资金——外埠存款　　　　　　　　　　　　24 900

任务二：银行汇票存款业务的核算

1. 任务描述

辉正公司为增值税一般纳税人，2×15年9月1日向银行申请办理银行汇票用以购买原材料，将款项250 000元交存银行转作银行汇票存款。2×15年9月10日向乙公司购入原材料一批并验收入库，取得的增值税专用发票上的原材料价款为200 000元，增值税税额为34 000元，已用银行汇票办理结算，多余款项16 000元退回开户银行，企业已收到开户银行转来的银行汇票第四联(多余款收账通知)。

2. 任务要求

根据上述经济业务，请为辉正公司完成相应的账务处理。

3. 任务分析

辉正公司填写"银行汇票申请书"向银行申请办理银行汇票用以购买原材料。首先，辉正公司将款项交存银行时，借记"其他货币资金——银行汇票存款"科目，贷记"银行存款"科目。其次，辉正公司持银行汇票购买材料并验收入库、收到有关发票账单时，借记"原材料""应交税费——应交增值税(进项税额)"等科目，贷记"其他货币资金——银行汇票存款"科目。最后，采购完毕收回剩余款项时，借记"银行存款"科目，贷记"其他货币资金——银行汇票存款"科目。

4. 任务具体完成过程

(1) 将款项交存银行时：

借：其他货币资金——银行汇票存款　　　　　　　　　　250 000
　　贷：银行存款　　　　　　　　　　　　　　　　　　　250 000

(2) 采购材料验收入库并收到账单时：

借：原材料　　　　　　　　　　　　　　　　　　　　　　　200 000
　　应交税费——应交增值税(进项税额)　　　　　　　　　　34 000
　　　贷：其他货币资金——银行汇票存款　　　　　　　　　　　　234 000

(3) 采购完毕收回剩余款项时：

借：银行存款　　　　　　　　　　　　　　　　　　　　　　16 000
　　　贷：其他货币资金——银行汇票存款　　　　　　　　　　　　16 000

任务三：银行本票存款业务的核算

1. 任务描述

2×15年3月3日，辉正公司填写"银行本票申请书"，将款项117 000元交存银行，取得银行本票。3月7日，采购员持银行本票购买了一批材料，并交回增值税专用发票，上面注明材料的买价为100 000元，增值税额为17 000元，材料已经验收入库。

2. 任务要求

根据上述经济业务，请为辉正公司编制相应的会计分录。

3. 任务分析

辉正公司填写"银行本票申请书"，申请银行本票。首先，将款项交存银行时，借记"其他货币资金——银行本票存款"科目，贷记"银行存款"科目。其次，辉正公司持银行本票购买材料并验收、收到有关发票账单时，借记"原材料""应交税费——应交增值税(进项税额)"等科目，贷记"其他货币资金——银行本票存款"科目。

4. 任务具体完成过程

(1) 3月3日款项交存银行并取得银行本票时：

借：其他货币资金——银行本票存款　　　　　　　　　　　117 000
　　　贷：银行存款　　　　　　　　　　　　　　　　　　　　　117 000

(2) 3月7日采购材料验收入库并收到发票账单等有关凭证时：

借：原材料　　　　　　　　　　　　　　　　　　　　　　　100 000
　　应交税费——应交增值税(进项税额)　　　　　　　　　　17 000
　　　贷：其他货币资金——银行本票存款　　　　　　　　　　　　117 000

任务四：信用卡存款业务的核算

1. 任务描述

辉正公司在中国建设银行申请领用信用卡，按要求于2×15年3月8日向银行交存备用金50 000元。3月10日使用信用卡支付管理人员的差旅费6 000元，收到开户银行转来的信用卡付款凭证及所附发票账单。4月20日，为该信用卡存续资金15 000元，并收到存款回单。

2. 任务要求

请根据上述经济业务,请为辉正公司编制相应的会计分录。

3. 任务分析

辉正公司申请信用卡业务,首先,将有关资料一并送存发卡银行审核后发卡,交存备用金并根据银行盖章退回的进账单,借记"其他货币资金——信用卡存款"科目,贷记"银行存款"科目。其次,辉正公司用信用卡支付管理人员的差旅费,收到开户银行转来的信用卡付款凭证及所附发票账单时,借记"管理费用"科目,贷记"其他货币资金——信用卡存款"科目。最后,辉正公司信用卡在使用过程中,向其账户续存资金时,应借记"其他货币资金——信用卡存款"科目,贷记"银行存款"科目。

4. 任务具体完成过程

(1) 开立信用卡并存入备用金时:
借:其他货币资金——信用卡存款   50 000
　　贷:银行存款   50 000

(2) 用信用卡支付时:
借:管理费用   6 000
　　贷:其他货币资金——信用卡存款   6 000

(3) 为信用卡存续资金时:
借:其他货币资金——信用卡存款   15 000
　　贷:银行存款   15 000

任务五:存出投资款业务的核算

1. 任务描述

2×15 年 6 月 1 日,辉正公司向某证券公司划款 1 000 000 元以备进行证券投资;6 月 2 日,辉正公司从证券投资款中支付 842 560 元购买了 A 公司的股票,将该股票作为交易性金融资产。

2. 任务要求

请根据上述经济业务,请为辉正公司编制相应的会计分录。

3. 任务分析

首先,辉正公司向证券公司划出资金时,应按实际划出的金额,借记"其他货币资金——存出投资款"科目,贷记"银行存款"科目。其次,辉正公司购买股票时,借记"交易性金融资产"科目,贷记"其他货币资金——存出投资款"科目。

4. 任务具体完成过程

(1) 辉正公司向证券公司划出资金时:
借:其他货币资金——存出投资款   1 000 000
　　贷:银行存款   1 000 000

(2) 辉正公司购买股票时：

借：交易性金融资产　　　　　　　　　　　　　　　　　842 560
　　贷：其他货币资金——存出投资款　　　　　　　　　　　842 560

 知识拓展

1. 企业货币资金控制的内容

货币资金控制的内容主要包括以下几方面。

1) 授权控制

授权控制是指各企业或岗位在处理货币资金收付及保管业务时，必须得到相应授权，经过批准才能进行。授权包括一般授权和特别授权：后者指授权处理特殊性业务，如大额资金的支付、应收账款信用度的制定等。企业要明确各管理层次一般授权和特殊授权的责任、内容标准和限度，为货币资金业务的安全性奠定基础。

2) 不相容职务分离控制

不相容职务是指那些如果由某个员工独自担任，则增加其出现错误的频率、造成舞弊行为的职务或岗位。如：出纳员的工作与会计稽核工作就属于不相容职务，因为如果这两项工作归属同一人，就为其从事舞弊活动提供了可乘之机，发生会计差错的机会就会增加。

3) 文件记录控制

文件记录控制是货币资金控制发挥作用的重要方式，而且也是授权控制和不相容职务分离控制的有效性保证，会计记录就是反映经济业务发生的过程和结果的一种系统方法。健全、完整的会计记录有助于正确反映企业货币资金业务状况和结果。

2. 单位银行结算账户的开户和使用的差异

为规范人民币银行结算账户的开立和使用，维护经济金融秩序稳定，《人民币银行结算账户管理办法》(以下简称"本办法")规定，企业的银行存款账户包括基本存款户、一般存款户、临时存款户、专用存款户。

基本存款账户是指企业办理日常转账结算和现金收付的账户，是主办账户，企业只能选择一家银行的一个营业机构开立一个基本存款账户。一般存款账户是指企业在基本存款账户以外的银行借款转存、与基本存款账户的企业不在同一地点附属非独立核算单位开立的账户，本账户可以办理转账结算和现金缴存，但不能提取现金。临时存款账户是指企业因临时生产经营活动的需要而开立的账户，本账户既可以办理转账结算，又可以根据现金管理规定存取现金。专用存款账户是指企业因特定用途需要所开立的账户。

开立银行结算账户，需要核准的，应及时报送中国人民银行当地分支行核准，如基本存款账户、临时存款账户和预算单位专用存款账户等；不需要核准的，应在开户之后的法定期限内向中国人民银行当地分支行备案。

3. 支付结算的基本原则

支付结算是指单位、个人在社会经济活动中使用票据(包括支票、本票、汇票)、银行卡和汇兑、托收承付、委托收款等结算方式进行货币给付及其资金清算的行为，其主要功

能是完成资金从一方当事人向另一方当事人的转移。

支付结算作为一种要式行为(法律规定必须依照一定形式进行的行为)，具有一定的法律特征。

支付结算的基本原则包括以下几项。

(1) 恪守信用，履约付款原则。

(2) 谁的钱进谁的账、由谁支配原则。银行在办理结算时，必须按照存款人的委托，将款项支付给其指定的收款人；对存款人的资金，除国家法律另有规定外，必须由其自由支配。

(3) 银行不垫款原则。即银行在办理结算过程中，只负责办理结算当事人之间的款项划拨，不承担垫付任何款项的责任。

4. 网上银行支付

1) 网银功能的开通

公司因开展业务需要开通银行账户网络查询、支付功能，由财务部提出书面申请，经常务副总核准，总经理签批后，由财务部指派专人在公司指定银行结算账户进行办理，其余部门人员一律不得兼办。

2) 网银相关密匙、口令的保管

(1) 网银账户原则上一律要求同时具备登录口令、数字证书(加密 U 盘)及短信提示三重安全防护功能，确保账户资金安全。

(2) 登录口令由财务主管负责保管，数字证书(加密 U 盘)由财务部出纳员负责保管，短信提示须预留公司总经理手机号码。

(3) 网银口令应定期进行变更。

(4) 不得在除公司财务内部电脑以外其他任何电脑下载证书、使用公司网银办理业务。

3) 网银支付业务的办理流程

(1) 财务部利用网银办理资金支付业务，一律须按公司资金审批程序规定，由请款人办妥付款申请手续，方可转交财务部出纳员进行办理。

(2) 出纳员初步审核付款申请无误，插入数字证书，请求财务主管复核付款申请并输入登录密码进入系统，按照付款申请之内容逐笔录入划款信息，确认无误，进行划款；成功后打印支付凭证。

(3) 财务主管必须对出纳员划款全过程进行监督，直至划款完毕、退出网银系统。

(4) 付款完成后，出纳员在付款申请单上加盖"付讫"章，并与财务主管同时在付款单上签字，方可作为制作会计凭证、入账依据。

4) 网银的日常管理

(1) 公司指定出纳员所使用计算机作为办理网银业务的专用机器，除处理日常工作外，严禁使用该机器玩网络游戏、登录不良网站，严禁任何人擅自下载网络资源存储于本机。

(2) 网银账户仅可办理供应商付款、员工薪资发放等公司授权范围内的资金支付业务，严禁私自利用公司网银账户进行私人款项拆借、挪用。

(3) 专用计算机必须安装防火墙及杀毒软件，出纳员每周至少进行两次全盘病毒查杀。

(4) 出纳员于每周供应商集中付款日或员工发薪日前一天将现金足额存入相关银行账

户,次日及时进行划拨;其他时间段网银账户资金结存数不得超过 1 万元,超出部分一律取出存放公司其他银行账户。

(5) 每月终了后、次月 2 日前出纳员打印网银月度交易明细,由财务主管负责与相关日记账逐笔进行核对,确认无误后在账单上签字确认,作为会计档案一并保存。

5) 违规责任及处罚

(1) 未按本办法第一条之规定,私自将公司银行账户开通网络支付功能的,对直接经办人给予一次性罚款 100 元处理;给公司造成经济损失的,除全额索赔外,对经办人给予 200~500 元罚款处理。

(2) 未按本办法第二条之规定合理、分开保管网银密码、数字证书及短信提醒指定手机的,对财务负责人给予一次性罚款 200 元处理,对相关责任人给予一次性 100 元处理;给公司造成经济损失的,除全额索赔外,相关责任人双倍进行处罚。

(3) 未按本办法第三条要求办妥审批手续,私自办理网上付款业务的,对出纳员及财务主管分别处以 100 元、150 元罚款处理;给公司造成损失的,除全额索赔外,双倍处罚。

(4) 出纳员须严格执行本办法第四条之相关规定,严禁使用专用计算机玩网络游戏及下载、存储不明文件,违者每次罚款 20 元;如因此使计算机感染网络病毒、造成网银账户安全隐患,每次罚款 50 元;造成账户密匙被盗、给公司造成损失的,落实责任后,按责任程度追究赔偿责任,并酌情处以罚款。

(5) 利用网银账户办理超出公司授权范围之外的业务,每次罚款 100 元;挪用、侵占等严重情形的,除全额索赔外,处以 200~500 元罚款并予以辞退。

本章小结

1. 教学内容
(1) 货币资金管理制度和其他货币资金的构成内容。
(2) 货币资金收支业务、库存现金和银行存款清查业务的核算。
(3) 银行存款余额调节表的编制。

2. 教学重点
(1) 其他货币资金业务核算。
(2) 银行存款余额调节表的编制。

3. 教学难点
根据未达账项编制银行存款余额调节表。

4. 教学建议
(1) 情景模拟:由学生扮演业务经办人员和银行工作人员,模拟办理各类经济业务。
(2) 课件演示货币资金的内容。
(3) 技能掌握及巩固:通过例题讲解及学生讨论、交流,加深对各种货币资金业务的核算。
(4) 根据学生掌握的情况,引导学生思考企业哪些款项支付可以使用现金?经过实际支付结算的办理可加深对货币资金收付业务核算的理解,并启发学生在不同情况下选择最佳的支付结算方式。

训 练 题

一、单项选择题

1. (　　)是支付结算和资金清算的中介机构。
    A．银行 B．单位
    C．个人 D．个体工商户

2. 对于现金与银行存款之间的相互划转业务，为避免重复记账，一般只编制(　　)。
    A．收款凭证 B．转账凭证
    C．付款凭证 D．结算凭证

3. 企业收到支票并填制进账单到银行办妥手续后应借记(　　)科目。
    A．应收票据 B．银行存款
    C．现金 D．其他货币资金

4. 收到客户以银行承兑汇票支付的货款应借记(　　)科目。
    A．应收票据 B．银行存款
    C．现金 D．其他货币资金

5. 托收承付结算起点是(　　)。
    A．500 B．1 000
    C．5 000 D．10 000

6. 对于无法查明原因的库存现金盘亏应通过(　　)账户核算。
    A．管理费用 B．营业外收入
    C．销售费用 D．营业外支出

7. 将库存现金送存银行，应填制的记账凭证是(　　)。
    A．库存现金收款凭证 B．库存现金付款凭证
    C．银行存款收款凭证 D．银行存款付款凭证

8. 对于银行已经入账而企业尚未入账的未达账项，企业应当(　　)。
    A．在编制"银行存款余额调节表"的同时入账
    B．根据"银行对账单"的记录入账
    C．根据"银行对账单"编制自制凭证入账
    D．待结算凭证到达后入账

9. 下列选项中不属于银行支付方式的是(　　)。
    A．商业汇票 B．银行汇票
    C．支票 D．托收承付

10. 下列哪个项目不通过"其他货币资金"科目核算(　　)。
    A．银行汇票存款 B．银行本票存款
    C．备用金 D．存出投资款

二、多项选择题

1. 关于"银行存款"科目，说法正确的有(   )。
   A．"银行存款"是资产类账户
   B．"银行存款"的借方登记银行存款的减少数
   C．"银行存款"的贷方登记银行存款的增加数
   D．期末余额在借方，反映企业银行存款的结存数

2. 下列属于单位银行结算账户的是(   )。
   A．基本存款账户   B．一般存款账户
   C．专业存款账户   D．临时存款账户

3. 下列属于商业汇票的是(   )。
   A．银行本票   B．银行承兑汇票
   C．银行汇票   D．商业承兑汇票

4. 按照付票款方式，支票可以分为(   )。
   A．现金支票   B．转账支票
   C．普通支票   D．定额支票

5. 同城和异地均可使用的转账结算方式有(   )。
   A．支票   B．委托收款
   C．信用卡   D．托收承付

6. 下列属于银行存款收入业务的有(   )。
   A．存款利息收入   B．接受捐赠
   C．股东银行存款出资   D．银行手续费用

7. 下列属于银行支出业务的有(   )。
   A．归还借款   B．缴纳税款
   C．提取现金   D．银行手续费用

8. 关于"银行存款余额调节表"，下列说法不正确的是(   )。
   A．企业可根据银行存款余额调节表调整账簿
   B．银行存款余额调节表是重要的原始凭证
   C．银行存款余额调节表调节后的余额一般是企业可以动用的实际存款数
   D．银行存款余额调节表调节平衡后，说明企业与银行双方记账绝对无错误

9. 下列各项，不会导致银行存款日记账余额高于对应日期银行对账单余额的是(   )。
   A．企业已收款入账，银行尚未收款入账
   B．企业已付款入账，银行尚未付款入账
   C．银行已收款入账，企业尚未收款入账
   D．企业误将存款 5 920 元记录为 5 290 元，但银行未错

10. 下列关于商业汇票的表述中，符合法律规定的有(   )。
    A．商业汇票的提示承兑期限，为自汇票到期日起 10 日内
    B．商业汇票的提示付款期限，为自汇票到期日起 10 日内
    C．商业汇票的付款期限，最长不得超过 6 个月
    D．出票后定期付款的商业汇票，提示承兑期限为自出票日起 1 个月内

三、判断题

1．我国规定，凡是独立核算的企业都应在当地银行开设账户用以保存货币资金，并办理转账结算业务。（　）

2．所有支票都可以背书转让。（　）

3．现金支票既能用于支取现金，也能办理转账。（　）

4．禁止出票人签发空头支票。（　）

5．商业承兑汇票的信誉高于银行承兑汇票。（　）

6．代销、赊销商品款项，不得办理托收承付结算。（　）

7．企业的各种存款都应该通过"银行存款"科目核算。（　）

8．有外币存款的单位，应在"银行存款"总账科目下分别对人民币和各种外币设置明细分类账户进行核算，单位发生外币业务时，应将有关外币金额按折合为人民币记账。（　）

9．月末编制的银行存款余额调节表只起对账作用，不作为调节账面余额的原始凭证。（　）

10．若银行存款日记账余额和银行存款余额调节表相同，记账一定正确。（　）

第2章 往来款项业务的核算

职业能力目标

- **专业能力目标**
  - 能理解往来款项的概念、种类。
  - 能掌握应收应付款项业务的核算。
- **教学能力目标**
  - 熟悉应收应付款项业务的会计核算。
  - 结合专业知识和学情进行个性化专业教学设计。
  - 营造良好的项目、选择合适的教学方法进行专业教学实施。
  - 选择恰当的方式开展专业教学评价。
- **社会能力目标**
  - 具备一定的沟通协调能力,处理好个人与他人关系,处理好企业内外相关部门的关系。
  - 能利用现代信息技术获取并甄别相关信息,分析对应收应付款项业务的影响。
  - 了解企业往来款项业务核算现状。

工作任务分析

- 了解商业折扣和现金折扣会计处理的不同。
- 确认与计量应收应付款项。
- 计算出票据贴现值和贴现息。
- 判断和计算应收款项减值并能做出相应的会计处理。

2.1 应收款项业务的核算

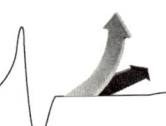
情境引例

辉正公司在销售商品过程中，收到了对方甲公司签发的期限为 6 个月、面值为 23 400 元的不带息银行承兑汇票一张。那么这张银行承兑汇票在会计上应该如何进行会计处理？若辉正公司在持有这张票据过程中急需资金，可以提前将其兑现吗？另辉正公司向乙企业销售一批产品，不含税售价为 35 000 元，若辉正公司已将产品发出，但货款尚未收到，则这 35 000 元和销售过程中产生的税费在会计上应该如何进行会计处理？若辉正公司还为乙企业代垫了运杂费 800 元，则这笔款项又该计入哪里？

知识准备

2.1.1 应收票据业务的核算

1. 应收票据的定义、种类及其价值确定

应收票据是指企业持有的、尚未到期兑现的商业汇票，是出票人签发的、委托付款人在指定日期无条件支付确定金额给收款人或者持票人的票据。

商业汇票属于期票，在中国一般不长于 6 个月。收款人取得商业汇票而形成的债权应作为应收票据核算。商业汇票按承兑人的不同，可分为商业承兑汇票和银行承兑汇票；按是否计息，可分为不带息商业汇票和带息商业汇票。

不带息票据的到期价值等于应收票据的面值；带息票据应计算票据利息，计提的利息增加应收票据的账面余额。

2. 应收票据的会计处理

1) 账户设置

为了核算企业应销售商品、提供劳务等而收到的商业汇票，企业应设置"应收票据"账户，并按开出、承兑商业汇票的单位进行明细核算。本账户的期末借方余额反映企业持有的商业汇票的票面金额。

为了能详细地反映应收票据的增减变化及其结果，企业还应根据需要设置"应收票据备查簿"，逐笔登记商业汇票的种类、号数、出票日、票面金额、交易合同号、付款人、承兑人、背书人的姓名或单位名称，到期日、背书转让日、贴现日、贴现率和贴现净额，以及收款日、收回金额、退票情况等资料。商业汇票到期结清票款或退票后，在备查簿中应予注销。

2) 应收票据取得的核算

无论企业取得的商业汇票是否带息，应收票据一律按面值入账，即企业收到商业汇票时，按商业汇票的票面价值或票面金额入账。应收票据取得的原因不同，其会计处理亦有所区别。因企业销售商品、提供劳务等而收到开出、承兑的商业汇票，借记"应收票据"科目，贷记"主营业务收入""应交税费——应交增值税(销项税额)"等科目；因债务人抵偿前欠货款而取得的应收票据,借记"应收票据"科目,贷记"应收账款"科目。

3) 应收票据到期的核算

应收票据的到期价值即商业汇票到期时的全部应支付款项,要根据票据是否带息的不同来确定。若是不带息票据,到期价值就是票面价值即本金;若是带息票据,还应计算票据利息,计提的利息增加应收票据的账面余额,到期价值为票据面值加上应计利息,计算公式为:

$$票据到期价值 = 票据面值 \times (1 + 票面利率 \times 票据期限)$$

企业到期收回应收票据时,按实际收到的金额借记"银行存款"科目,按应收票据的面值贷记"应收票据"科目,按其差额贷记"财务费用"科目;企业应收票据到期因付款人无力支付票款,收到银行退回的商业承兑汇票、委托收款凭证、未付票款通知书或拒绝付款证明时,按应收票据的账面余额,借记"应收账款"科目,贷记"应收票据"科目。

4) 应收票据贴现的核算

应收票据贴现是指企业以未到期应收票据向银行融通资金,银行按票据的应收金额扣除一定期间的贴现利息后,将余额付给企业的筹资行为。在贴现业务中,企业付给银行的利息称为贴现利息,银行计算贴现利息的利率称为贴现率,企业从银行获得的票据到期值扣除贴现利息后的货币收入,称为贴现所得。贴现利息和贴现所得的计算公式如下:

$$贴现所得 = 票据到期值 - 贴现利息$$
$$贴现利息 = 票据到期值 \times 贴现率 \times 贴现期$$
$$贴现期 = 票据期限 - 企业已持有票据期限$$

企业将应收票据贴现时,应按贴现所得金额,借记"银行存款"科目,按票据面值,贷记"应收票据"科目,按上述差额借或贷"财务费用"科目。

2.1.2 应收账款业务的核算

1. 应收账款的定义及特点

应收账款是指企业因销售商品、提供劳务而形成的债权,包括应向购货单位或接受劳务的单位收取的款项或代垫的运杂费。应收账款具有以下特点。

(1) 因商品赊销业务而产生。

(2) 反映商品销售或提供劳务形成的应收款项。

(3) 形成的应收账款必定有相关的原始凭证。

(4) 回收期限一般较短。

2. 应收账款的计量

应收账款的初始计量应采用公允价值。大多数情况下,企业的应收账款为没有明确利率的短期应收账款,其现值和实际交易价格相差很小,所以,应收账款一般按实际交易价格计量。《企业会计准则第 22 号——金融工具确认和计量》应用指南中规定,企业对外销售商品或提供劳务形成的应收债权,通常应按从购货方应收的合同或协议价值作为初始入账金额,包括出售商品的价款、代购货单位垫付的费用、应缴纳的增值税销项税等。如果存在销售折扣,计价时应当加以考虑。

销售折扣是指销售单位根据购货方的付款时间的长短或购货量的多少而给予购货方的价格优惠，主要包括商业折扣和现金折扣。

1) 商业折扣

商业折扣是指企业根据市场供求情况，或者对不同的客户，在商品标价上给予的扣除，是企业最常用的促销手段。存在商业折扣时，应收账款入账价值应按扣除商业折扣以后的实际售价确认。

2) 现金折扣

现金折扣是指债权人为了鼓励债务人在规定的期限内付款，而向债务人提供的债务扣除。现金折扣通常发生在以赊销方式销售货物及提供劳务的交易之中，企业为了鼓励客户提前偿付货款，通常与债务人达成协议，债务人在不同的期限内可以享受不同比例的折扣。现金折扣一般用符号"折扣/付款日期"表示。例如，3/10、2/20、n/30。

现金折扣的会计处理方式有总价法与净价法两种。

(1) 总价法是指在销售业务发生时，应收账款和销售收入以未扣减现金折扣前的实际售价作为入账价值，实际发生的现金折扣作为对购买方提前付款的鼓励性支出，计入当期财务费用。而购买方以实际享有的现金折扣数作理财收益计入当期的收益。我国会计实务中通常采用总价法处理。

(2) 净价法是将扣除现金折扣后的净金额作为实际销售价格，确定应收账款入账金额的方法。如果购买方超过付款折扣期限丧失折扣而多付的金额，销售方视为提供信贷获得的收入，冲减财务费用。

3. 应收账款的会计处理

为了核算企业因销售商品、提供劳务等经营活动应收取的款项，企业应当设置"应收账款"总账，该账户借方登记应收账款的增加额，贷方登记应收账款的减少额。该账户的期末借方余额反映企业尚未收回的应收账款，期末贷方余额反映企业预收的账款。为了详细具体反映应收账款的增减变化及其结果，企业还应按债务人设置应收账款明细账进行明细核算。

企业发生应收账款时，按应收金额，借记"应收账款"科目，按确认的营业收入，贷记"主营业务收入""其他业务收入""应交税费——应交增值税(销项税额)"等科目；收回应收账款时，借记"银行存款"等科目，贷记"应收账款"科目，存在现金折扣的，按其差额借或贷记"财务费用"科目。

企业代购货单位垫付包装费、运杂费时，借记"应收账款"科目，贷记"银行存款"等科目；收回代垫费用时，借记"银行存款"科目，贷记"应收账款"科目。

2.1.3 预付账款业务的核算

1. 预付账款的定义及内容

预付账款是企业在采购材料、商品或接受劳务过程中，按照合同的规定预付给供应单位或者提供劳务的单位的款项，也是公司债权的组成部分。

对购货企业来说，预付账款一般包括预付的材料、商品采购货款、必须预先发放的在以后收回的农副产品预购定金等。对施工企业来说，预付账款主要包括预付工程款、预付备料款等。

2. 预付账款的会计处理

为了核算企业按照合同规定预付的款项，企业应设置"预付账款"账户，并按购货单位进行明细核算。"预付账款"科目借方登记企业向供货商预付的货款，贷方登记企业收到所购物品应结转的预付货款，本科目期末借方余额，反映企业向供货单位预付而尚未发出货物的预付货款；期末如为贷方余额，反映企业尚未补付的款项。预付款项情况不多的企业，也可以将预付的款项直接记入"应付账款"科目的借方，不设置"预付账款"科目。

企业因购货而预付的款项，借记"预付账款"科目，贷记"银行存款"等科目。企业收到所购物资时，根据发票账单等列明应计入购入物资成本的金额，借记"材料采购"或"原材料""库存商品"等科目，按专用发票上注明的增值税额，借记"应交税费——应交增值税(进项税额)"科目，按应付金额，贷记"预付账款"科目。退回多付的款项，借记"银行存款"科目，贷记"预付账款"科目；补付的款项，借记"预付账款"科目，贷记"银行存款"科目。

企业预付在建工程的工程款时，借记"预付账款"科目，贷记"银行存款"等科目；按工程进度结算工程价款时，借记"在建工程"科目，贷记"预付账款""银行存款"等科目。

2.1.4 其他应收款项业务的核算

1. 应收股利业务的核算

应收股利是企业因股权而应收取的现金股利和应收取其他单位分配的利润。应收股利一般包括企业购入股票实际支付的款项中所包括的已宣告发放但尚未领取的现金股利和企业因对外投资应分得的现金股利或利润等，但不包括应收的股票股利。

为了反映和监督应收股利的发生和收回情况，企业应设置"应收股利"账户，应收其他单位的利润，也在该账户核算，并按被投资单位设置明细账。本账户期末借方余额，反映企业尚未收回的现金股利或利润。

企业因对外投资分得现金股利或利润时，应于被投资单位宣告发放现金股利或分派利润时，借记"应收股利"科目，贷记"投资收益"或"长期股权投资"等科目；收到的现金股利或利润，借记"银行存款"科目，贷记"应收股利"科目。

2. 应收利息业务的核算

应收利息主要核算企业发放贷款、持有至到期投资、可供出售金融资产、存放中央银行款项等应收取的利息。购入到期一次还本付息的持有至到期投资持有期间确认的利息收入，在"持有至到期投资"科目核算，不在本科目核算。

为了反映和监督应收利息的发生和收回情况，企业应设置"应收利息"账户，并按借款人或被投资单位进行明细核算。本账户期末借方余额，反映企业尚未收回的利息数。

企业购入分期付息、到期还本的债券，以及取得的分期付息的其他长期债权投资，已到付息期而应收未收的利息,应于确认投资收益时,按应获得的利息,借记"应收利息"科目,贷记"投资收益"等科目。

企业收到应收利息时,按应收到的利息,借记"银行存款"等科目,贷记"应收利息"科目。

3. 其他应收款业务的核算

其他应收款是指企业除应收票据、应收账款、预付账款、应收股利、应收利息等以外的其他各种应收及暂付款项。

为了核算企业除应收票据、应收账款、预付账款、应收股利、应收利息、长期应收款等经营活动以外的其他各种应收及暂付款项,企业应设置"其他应收款"科目,并按债务人设置明细科目,进行明细核算。本期末余额一般在借方,反映企业尚未收回的其他应收款项。

实行定额备用金制度的企业,财会部门向用款部门拨付备用金时,按实际拨付的金额,借记"其他应收款——备用金"科目,贷记"库存现金"或"银行存款"科目;用款部门领用的备用金应当定期向财会部门报销,财会部门根据报销数用现金补足备用金定额时,借记"管理费用"等科目,贷记"库存现金"或"银行存款"等科目;用款部门退回备用金时,借记"库存现金"科目,贷记"其他应收款——备用金"科目。

企业职工借差旅费时,按实际借支的金额,借记"其他应收款"科目,贷记"库存现金"科目;报销差旅费,余款交回时借记"管理费用""库存现金"等科目,贷记"其他应收款"科目。

2.1.5 应收款项减值业务的核算

1. 应收款项减值的确认和计量

1) 应收款项减值损失的确认

《企业会计准则第 22 号——金融工具确认和计量》准则应用指南规定,企业应当在资产负债表日对应收款项的账面价值进行检查,有客观证据表明该应收款项发生减值的,应当根据其账面价值与预计未来现金流量现值之间差额计算确认减值损失。

表明应收款项发生减值的客观证据,是指应收款项初始确认后实际发生的、对该应收款项的预计未来现金流量有影响,且企业能够对该影响进行可靠计量的事项。

企业应定期或至少于年末对应收款项进行检查,对有确凿证据表明确实无法收回的应收款项,经股东大会或类似权力机构批准后作为坏账损失处理。

2) 应收款项减值的计量

应收款项的后续计量,其发生减值时,应当将其账面价值减记到预计未来现金流量现值,减记的金额确认为资产减值损失,计入当期损益。短期应收款项的预计未来现金流量与其现值相差很小的,在确定相关减值损失时,可不对其预计未来现金流量进行折现。如有客观证据表明其价值已经恢复,且客观上与确认该损失后发生的事项有关,原确认的减值损失应当予以转回,计入当期损益。

就一般企业而言,对应收款项进行减值测试,应根据单位的实际情况分为单项金额重大和非重大的应收款项。对于单项金额重大的应收款项,应当单独进行减值测试,有客观证据表明其发生了减值的,应当根据其未来现金流量限制低于其账面价值的差额,确认减值损失。

对于单项金额非重大的应收款项,以及单独测试后未发生减值的单项金额重大的应收款项,应当采用组合方式进行减值测试分析判断是否发生减值。通常情况下,可以将这些应收款项按类似信用风险特征分为若干组合,再按这些应收款项组合在资产负债表日余额的一定比例计算确定减值损失。

企业应当根据以前年度与之相同或相似的具有类似风险特征的应收款项组合的实际损失率为基础,结合现时情况确定本期各项组合计提坏账准备的比例。

2. 应收款项减值的账务处理

1) 坏账及其确认条件

坏账是指企业无法回收或回收的可能性极小的应收款项。坏账已经不符合资产特征。一般来说,企业的应收款项符合下列条件之一的,应确认为坏账:

(1) 债务人死亡,以其遗产清偿后仍然无法收回;

(2) 债务人破产,以其破产财产清偿后仍然无法收回;

(3) 债务人较长时期内(三年)未履行其偿债义务,并有足够的证据表明无法收回或收回的可能性极小;

(4) 债务人很可能倒闭或进行其他财务重组;

(5) 债务人发生严重的财务困难;

(6) 债务人违反了合同条款,如偿付利息或本金发生违约或逾期等;

(7) 债权人出于经济或法律等方面因素的考虑,对发生财务困难的债务人做出让步。

2) 坏账损失的核算方法

确定应收款项减值有两种方法,即直接转销法和备抵法。

(1) 直接转销法,是指对日常核算的应收款项可能发生的坏账损失不予考虑,只有在实际发生坏账时,才作为损失计入当期损益的方法。直接转销法虽然账务处理简单易懂,但这种方法不符合权责发生制及收入与费用配比的原则,在转销坏账损失的前期,对坏账的情况不做任何处理,忽视了坏账损失与赊销业务的联系,而且这种核销手续繁杂,导致企业发生大量陈账、呆账。

(2) 备抵法是指在应收款项实际发生坏账之前,根据经验按期估计坏账损失,计提坏账准备,当应收款项实际发生坏账时冲销已计提的坏账准备和该笔应收账款的方法。备抵法在一定程度上弥补了直接转销法的不足,预计不能收回的应收款项作为坏账损失及时计入费用,避免企业的虚盈实亏,而且在报表上列示应收款项净额,使报表阅读者能了解企业真实的财务状况,消除虚列的应收款项。我国会计准则规定企业应采用备抵法核算应收款项减值。

3) 应收款项减值的会计处理

为了核算企业应收款项计提的坏账准备,企业应设置"坏账准备"科目,并按应收款项的类别进行明细核算。"坏账准备"科目的贷方登记当期计提的坏账准备金额,借方登记实际发生的坏账损失金额和冲减的坏账准备金额,期末余额一般在贷方,反映企业已计提但尚未转销的坏账准备。坏账准备可按以下公式计算:

当期应计提的坏账准备＝当期按应收款项计算应提坏账准备金额－"坏账准备"科目的贷方余额(或＋"坏账准备"科目的借方余额)。

在资产负债表日，应收款项发生减值的，按应减记的金额，借记"资产减值损失"科目，贷记"坏账准备"科目；企业当期应计提的坏账准备大于其账面余额的，应按其差额补提坏账准备，当期应计提的坏账准备小于其账面余额的，应按其差额冲销坏账准备。

对于确实无法收回的应收款项，按管理权限报经批准后作为坏账，转销应收款项，借记"坏账准备"科目，贷记"应收票据""应收账款""预付款项""其他应收款"等科目。

已确认并转销的应收款项以后又回收的，应按实际收回的金额，借记"应收票据""应收账款""预付款项""其他应收款"等科目，贷记"坏账准备"科目；同时，借记"银行存款"科目，贷记"应收票据""应收账款""预付款项""其他应收款"等科目。也可以按照实际收回的金额，借记"银行存款"科目，贷记"坏账准备"科目。

业务操作

任务一：应收票据取得和到期业务的核算

1. 任务描述

20×4 年 3 月 15 日辉正公司向兴达公司销售一批产品，货款为 1 500 000 元，同日收到兴达公司寄来一张 3 个月期的商业承兑汇票，面值为 1 755 000 元，满足收入确认条件，适用增值税税率为 17%。20×4 年 6 月 15 日，辉正公司上述应收票据到期收回票面金额 1 755 000 元存入银行。

2. 任务要求

(1) 请为辉正公司计算应收票据的入账金额。
(2) 请为辉正公司编制 20×4 年 3 月 15 日的会计分录。
(3) 请为辉正公司编制 20×4 年 6 月 15 日的会计分录。

3. 任务分析

辉正公司销售商品，取得商业承兑汇票，首先，应收票据一律按面值 1 755 000 元入账，即企业收到商业汇票时，按商业汇票的票面价值或票面金额入账。其次，辉正公司销售商品而收到开出、承兑的商业汇票，借记"应收票据"科目，贷记"主营业务收入""应交税费——应交增值税(销项税额)"等科目。最后，辉正公司于 20×4 年 6 月 15 日到期收回票面金额 1 755 000 元，即做收款的会计分录。

4. 任务具体完成过程

(1) 为辉正公司计算应收票据的入账金额＝1 755 000(元)
或者＝1 500 000×(1＋17%)＝1 755 000(元)
(2) 为辉正公司编制 20×4 年 3 月 15 日的会计分录：

借：应收票据　　　　　　　　　　　　　　　　　　　　　　　1 755 000
　　贷：主营业务收入　　　　　　　　　　　　　　　　　　　　1 500 000
　　　　应交税费——应交增值税(销项税额)　　　　　　　　　　 255 000

(3) 为辉正公司编制 20×4 年 6 月 15 日的会计分录：
借：银行存款　　　　　　　　　　　　　　　　　　　　　　　1 755 000
　　贷：应收票据　　　　　　　　　　　　　　　　　　　　　　　　1 755 000

任务二：应收票据贴现业务的核算

1. 任务描述

20×4 年 4 月 30 日,辉正公司将 4 月 15 日由丁公司签发的 60 天到期、票面利率为 10%、票据面值为 600 000 元的带息应收票据向银行贴现，贴现率为 16%。银行不具有追索权。

2. 任务要求

(1) 请为辉正公司计算票据到期值；
(2) 请为辉正公司计算贴现利息；
(3) 请为辉正公司。

3. 任务分析

首先，辉正公司以未到期应收票据向银行贴现以融通资金，银行按票据的应收金额扣除一定期间的贴现利息后，将余额付给辉正公司；同时银行不具有追索权，辉正公司应终止确认该笔应收票据。其次，计算该票据到期值，即为票据面值和利息之和为 610 000 元 (600 000＋600 000×10%÷360×60)。再次，计算票据的贴现利息，为 610 000×16%÷360 ×45＝12 200(元)(具体计算过程如下所述)。最后，编制应收票据贴现的会计分录，终止确认该笔应收票据。

4. 任务具体完成过程

(1) 为辉正公司计算票据到期值：
票据到期值＝600 000＋600 000×10%÷360×60＝610 000(元)
(2) 为辉正公司计算贴现利息：
先计算到期日：4 月 15 日签发，60 天到期，到期日为 6 月 14 日。计算过程为：
4 月：30－15＋1＝16(天)
5 月：31 天
6 月：13 天
合计：60 天
再计算贴现天数：从贴现日 4 月 30 日至到期日 6 月 14 日，共计 45 天。计算过程如下：
4 月：30－30＋1＝1(天)
5 月：31 天
6 月：13 天
合计：45 天　　贴现天数为 45 天
贴现利息＝610 000×16%÷360×45＝12 200(元)

(3) 为辉正公司做出应收票据贴现的会计分录：

贴现所得＝610 000－12 200＝597 800(元)

20×4 年 4 月 30 日

借：银行存款 597 800
　　财务费用 2 200
　　贷：应收票据 600 000

任务三：应收账款业务的核算

1. 任务描述

辉正公司为增值税一般纳税人，适用的增值税率为17%，20×4 年 3 月 1 日，辉正公司向兴达公司销售商品一批，不含增值税的售价总额为 20 000 元，为鼓励兴达公司及早付清款项，辉正公司规定的现金折扣条件为 2/10, 1/20, n/30，假定该销售满足收入确认条件，计算现金折扣时考虑增值税。

2. 任务要求

(1) 请为辉正公司计算应收账款的入账金额；

(2) 请为辉正公司编制 20×4 年 3 月 1 日确认收入的会计分录；

(3) 若兴达公司在 20×4 年 3 月 10 日付款，请为辉正公司编制收款的会计分录；若兴达公司在 20×4 年 3 月 20 日或 20×4 年 3 月 20 日付款，做出辉正公司的相应处理。

3. 任务分析

辉正公司因商品赊销业务而产生该笔应收账款，会计核算初始确认时首先应明确应收账款的初始入账金额，该金额包括出售商品的价款、应缴纳的增值税销项税等，即 20 000 ×(1＋17%)＝23 400 元。其次，本例中存在现金折扣，而我国会计实务中通常采用总价法处理，即应收账款和销售收入以未扣减现金折扣前的实际售价作为入账价值，实际发生的现金折扣作为对购买方提前付款的鼓励性支出，计入当期财务费用。再次，辉正公司赊销商品，满足收入确认条件，可为其编制 20×4 年 3 月 1 日确认收入的会计分录，按应收金额，借记"应收账款"科目，按确认的营业收入，贷记"主营业务收入""应交税费—应交增值税(销项税额)"等科目；最后，根据兴达公司不同的付款期，考虑是否给予现金折扣，当实际发生现金折扣时，辉正公司作为对购买方兴达公司提前付款的鼓励性支出，计入当期财务费用。

4. 任务具体完成过程

(1) 为辉正公司计算应收账款的入账金额：

辉正公司应收账款的入账金额＝20 000×(1＋17%)＝23 400(元)

(2) 为辉正公司编制 20×4 年 3 月 1 日确认收入的会计分录：

借：应收账款 23 400
　　贷：主营业务收入 20 000
　　　　应交税费——应交增值税(销项税费) 3 400

(3) 若兴达公司在 20×4 年 3 月 10 日付款，请为辉正公司编制收款的会计分录；若兴达公司在 20×4 年 3 月 20 日或 20×4 年 3 月 20 日付款，为辉正公司做出相应处理。

若兴达公司在 3 月 10 日付款，辉正公司的处理如下：

借：银行存款　　　　　　　　　　　　　　　　　　　　　　　22 932
　　财务费用　　　　　　　　　　　　　　　　　　　　　　　　　 468
　　贷：应收账款　　　　　　　　　　　　　　　　　　　　　　　　23 400

若兴达公司在 3 月 20 日付款，辉正公司的处理如下：

借：银行存款　　　　　　　　　　　　　　　　　　　　　　　23 166
　　财务费用　　　　　　　　　　　　　　　　　　　　　　　　　 234
　　贷：应收账款　　　　　　　　　　　　　　　　　　　　　　　　23 400

若兴达公司在 3 月 30 日付款，辉正公司的处理如下：

借：银行存款　　　　　　　　　　　　　　　　　　　　　　　23 400
　　贷：应收账款　　　　　　　　　　　　　　　　　　　　　　　　23 400

任务四：预付账款业务的核算

1. 任务描述

20×4 年 7 月 1 日，辉正公司根据购货合同约定，通过银行转账预付给兴达公司定购材料款 9 000 元；9 月 1 日，向兴达公司定购的材料已经收到并验收入库，增值税专用发票列明材料价款(含运费)10 000 元、增值税额是 1 700 元，共计 11 700 元，辉正公司通过银行转账补付给兴达公司材料款 2 700 元。

2. 任务要求

(1) 请为辉正公司编制 20×4 年 7 月 1 日预付款的会计分录；
(2) 请为辉正公司编制 20×4 年 9 月 1 日的会计分录。

3. 任务分析

辉正公司根据购货合同约定，以预付款方式向兴达公司采购材料，首先，辉正公司因购货而预付的款项，借记"预付账款"科目，贷记"银行存款"等科目。其次，辉正公司收到所购物资，验收入库时，根据发票账单等列明应计入购入物资成本的金额，借记"原材料"等科目，按专用发票上注明的增值税额，借记"应交税费——应交增值税(进项税额)"科目，按应付金额，贷记"预付账款"科目。最后，多退少补，根据退回多付的款项，借记"银行存款"科目，贷记"预付账款"科目；补付的款项，借记"预付账款"科目，贷记"银行存款"科目。

4. 任务具体完成过程

(1) 20×4 年 7 月 1 日，为辉正公司预付款的会计分录：

借：预付账款——兴达公司　　　　　　　　　　　　　　　　　9 000
　　贷：银行存款　　　　　　　　　　　　　　　　　　　　　　　 9 000

(2) 20×4年9月1日，为辉正公司收到物资，补付款项的会计分录：

借：原材料　　　　　　　　　　　　　　　　　　　　　　10 000
　　应交税费——应交增值税(进项税额)　　　　　　　　　 1 700
　　　贷：预付账款——兴达公司　　　　　　　　　　　　 11 700
借：预付账款——兴达公司　　　　　　　　　　　　　　　 2 700
　　　贷：银行存款　　　　　　　　　　　　　　　　　　 2 700

任务五：其他应收款项业务核算

1. 任务描述

辉正公司行政管理部门张力外出预借差旅费1 000元，以库存现金付讫。张力出差归来，报销980元，剩余现金20元交回。

2. 任务要求

请为辉正公司做出相应的会计处理。

3. 任务分析

辉正公司行政管理部门张力外出预借差旅费并日后报销，首先，通过"其他应收款"科目来反映辉正公司拟除应收票据、应收账款、预付账款、应收股利、应收利息等以外的其他各种应收及暂付款项。其次，张力向财会部门报销时，借记"管理费用"等科目，贷记"库存现金"或"银行存款"等科目。最后，用款部门退回备用金时，借记"库存现金"科目，贷记"其他应收款——备用金"科目。

4. 任务具体完成过程

(1) 张力外出借支差旅费的会计分录：

借：其他应收款——张力　　　　　　　　　　　　　　　　1 000
　　　贷：库存现金　　　　　　　　　　　　　　　　　　 1 000

(2) 张力出差归来，报销差旅费的会计分录：

借：管理费用　　　　　　　　　　　　　　　　　　　　　　980
　　库存现金　　　　　　　　　　　　　　　　　　　　　　 20
　　　贷：其他应收款——张力　　　　　　　　　　　　　 1 000

任务六：应收款项减值业务的核算

1. 任务描述

辉正公司20×3年起每年年末均按照应收账款余额的3‰提取坏账准备。该企业20×3年的应收账款余额为1 000 000元；20×4年发生坏账6 000元，其中甲单位为1 000元，乙单位为5 000元，20×4年年末应收账款余额为1 200 000元；20×5年，已冲销的上年乙单位的应收账款5 000元又收回。

2. 任务要求

(1) 请为辉正公司编制20×3年相应的会计分录；

(2) 请为辉正公司编制 20×4 年相应的会计分录；

(3) 请为辉正公司编制 20×5 年相应的会计分录。

3. 任务分析

辉正公司应当在资产负债表日对应收款项的账面价值进行检查，有客观证据表明该应收款项发生减值的，应当计算确认减值损失。辉正公司从 20×3 年起每年年末均按照应收账款余额的 3‰ 提取坏账准备，首先，辉正公司 20×3 年应计提的坏账准备金额为 1 000 000×3‰－0＝3 000 元，并按应减记的金额，借记"资产减值损失"科目，贷记"坏账准备"科目。其次，20×4 年辉正公司实际发生坏账 6 000 元，对于确实无法收回的应收款项，按管理权限报经批准后作为坏账，转销应收款项，借记"坏账准备"科目，贷记"应收账款"等科目。再次，20×4 年年末应收账款余额为 1 200 000 元，按比例计提坏账准备额为 1 200 000×3‰＝3 600 元，但由于 20×3 年计提数 3 000 元不够支付损失数 6 000 元，因此，在年末应补提 3 000 元，即 20×4 年年末共计提 6 600 元。最后，20×5 年，辉正公司已冲销的上年乙单位的应收账款 5 000 元又收回，对于已确认并转销的应收账款以后又回收的，应按实际收回的金额，借记"应收账款"等科目，贷记"坏账准备"科目；同时，借记"银行存款"科目，贷记"应收账款"等科目。

4. 任务具体完成过程

(1) 为辉正公司做出 20×3 年相应的会计分录：

辉正公司应计提的坏账准备＝1 000 000×3‰－0＝3 000(元)

借：资产减值损失　　　　　　　　　　　　　　　　　　　　　　　　3 000
　　贷：坏账准备　　　　　　　　　　　　　　　　　　　　　　　　　　　3 000

(2) 为辉正公司做出 20×4 年相应的会计分录：

20×4 年发生坏账 6 000 元。

借：坏账准备　　　　　　　　　　　　　　　　　　　　　　　　　　6 000
　　贷：应收账款——甲单位　　　　　　　　　　　　　　　　　　　　　1 000
　　　　应收账款——乙单位　　　　　　　　　　　　　　　　　　　　　5 000

20×4 年年末应收账款余额为 1 200 000 元时，计提坏账准备：1 200 000×3‰＝3 600(元)，但由于 20×3 年计提数 3 000 元不够支付损失数 6 000 元，因此，在年末应补提 3 000 元，即 20×4 年年末共计提 6 600 元。

借：资产减值损失　　　　　　　　　　　　　　　　　　　　　　　　6 600
　　贷：坏账准备　　　　　　　　　　　　　　　　　　　　　　　　　　　6 600

(3) 为辉正公司做出 20×5 年相应的会计分录：

20×5 年，已冲销的上年乙单位的应收账款 5 000 元又收回。

借：应收账款——乙单位　　　　　　　　　　　　　　　　　　　　　5 000
　　贷：坏账准备　　　　　　　　　　　　　　　　　　　　　　　　　　　5 000

同时

借：银行存款　　　　　　　　　　　　　　　　　　　　　　　　　　5 000
　　贷：应收账款　　　　　　　　　　　　　　　　　　　　　　　　　　　5 000

2.2 应付款项业务的核算

情境引例

辉正公司购买商品、聘用员工等日常经营活动过程中,会产生哪些债务呢?这些债务都有什么特点?有哪些不同的种类?会计上应如何核算这些债务?

知识准备

2.2.1 应付票据的核算

1. 应付票据的概念、分类

应付票据是指由企业出具的、允诺在短期内支付一定金额给持票人的一种书面凭证。在我国,应付票据是用来核算企业在商品购销活动中由于采用商业汇票结算方式而发生的、用来明确债权债务关系、具有法律效果的商业汇票。

商业汇票依照承兑人的不同,可分为银行承兑汇票和商业承兑汇票;商业汇票依照其是否带有利息,可分为带息应付票据和不带息应付票据两种。商业汇票的承兑期限一般不超过 6 个月,无论是带息的票据还是不带息的票据,核算时一般均以面值对应付票据进行计价。

银行承兑汇票的承兑人为企业的开户银行。股份制企业在签发银行承兑汇票时,首先持汇票和购货合同向开户银行申请承兑,经银行同意并缴纳手续费后,持汇票和解讫通知进行材料物资的采购。票据到期前,企业将款项交存银行,以便票据到期时及时付款。如果购货单位在票据到期日存款不足、无力支付,则承兑银行负有向收款人或收款人的贴现银行即持票人无条件支付票款的责任,银行将支付的金额看着是企业的短期借款,执行扣款并按日加收罚息。

商业承兑汇票的承兑人为汇票的付款人,不通过开户银行办理承兑,因而在汇票到期时,如果付款人无力支付票款,则银行不承担付款责任,由收付款双方自行协商解决。同时,付款方开户银行对付款方处以票面金额一定比例或以一定金额为起点的罚款。

2. 应付票据的核算

1)账户的设置

为了对应付票据进行核算,企业应设置"应付票据"科目,并根据债务人设置明细账号。该科目的贷方用来登记本企业开出的应付票据的面值,借方登记偿还的应付票据的面值,期末贷方余额表示企业尚未偿还的应付票据的面值。同时,企业还应设置应付票据备查簿,详细登记每一应付票据的种类、号数、签发日期、到期日、票面金额、合同交易号、收款人姓名或单位名称,以及付款日期和金额等资料。应付票据到期付清后,应及时在备查簿中逐笔注销。

2) 应付票据初始确认与计量

应付票据初始确认与计量商业汇票的公允价值计量,由于中国商业汇票期限不超过6个月,故这里的公允价值以商业汇票的面值计量。

企业应付票据初始确认时应贷记"应付票据"科目,借方应根据应付票据产生的原因借记不同的科目,如果是购买商品而产生的,借记"库存商品""在途物资""材料采购""工程物资""应交税费——应交增值税(进项税额)"等科目,如果签发商业汇票抵前欠货款,应借记"应付账款"科目。

3) 应付票据后续计量

如果是带息票据,在票面上往往标明一定的利率,该利率用来计算票据所含的利息。票据到期时,企业除了需偿还票面金额外,还需支付按规定计算的利息。

$$利息=面值×利率×票据期限$$

带息票据的利息一般都是在到期时一次性支付并计入财务费用;但年末或利息金额较大,则应于中期期末或年末时计算应付利息费用,利息费用应计入财务费用科目,借记"财务费用"科目,贷记"应付利息"科目。除了年末,如果利息金额不大,是否预提对会计报表不会产生重大影响,则可在票据到期归还本金和支付利息时一次性计入财务费用。

4) 应付票据终止确认

到期支付本金和利息时,企业应借记"应付票据""应付利息""财务费用"科目,贷记"银行存款"科目。

如果企业到期无法支付的票据是银行承兑汇票,则银行将票款支付给持票人,企业就产生了一笔短期借款负债。企业应将应付票据负债转为短期借款负债,企业应借记"应付票据"科目,贷记"短期借款"科目,并将罚款支出作为营业外支出处理,借记"营业外支出"科目,贷记"银行存款"科目。

另外,支付银行承兑汇票的手续费时,根据《企业会计准则》,银行等金融机构收取的手续费应作为财务费用处理,借记"财务费用"科目,贷记"银行存款"等科目。

如果企业到期无法支付的票据是商业承兑汇票,则企业应将应付票据的本息转为应付账款,借记"应付票据""财务费用"科目,贷记"应付账款"科目,罚息同样作为营业外支出处理,借记"营业外支出"科目,贷记"银行存款"科目。

2.2.2 应付账款的核算

应付账款是指企业在正常经营过程中由于赊购材料、赊购商品或接受劳务供应而发生的债务。这是买卖双方由于采用商业信用,致使物资交易时间与实际款项结算时间不一致而产生的负债,它是一种最常见、最普遍的流动负债。

企业为了总括反映和监督企业应付账款的发生及归还情况,应设置"应付账款"科目。该科目的贷方用来登记因购货或接受劳务而应付给供应单位的款项;借方用来登记应付账款的实际偿还情况;期末余额一般在贷方,表示企业期末时应付而未付的账款。应付账款科目还应按照供应单位的名称设置明细科目,进行明细分类核算。

1. 应付账款入账时间的确定

应付账款的入账时间原则上以购入材料物资的所有权转移为标志,但在实务中,应付

账款的记账时间还应视具体情况而定。在材料物资和发票账单同时到达企业的情况下,应付账款一般要等到材料物资验收入库后,才能按照发票账单上的金额登记入账;在材料物资和发票账单不是同时到达企业的情况下,由于应付账款一般要根据发票账单的金额入账,所以在材料物资验收入库时并不登记入账,等到发票账单到达企业时才登记入账。但是,有时候材料物资已验收入库而发票账单要间隔较长时间才能到达企业,在会计期末又不能无视这项流动负债的存在,在实际中往往于月份终了时暂估入账,并于下月初用红字冲回,以便按正常程序进行账务处理。

2. 应付账款的计价

应付账款的付款期限较短,通常按照应付金额登记入账。当购买材料物资附有现金折扣条件时,应付账款的会计处理有总价法和净价法等可供选择,但在会计实务中一般采用总价法。

在总价法下,应付账款按照未扣除现金折扣前的总价(发票上标明的价格)入账。如果企业在折扣期限内支付了货款,说明企业理财有方,其取得的现金折扣可视为理财收益而冲销财务费用。

在净价法下,应付账款按照发票上标明的金额扣除现金折扣后的净价入账。因为根据财务测算,取得现金折扣对企业有利,一般情况下企业总是会取得现金折扣的,企业在折扣期限内支付货款非常常见。企业由于超过折扣期限付款而丧失的现金折扣应作为理财费用,计入财务费用科目。

在总价法下,应付账款的会计处理如下:

(1) 购入的材料物资验收入库而款未付时。

借:原材料(总价)
　　应交税金——应交增值税(进项税额)
　贷:应付账款(总价)

(2) 折扣期限内付款。

借:应付账款(总价)
　　财务费用(现金折扣)
　贷:银行存款

(3) 超过折扣期限付款。

借:应付账款(总价)
　贷:银行存款(发票价格)

预收账款是指企业根据双方协议,在向购货单位交付商品前预先向购货单位收取的货款而形成的一种流动负债。在预收账款业务较多的企业,可专设"预收账款"科目进行核算,预收时借记"银行存款"科目,贷记"预收账款"科目;提供商品时借记"预收账款"科目,贷记"主营业务收入"科目。如果企业的预收账款业务不多,可不设"预收账款"科目,而将预收账款业务记入"应收账款"科目的贷方。但在期末编制资产负债表时,应将这部分预收账款从应收账款中分离出来,列示在流动负债项目下的预收账款项目中。

2.2.3 应付职工薪酬的核算

1. 职工薪酬及其内容

职工薪酬是指企业为获得职工提供的服务或解除劳动关系而给予的各种形式的报酬或补偿。职工薪酬包括短期薪酬、离职后福利、辞退福利和其他长期职工福利。企业提供给职工配偶、子女、受赡养人、已故员工遗属及其他受益人等的福利,也属于职工薪酬。本情景的职工薪酬主要指短期薪酬。

短期薪酬是指企业在职工提供相关服务的年度报告期间结束后十二个月内需要全部予以支付的职工薪酬,因解除与职工的劳动关系给予的补偿除外。短期薪酬具体包括:职工工资、奖金、津贴和补贴,职工福利费,医疗保险费、工伤保险费和生育保险费等社会保险费,住房公积金,工会经费和职工教育经费,短期带薪缺勤,短期利润分享计划,非货币性福利以及其他短期薪酬。

上述所称职工是指与企业订立劳动合同的所有人员,含全职、兼职和临时职工,也包括虽未与企业订立劳动合同但由企业正式任命的人员。

未与企业订立劳动合同或未由其正式任命,但向企业所提供服务与职工所提供服务类似的人员,也属于职工的范畴,包括通过企业与劳务中介公司签订用工合同而向企业提供服务的人员。

2. 职工薪酬的确认

企业应当在职工为其提供服务的会计期间,将实际发生的短期薪酬确认为负债,并计入当期损益;企业发生的职工福利费,应当在实际发生时根据实际发生额计入当期损益或相关资产成本。职工福利费为非货币性福利的,应当按照公允价值计量。

企业为职工缴纳的医疗保险费、工伤保险费、生育保险费等社会保险费和住房公积金,以及按规定提取的工会经费和职工教育经费,应当在职工为其提供服务的会计期间,根据规定的计提基础和计提比例计算确定相应的职工薪酬金额,并确认相应负债,计入当期损益或相关资产成本。

为了反映和监督应付职工薪酬的提取、分配和发放情况,企业应设置"应付职工薪酬"科目,按有关规定核算企业应付给职工的各种薪酬。该科目按职工薪酬的各项组成内容设置明细科目进行明细核算。

企业发生的职工薪酬应按以下情况处理。

生产车间直接生产人员的职工薪酬,应直接计入生产成本;生产车间管理人员、辅助人员等的职工薪酬,应计入制造费用;专设销售机构的销售人员的职工薪酬,应计入销售费用;厂部管理人员等的职工薪酬,应计入管理费用;固定资产建造人员的职工薪酬,应计入在建工程;自行研究开发无形资产人员的职工薪酬,应计入研发支出。

在实务中,为了正确计算和分配企业的应付工资,企业应建立健全工资核算的原始记录,工资核算的原始记录视不同的企业和计算工资的不同要求而定,主要包括考勤记录、产量记录、工时记录、工资等级等。月终,各车间部门根据审核的原始记录编制工资单,会计部门再根据各车间部门编制的工资单汇总编制工资汇总表,作为发放工资的依据。

月终,会计部门根据职工所在岗位以及工资发生的地点和用途进行工资分配。根据上

述分配结果编制工资分配汇总表，并以此作为工资核算的原始凭证。

发放职工薪酬(含支付职工福利)时：

借：应付职工薪酬
  贷：库存现金(或银行存款)

确认职工薪酬时：

借：生产成本
  销售费用
  管理费用
  在建工程
  研发支出
  贷：应付职工薪酬

3. "五险一金"的核算

"五险一金"是社会保险和住房公积金的简称。五险指的是企业按国家规定为本单位职工缴纳的养老保险费、医疗保险费、失业保险费、生育保险费、工伤保险费，一金指的就是企业为职工缴纳的住房公积金。

由企业承担的社会保险费和住房公积金，以及按规定提取的工会经费和职工教育经费，应在职工为企业提供服务的会计期间，根据规定的计提基础和计提比例确定相应的职工薪酬金额，确认为相应的负债，并计入当期损益或相关资产成本；由个人承担的社会保险费和住房公积金，以及个人所得税部分，则在结算职工薪酬时代扣代缴。

计提职工薪酬时，由企业承担的社会保险费和住房公积金等：

借：生产成本
  制造费用
  管理费用等
  贷：应付职工薪酬——社会保险费等

发放职工工资时，由个人承担的社会保险费和住房公积金、个人所得税：

借：应付职工薪酬——工资
  贷：其他应付款——社会保险费等
    应交税费——应交个人所得税
    银行存款(实发数)

上交社会保险费、住房公积金、个人所得税：

借：应付职工薪酬——社会保险费等(单位承担部分)
  其他应付款——社会保险费等(个人承担部分)
  应交税费——应交个人所得税
  贷：银行存款

4. 非货币性职工薪酬的核算

企业的职工薪酬既包括货币性的，也包括非货币性的。如以自产的产品或外购的实物用于发放职工福利、为职工提供房屋、汽车等无偿使用等。

1) 以自产产品或外购商品用于发放职工福利

企业以自产产品或外购商品用于发放职工福利的,应以该产品或商品的公允价值及其相关税费确认为负债,并计入当期损益或相关资产成本。

2) 为职工提供无偿使用的设备或设施

如果企业购入设备或设施供职工无偿使用,则应根据其使用期限与价值减损特点确认职工薪酬。设备或设施计提折旧时,首先借记"管理费用""制造费用"等科目,贷记"应付职工薪酬"科目,其次,借记"应付职工薪酬"科目,贷记"累计折旧"科目。

如果企业租入设备或设施供职工无偿使用,则应将租金确认为职工薪酬。企业产生租金时,首先借记"管理费用""制造费用"等科目,贷记"应付职工薪酬"科目,其次,借记"应付职工薪酬"科目,贷记"其他应付款"等科目。

2.2.4 应交税费的核算

按照有关法律法规的规定,企业在一定期间内所取得的营业收入和实现的利润,需要向国家缴纳有关税费,该项应缴纳的税费形成了企业的应交税费。这些应交款在未交之前就成为企业的一项流动负债。企业需要向国家缴纳的有关税费主要有:增值税、消费税、城市维护建设税、房产税、车船使用税、资源税、所得税、印花税、土地使用税、教育费附加等。

1. 应交税费的核算科目

为了正确反映和监督企业有关纳税义务的产生和履行,企业应设置"应交税费"科目,该科目的贷方用来反映企业应向国家缴纳的各种税金;借方用来反映各种税金的缴纳情况;期末余额一般在贷方,表示企业在期末时应交而未交的金额。"应交税费"科目还应按照不同的税种设置不同的明细科目,进行明细核算。

需要指出的是,并不是所有应向国家缴纳的税金都必须通过"应交税费"科目核算。只有那些需要预计应交税金金额并与税务部门发生清算或结算关系的税金,才通过"应交税费"科目核算,如应交增值税、应交所得税等。而那些不需要预计应交税金金额、直接将本期发生数计入当期损益的各种税金,则不通过"应交税金"科目核算,如企业缴纳的印花税,一般在发生纳税义务时,企业自行计算应纳税额,一次性购买、贴足印花税票并注销。因此,企业于购买时直接借记"管理费用"科目,贷记"银行存款"科目。另外,由企业代收代缴的税金也应通过"应交税费"科目核算。企业代收时,借记"银行存款"等科目,贷记"应交税费"科目;实际上缴时,借记"应交税费"科目,贷记"银行存款"科目。

2. 应交增值税的核算

增值税是企业经营应税货物或应税劳务时对其增值部分征收的一种流转税。按照增值税暂行条例规定,企业购入货物或接受应税劳务支付的增值税(即进项税额),可以从销售货物或提供劳务按规定收取的增值税(即销项税额)中抵扣。但须符合相关条件:一是企业属于增值税一般纳税人;二是所购货物或所接受劳务必须是用于增值税应税项目;三是购进货物或接受劳务时必须取得合法的扣税凭证;等等。

合法的扣税凭证主要包括：增值税专用发票、进口货物海关完税凭证、购进免税农产品或收购废旧物资的经税务机关批准的收购凭证。

非一般纳税人即小规模纳税人按简易征收方法征收增值税。

1) 一般纳税人增值税核算

一般纳税人应在"应交税费——应交增值税"科目下设置相应的专栏，核算增值税的进项税额、销项税额、进项税额转出、增值税的缴纳等情况。对于当月应交未交(或多交)的增值税，还应设置"应交税费——未交增值税"科目核算。

(1) 企业在采购材料并取得增值税专用发票时：

借：物资采购等
　　应交税金——应交增值税(进项税额)
　　贷：银行存款(或应付账款)

(2) 企业销售商品时：

借：银行存款(或应收账款)
　　贷：主营业务收入
　　　　应交税金——应交增值税(销项税额)

(3) 企业根据进项税与销项税相抵后的差额实际缴纳时：

借：应交税金——应交增值税(已交税金)
　　贷：银行存款

(4) 购进免税农产品，应按收购凭证的收购价款减去按规定的扣除率作为免税农产品的入账金额，收购价款乘以规定的扣除率作为进项税额：

借：物资采购等
　　应交税金——应交增值税(进项税额)
　　贷：银行存款(或应付账款)

(5) 如果企业将自产或委托加工物资等用于非增值税应税项目等应视同销售，计算销项税额。

(6) 企业原已确认进项税额的货物改变用途用于非增值税应税项目的，应将原确认的进项税额转出，转入使用对象的成本。

2) 小规模纳税人增值税核算

小规模纳税人不采用抵扣进项税额的办法，而是直接按照销售额计算应征收的增值税。小规模纳税人购进货物或接受应税劳务时，不能计算抵扣进项税额，只在销售货物或提供应税劳务时(含视同销售)计算应征收的增值税。因此，小规模纳税人不需要设置相关专栏，应征收的增值税的计算和缴纳直接在"应交税费——应交增值税"科目核算。

3. 应交消费税、应交营业税、应交城市维护建设税等的核算

企业的应交消费税、应交营业税、应交城市维护建设税等，应记入"主营业务税金及附加""其他业务支出"科目。在产生上述有关税金义务时，应编制会计分录如下：

借：主营业务税金及附加
　　贷：应交税金——应交消费税
　　　　　　　　——应交营业税
　　　　　　　　——应交城市维护建设税

4. 应交资源税的核算

资源税的列支渠道要视资源税计税方式的不同而定。如果资源税是按照销售额计征的,应计入主营业务税金及附加;如果是按照产量或使用量计征的,则要计入生产成本。应编制会计分录如下:

借:主营业务税金及附加(或生产成本)
　　贷:应交税金——应交资源税

5. 应交房产税、车船使用税、土地使用税等的核算

企业应缴纳的房产税、车船使用税、土地使用税等应计入管理费用,即产生纳税义务时,应编制会计分录如下:

借:管理费用
　　贷:应交税金——应交房产税
　　　　　　　——应交车船使用税
　　　　　　　——应交土地使用税

6. 应交所得税的核算

所得税是国家对企业从事生产经营所得和其他所得征收的一种税。企业在会计期末,应根据当期企业所实现的利润经过适当调整后的应纳税所得额,乘以适用税率,计算出当期应缴纳的所得税。上述调整是因为企业的会计方法中可能存在着一些与税法规定不一致的方法,从而形成应税差额。会计利润经过差额调整后,就成为企业的应纳税所得额。企业在计算出应缴纳的所得税后,就成为企业的一项流动负债。

借:所得税
　　贷:应交税金——应交所得税

所得税是企业的一项费用,经常称之为所得税费用。"所得税"科目的期末余额应结转至"本年利润"科目。

在实务中,企业的所得税是采用按年征收、分期预交、年终汇算清缴、多退少补的办法。会计期末,"应交税金"科目的期末余额应列示在资产负债表的流动负债项目下的"未交税金"具体项目中,若为借方余额,应以"-"号列示。

7. 其他应付款的核算

其他应付款是指企业除了应付账款、应付票据、应付工资、应交税金、应付股利、其他应交款等以外的各种应付、暂收款项,主要包括存入保证金、应付租金、应付赔偿款、应付工会经费等。

为了正确反映和监督企业各项其他应付款的产生和消失,企业应设置"其他应付款"科目。该科目的贷方用来反映企业各项其他应付款的产生;借方用来反映各项其他应付款的支付;期末余额一般在贷方,表示企业在期末时尚未支付的其他应付款。"其他应付款"科目还应按照具体项目设置明细科目,进行明细分类核算。

"其他应付款"各明细科目的期末余额若在借方,在编制资产负债表时应填列在"其他应收款"项目中。

 **业务操作**

任务一：应付票据的核算

1. 任务描述

辉正公司2×15年8月1日购进生产用材料一批，买价300 000元，增值税51 000元，款项使用商业汇票结算。签发并承兑的商业汇票面值为351 000元，期限为6个月，不计利息。原材料采用实际成本法核算。

2. 任务要求

(1) 请为辉正公司编制购货签发商业汇票的会计分录；
(2) 请为辉正公司编制到期兑付的会计分录。

3. 任务分析

辉正公司核算签发的商业汇票业务，需要设置"应付票据"科目，以买价和增值税合计金额351 000元作为应付票据的初始确认金额，采用实际成本法核算原材料，借记"在途物资""应交税费——应交增值税(进项税额)"科目，贷记"应付票据"科目。由于是不带息票据，所以到期偿还也是351 000元，借记"应付票据"科目，贷记"银行存款"科目。

4. 任务具体完成过程

(1) 购进生产用材料签发并承兑时：
借：在途物资　　　　　　　　　　　　　　　　300 000
　　应交税费——应交增值税(进项税额)　　　　51 000
　　贷：应付票据　　　　　　　　　　　　　　　　351 000

(2) 到期兑付时：
借：应付票据　　　　　　　　　　　　　　　　351 000
　　贷：银行存款　　　　　　　　　　　　　　　　351 000

任务二：应付职工薪酬—货币性职工薪酬业务的核算

1. 任务描述

2×15年6月，辉正公司计算本月应付职工工资总额为3 000 000元。其中，生产车间产品生产工人的工资为1 200 000元，车间管理人员的工资为200 000元，企业行政管理部门管理人员的工资为600 000元，专设销售机构人员的工资为600 000元，研发人员工资为400 000元(符合资本化条件)。医疗保险、养老保险、住房公积金的缴存比例分别为10%、12%、10%。

2. 任务要求

(1) 请为辉正公司计算应计入相关成本费用账户的职工薪酬金额；
(2) 请为辉正公司编制分配职工薪酬的会计分录。

3. 任务分析

企业每月应付的职工工资等,应根据职工所属部门以及从事工作的岗位等分别计入相关的成本费用,同时通过"应付职工薪酬"科目核算应付的金额。辉正公司应计入成本费用账户的金额包括工资和社会保险费。

分配职工薪酬时,辉正公司应借记"生产成本"等科目,贷记"应付职工薪酬"科目并区分不同的明细科目。

4. 任务具体完成过程

(1) 请为辉正公司计算应计入相关成本费用账户的职工薪酬金额。

生产成本＝1 200 000×(1＋10%＋12%＋10%)＝1 584 000(元)
制造费用＝200 000×(1＋10%＋12%＋10%)＝264 000(元)
管理费用＝600 000×(1＋10%＋12%＋10%)＝792 000(元)
销售费用＝600 000×(1＋10%＋12%＋10%)＝792 000(元)
研发支出＝400 000×(1＋10%＋12%＋10%)＝528 000(元)
职工薪酬总额＝3 000 000×(1＋10%＋12%＋10%)＝3 960 000(元)

(2) 请为辉正公司编制分配职工薪酬的会计分录。

借:生产成本   1 584 000
    制造费用   264 000
    管理费用   792 000
    销售费用   792 000
    研发支出——资本化支出   528 000
  贷:应付职工薪酬——职工工资   3 000 000
              ——社会保险费   960 000

任务三:应付职工薪酬—非货币性薪酬业务的核算

1. 任务描述

辉正公司为电视机生产企业,共有职工 200 名。2×15 年 1 月份,该企业将自己生产的彩电 200 台作为福利发放给职工。该型号彩电的成本为每台 6 000 元,每台售价为 8 000 元,增值税税率 17%。200 名职工中,生产工人 130 人,生产车间管理人员 20 人,厂部管理人员 50 人。

2. 任务要求

(1) 请为辉正公司计算应计入相关成本费用账户的非货币性职工薪酬金额;
(2) 请为辉正公司编制向职工发放彩电的会计分录。

3. 任务分析

企业以自产产品或外购商品用于发放职工福利的,首先应以该产品或商品的公允价值及其相关税费合计金额 1 872 000 元确认为应付职工薪酬,并计入相关资产成本或费用,借记"生产成本"等科目,贷记"应付职工薪酬"科目。其次,应确认商品销售收入和应交

税费,同时冲减应付职工薪酬,借记"应付职工薪酬"科目,贷记"主营业务收入""应交税费——应交增值税(销项税额)"等科目,因此,在与货币性职工薪酬遵循相同的核算原则外,还应确认相应的销售损益。最后,结转商品成本,借记"主营业务成本"等科目,贷记"库存商品"等科目。

4. 任务具体完成过程

(1) 请为辉正公司计算应计入相关成本费用账户的非货币性职工薪酬金额。

生产成本 = 130×8 000×(1+17%) = 1 216 800(元)

制造费用 = 20×8 000×(1+17%) = 187 200(元)

管理费用 = 50×8 000×(1+17%) = 468 000(元)

应付职工薪酬总额 = 200×8 000×(1+17%) = 1 872 000(元)

(2) 请为辉正公司编制向职工发放彩电的会计分录。

首先,按售价及其应计税费确认应付职工薪酬并计入成本费用:

借:生产成本　　　　　　　　　　　　　　　　　　1 216 800
　　制造费用　　　　　　　　　　　　　　　　　　　187 200
　　管理费用　　　　　　　　　　　　　　　　　　　468 000
　　贷:应付职工薪酬——非货币性职工薪酬　　　　1 872 000

其次,确认商品销售收入和应交税费并冲减应付职工薪酬:

借:应付职工薪酬——非货币性职工薪酬　　　　　1 872 000
　　贷:主营业务收入　　　　　　　　　　　　　　1 600 000
　　　　应交税费——应交增值税(销项税额)　　　　272 000

最后,结转产品成本:

借:主营业务成本　　　　　　　　　　　　　　　1 200 000
　　贷:库存商品　　　　　　　　　　　　　　　　1 200 000

任务五:应交税费的核算

1. 任务描述

辉正公司为增值税一般纳税人。该公司购入生产用材料 2 000 000 元,支付增值税 340 000 元;购入用于工程施工的材料 500 000 元(用于厂房建造),支付增值税 85 000 元,支付运费 30 000 元。公司有 150 000 元的生产用材料用于投资宏伟公司,计税价格为 180 000 元。公司发出产品 1 000 台,每台的生产成本为 2 000 元。其中,用于自行建造固定资产 20 台,销售 980 台,每台售价 3 000 元。公司产品适用的增值税率为 17%。

2. 任务要求

(1) 请为辉正公司编制购入生产用材料的会计分录。

(2) 请为辉正公司编制购入工程用材料的会计分录。

(3) 请为辉正公司编制生产用材料用于投资的会计分录。

(4) 请为辉正公司编制自行建造固定资产领用产品的会计分录。

(5) 请为辉正公司编制销售产品的会计分录。

第2章 往来款项业务的核算

3. 任务分析

购入材料时,生产用材料支付的增值税可以抵扣,作进项税额核算;工程用材料因用于厂房建造,支付的增值税不得抵扣,应计入物资的成本;将生产用材料用于投资,会计上作销售处理,以材料的公允价值和增值税作为长期股权投资的入账金额。自产产品用固定资产建造,会计上不确认收入,但按税法规定视同销售需计算增值税,所以以自产产品成本与增值税合计金额计入在建工程。

4. 任务具体完成过程

(1) 请为辉正公司编制购入生产用材料的会计分录。

借:原材料		2 000 000
应交税金——应交增值税(进项税额)		340 000
贷:银行存款		2 340 000

(2) 请为辉正公司编制购入工程用材料的会计分录。

借:工程物资　　　　　　　　　　　　　　　　　　　　　615 000
　　贷:银行存款　　　　　　　　　　　　　　　　　　　615 000

(3) 请为辉正公司编制生产用材料用于投资的会计分录。

增值税销项税额=180 000×17%=30 600(元)

借:长期股权投资——宏伟公司　　　　　　　　　　　　210 600
　　贷:主营业务收入　　　　　　　　　　　　　　　　180 000
　　　　应交税金——应交增值税(销项税额)　　　　　　30 600
借:主营业务成本　　　　　　　　　　　　　　　　　　150 000
　　贷:原材料　　　　　　　　　　　　　　　　　　　150 000

(4) 请为辉正公司编制自行建造固定资产领用产品的会计分录。

增值税=20×3 000×17%=10 200(元)

借:在建工程　　　　　　　　　　　　　　　　　　　　50 200
　　贷:库存商品　　　　　　　　　　　　　　　　　　40 000
　　　　应交税金——应交增值税(销项税额)　　　　　　10 200

(5) 请为辉正公司编制销售产品的会计分录。

增值税=980×3 000×17%=499 800(元)

借:银行存款　　　　　　　　　　　　　　　　　　　3 439 800
　　贷:主营业务收入　　　　　　　　　　　　　　　2 940 000
　　　　应交税金——应交增值税(销项税额)　　　　　499 800
借:主营业务成本　　　　　　　　　　　　　　　　　1 960 000
　　贷:库存商品　　　　　　　　　　　　　　　　　1 960 000

知识拓展

1. 在会计实务中,企业坏账准备的计提方法

企业坏账准备的计提方法主要有三种:即余额百分比法、账龄分析法和销货百分比法。

(1) 应收账款余额百分比法是以会计期末应收账款的账面余额为基数，乘以估计的坏账率，估算当期坏账损失，据以提取坏账准备的方法。估计坏账率由企业根据以往的资料或经验自行确定。在应收账款余额百分比下，企业应在每个会计期末根据本期末应收账款的余额和相应的坏账率估计出期末坏账准备账户应有的余额，它与调整前坏账准备账户已有的余额的差额，就是当期应提的坏账准备金额。

(2) 账龄分析法是指根据应收账款挂账时间(账龄)的长短估计坏账损失，提取坏账准备的方法。虽然应收账款能否收回以及能收回多少，不一定完全取决于时间的长短，但一般来说，账款拖欠的时间越长，发生坏账的可能性就越大。因此，将企业的应收账款按拖欠时间的长短划分为若干区段，为每一个区段估计一个坏账损失的百分比，计算出各个区段上应收账款的余额，以此来确定坏账损失的总额，能使坏账损失的计算结果更符合客观情况。

(3) 销货百分比法是指根据赊销金额的一定百分比估计坏账损失，提取坏账准备的方法。百分比按本企业以往实际发生的坏账与销售总额的关系结合生产经营与销售政策变动情况测定。它的一般做法是：首先根据以往的资料和经验，估计一个坏账损失率，然后根据企业销售的情况，每发生一笔赊销，就按照坏账损失率提取一个坏账准备。按照这种方法计提坏账准备，不考虑"坏账准备"账户的期初余额。

2. 企业应收票据贴现的类型

根据《企业会计准则第23号——金融资产转移》的有关规定，企业持未到期商业汇票向银行贴现，属于金融资产的转移。对金融资产的转移涉及的会计处理，核心是金融资产转移是否符合终止确认条件，其中，终止确认是指将金融资产从企业的账户和资产负债表内予以转销。

根据《企业会计准则第23号——金融资产转移》应用指南的规定，企业已将金融资产所有权上的所有风险和报酬转移给转入方的，应当终止确认该金融资产，如银行不附追索权的应收票据贴现。如果企业仍保留了该金融资产所有权上的几乎所有风险和报酬的，则不应当终止确认该金融资产，如银行附追索权的应收票据贴现。

由此看来，应收票据的贴现根据票据的风险是否转移分为两种情况：一种带追索权，贴现企业在法律上负连带责任，即不能终止确认该项金融资产；另一种不带追索权，企业将应收票据上的风险和未来经济利益全部转让给银行，即该金融资产可以终止确认。

本章小结

1. 教学内容
(1) 应收票据业务的核算。
(2) 应收账款业务的核算。
(3) 预付账款业务的核算。
(4) 其他应收款项业务的核算。
(5) 应收款项减值业务的核算。
(6) 应付账款业务的核算。
(7) 应付票据业务的核算。

第 2 章 往来款项业务的核算

(8) 应付职工薪酬业务的核算。
(9) 应交税费的核算。

2. 教学重点

(1) 应收账款与应付账款的总价法。
(2) 应收票据贴现。
(3) 应收账款减值。
(4) 应付职工薪酬核算。
(5) 应交增值税的核算。

3. 教学难点

票据贴现相关计算、备抵法的运用以及非货币性职工薪酬的核算。

4. 教学建议

(1) 通过创设情境,将熟悉的经济现象引入课堂,结合具体案例的分析来讲解和训练。
(2) 课件演示企业日常经营活动中应收应付款项的相关项目内容:让学生了解不同应收应付款项的概念,以及区分不同项目核算内容上的区别。
(3) 技能掌握及巩固:通过例题讲解及学生讨论、交流,加深对应收款项不同项目的理解,再通过例题和任务巩固应收与应付账款总价法、应收票据贴现、应收账款减值、应付职工薪酬的账务处理。
(4) 根据学生掌握的情况,引导学生思考应收票据贴现中银行拥有追索权该如何处理;同时拓展除了对应收账款计提坏账准备,应收款项的其他项目是否需要计提坏账准备以及如何计提。

训 练 题

一、单项选择题

1. 下列中,(　　)不通过"应交税费"科目核算。
   A. 增值税　　　　　　　　B. 印花税
   C. 房产税　　　　　　　　D. 固定资产投资方向调节税

2. 企业的应收票据在到期时,承兑人无力偿还票款的,应将其转入(　　)科目。
   A. 应收账款　　　　　　　B. 应付账款
   C. 其他应收款　　　　　　D. 预收账款

3. 如果贴现的应收票据是不带息票据,应按实际收到的贴现金额借记"银行存款"科目,按票面金额,贷记"应收票据"科目,按其差额借记"财务费用"科目,此差额指的是(　　)。
   A. 票据的利息
   B. 票据的贴现息
   C. 票据的贴现息与票据的利息之差
   D. 票据的面额与票据的贴现息之差

4. 预付账款不多的企业,可以不设"预付账款"科目,而将预付账款记入(　　)。
   A. "应收账款"科目的借方　　　B. "应收账款"科目的贷方
   C. "应付账款"科目的借方　　　D. "应付账款"科目的贷方

5．A企业将销售商品收到的银行承兑汇票背书转让给B企业，用于支付购买原材料的价款，应贷记的科目是(　　)。
  A．应收账款   B．应收票据
  C．应付票据   D．银行存款

6．企业按规定提取的坏账准备，应计入(　　)。
  A．财务费用   B．营业外支出
  C．资产减值损失   D．管理费用

7．2×13年7月18日，辉正公司将收到的出票日为5月20日、期限为180天、面值为100 000元的票据到银行申请贴现。该票据的贴现天数为(　　)天。
  A．180   B．122
  C．120   D．121

8．2×13年4月16日，辉正公司销售产品一批，价款400万元，增值税68万元，收到期限为6个月的商业承兑汇票一张，年利率为7%，则该票据到期时，A企业收到的票款为(　　)。
  A．468万元   B．484.38万元
  C．400万元   D．414万元

9．若购货条件中包括一定的现金折扣，我国会计实务中一般采用总价法，实际获得的现金折扣，应(　　)。
  A．冲减购货成本   B．作为理财收益，冲减财务费用
  C．作为营业外收入   D．列作其他业务收入

10．辉正公司2×13年年末坏账准备借方余额1 000元，2×14年1月末，应收账款借方余额68 000元，当月发生坏账损失1 500元，按应收账款余额的2%计提坏账准备，则该公司1月末坏账准备的余额为(　　)。
  A．借方2 500元   B．贷方1 360元
  C．贷方1 500元   D．借方1 140元

二、多项选择题

1．根据我国的会计制度，通过"应收票据"科目核算的票据有(　　)。
  A．银行票据   B．银行本票
  C．支票   D．商业承兑汇票
  E．银行承兑汇票

2．带息应收票据贴现时，影响其贴现款的因素有(　　)。
  A．票据的面值   B．票据的利息
  C．贴现率   D．票据的期限
  E．贴现日到到期日的时间

3．下列各项，构成应收账款入账价值的有(　　)。
  A．增值税销项税额   B．商业折扣
  C．代购货方垫付的保险费 D．销售货款
  E．代购货方垫付的运杂费

4. 企业的应收账款不应包括( )。
   A. 预付分公司款   B. 应收利息
   C. 超过一年的应收分期销货款   D. 对职工的预付款
5. 下列关于现金折扣与商业折扣的说法，正确的是( )。
   A. 商业折扣是指在商品标价上给予的扣除
   B. 现金折扣是指债权人为鼓励债务人早日付款，而向债务人提供的债务扣除
   C. 存在商业折扣的情况下，企业应收账款入账金额应按扣除商业折扣后的实际售价确认
   D. 我国会计实务中采用总价法核算存在现金折扣的交易
   E. 总价法是将未减去现金折扣前的金额作为实际售价，记作应收账款的入账价值
6. 下列哪些项目支付的增值税不予抵扣( )。
   A. 购进厂房建造工程用物资   B. 购进用于非应税项目的物资
   C. 购进用于免税项目的物资   D. 向农户购进免税农产品
7. 一般来讲企业的应收款项符合下列条件之一的，应确认为坏账( )。
   A. 债务人死亡，以其遗产清偿后，仍然无法收回
   B. 债务人破产，以其破产财产清偿后，仍然无法收回
   C. 债务人较长时间内未履行其偿债义务，并有足够的证据表明无法收回或收回的可能性很小
   D. 超过一年的应收款项
8. 下列哪些属于一般纳税企业对"应交税费——应交增值税"科目的核算应设置的专栏( )。
   A. 进项税额   B. 销项税额
   C. 减免税款   D. 转出未交增值税
9. 企业采用备抵法核算坏账准备，估计坏账损失的方法有( )。
   A. 应收账款余额百分比法   B. 账龄分析法
   C. 年数总和法   D. 销货百分比法
   E. 双倍余额递减法
10. 商业汇票的承兑人，可以是( )。
    A. 付款方(购买单位)   B. 收款方(销货单位)
    C. 付款方开户银行   D. 收款方开户银行

三、判断题

1. 企业应向职工收取的暂付款项可在"应收账款"科目进行核算。   ( )
2. 企业并不是在购入存货过程中支付的增值税均能作进项税额核算。   ( )
3. 按总价法核算存在现金折扣的交易，其实际发生的现金折扣作为当期的财务费用。
                                                                              ( )
4. 企业上缴的所有的税金都必须通过"应交税费"科目核算。   ( )
5. 对商业汇票来说，承兑人应为付款人。银行承兑汇票的承兑人是银行，因此银行承兑汇票不是企业(承兑申请人)的负债。   ( )

6．负债是指由于过去、现在和未来的交易所引起的企业的义务。　　（　）

7．商业折扣是债权人为鼓励债务人在规定期限内付款而向其提供的债务扣除。
　　　　　　　　　　　　　　　　　　　　　　　　　　　　　　（　）

8．如果货物已到而发票账单未到，由于无法确定应付账款的金额，所以不应作负债反映，也不需要在会计报表中披露。　　　　　　　　　　　　　　　　（　）

9．企业实际发生坏账损失时，应借记"坏账准备"科目，贷记"应收账款"科目。
　　　　　　　　　　　　　　　　　　　　　　　　　　　　　　（　）

10．企业采用直接转销法或备抵法核算发生的坏账损失，确认的标准是不同的。
　　　　　　　　　　　　　　　　　　　　　　　　　　　　　　（　）

第 3 章

财产物资业务的核算

职业能力目标

- **专业能力目标**
  - 能掌握相关财产物资业务的初始确认与计量业务。
  - 能掌握相关财产物资业务的后续计量业务。
  - 能掌握相关财产物资业务的终止确认业务。
- **教学能力目标**
  - 熟悉财产物资业务的会计核算。
  - 结合专业知识和学习情况进行个性化专业教学设计。
  - 营造良好的项目、选择合适的教学方法进行专业教学实施。
  - 选择恰当的方式开展专业教学评价。
- **社会能力目标**
  - 具备一定的沟通协调能力,处理好个人与同事关系,处理好企业内外相关部门的关系。
  - 能利用现代信息技术获取并甄别相关信息,分析准则的修订和完善对财产物资业务核算的影响。
  - 了解企业财产物资业务核算现状。

工作任务分析

- 了解财产物资成本构成。
- 采用实际成本法和计划成本法对存货进行核算。
- 采用不同折旧方法计算固定资产折旧并进行会计处理。
- 运用成本模式和公允价值模式对投资性房地产进行后续计量,对投资性房地产与自用建筑物和土地使用权相互转换进行会计处理。
- 进行无形资产取得、后续计量和出租出售无形资产的会计处理。
- 核算财产物资的减值和清查业务。

3.1 存货业务核算

情境引例

辉正公司购入 50 千克的原材料，货款 10 000 元，增值税专用发票上注明的增值税税额为 1 700 元，运杂费 300 元，装卸费 45 元，该批材料的入账价值是多少？如果该企业原材料按计划成本法计价，原材料的计划成本为 210 元/千克，那么该如何计量？如果该公司需要实时了解存货的结存情况，那么如何对发出存货进行计价？辉正公司生产车间领用了 20 千克包装物，每千克成本为 30 元，该批包装物价值较低且易于损坏，则该怎样核算？辉正公司在财产清查时，发现损毁乙材料 20 千克，每千克成本 80 元，经查明属于管理不善引起的，那么该如何进行相关的会计处理呢？到期末，辉正公司该如何对存货进行核算？

知识准备

3.1.1 存货取得与发出业务的核算

1. 存货的概念与确认条件

1) 存货的概念

存货是指企业在日常活动中持有以备出售的产成品或商品、处在生产过程中的在产品、在生产过程或提供劳务过程中耗用的材料和物料等。企业的存货具体通常包括以下内容。

(1) 原材料。

原材料是指企业在生产过程中经加工改变其形态或性质并构成产品主要实体的各种原料及主要材料、辅助材料、燃料、修理用备件(备品备件)、包装材料、外购半成品(外购件)等。

(2) 在产品。

在产品是指企业正在制造尚未完工的生产物，包括正在各个生产工序加工的产品和已加工完毕但尚未检验或已检验但尚未办理入库手续的产品。

(3) 半成品。

半成品是指经过一定生产过程并已检验合格交付半成品仓库保管，但尚未制造完工成为产成品，仍需进一步加工的中间产品。

(4) 产成品。

产成品是指工业企业已经完成全部生产过程并验收入库，可以按照合同规定的条件送交订货单位，或者可以作为商品对外销售的产品。企业接受来料加工制造的代制品和为外单位加工修理的代修品，制造和修理完成验收入库后，应视同企业的产成品。

(5) 商品。

商品是指商品流通企业外购或委托加工完成验收入库用于销售的各种商品。

(6) 周转材料。

周转材料是指企业能够多次使用、逐渐转移其价值但仍保持原有形态不确认为固定资产的材料,包括包装物、低值易耗品,以及企业(建造承包商)的钢模板、木模板、脚手架等。

注意:为建造固定资产等各项工程而储备的各种材料,虽然同属于材料,但不符合存货的定义,因此不能作为企业的存货,属于企业的工程物资。

2) 存货的确认条件

存货在符合定义情况下,同时满足下列条件的,才能予以确认。

(1) 与该存货有关的经济利益很可能流入企业。

(2) 该存货的成本能够可靠地计量。

2. 存货的初始计量

1) 存货的成本

《企业会计准则第 1 号—存货》规定,存货应当按照成本进行初始计量。存货成本包括采购成本、加工成本和使存货达到目前场所和状态所发生其他成本三个组成部分。存货成本构成如表3-1所示。

表 3-1 存货成本构成

存货成本的构成	相 关 项 目	项 目 内 容
采购成本	购买价款	企业购入的材料或商品的发票账单上列明的价款,但不包括可以抵扣的增值税进项税额
	相关税费	企业购买存货发生的进口关税、消费税、资源税以及不能抵扣的增值税进项税额等
	其他相关费用	采购过程中发生的运输费、装卸费、保险费、运输途中的合理损耗、入库前的挑选整理费用等
加工成本	包括直接人工以及按照一定方法分配的制造费用	
其他成本	除采购成本、加工成本以外的,使存货达到目前场所和状态所发生的其他支出,如为特定客户设计产品所发生的设计费等	

2) 存货成本的确定

企业存货取得的来源渠道不同,其成本构成内容也不同。在会计实务中具体按照以下原则确定。

(1) 外购存货的成本,包括购买价款、运杂费(运输费、装卸费、保险费、包装费等)、运输途中合理损耗、入库前的挑选整理费以及按规定计入存货成本的相关税费和其他费用。

(2) 自制存货的成本,包括直接材料、直接人工和制造费用等的各项实际支出。

(3) 投资者投入存货的成本,应当按照投资合同或协议约定的价值确定,但合同或协议约定价值不公允的除外。

(4) 盘盈存货的成本,应按其重置成本作为入账价值。

3) 不应计入存货成本的费用

下列费用不应计入存货成本,而应在其发生时计入当期损益。

(1) 非正常消耗的直接材料、直接人工和制造费用,应在发生时计入当期损益,不应计入存货成本。

(2) 仓储费用，指企业在存货采购入库后发生的储存费用，应在发生时计入当期损益。但是，在生产过程中为达到下一个生产阶段所必需的仓储费用应计入存货成本。

(3) 不能归属于使存货达到目前场所和状态的其他支出，应在发生时计入当期损益，不得计入存货成本。

3. 发出存货的计价方法

存货发出可以采用计划成本法或实际成本法进行核算。如果企业采用计划成本法进行存货核算，则需将存货的计划成本和实际成本之间的差异通过"材料成本差异"账户进行调整，最终将计划成本调整为实际成本。如果企业采用实际成本法进行核算，可采用先进先出法、移动加权平均法、月末一次加权平均法、个别计价法和后进先出法等方法确认发出存货的实际成本。对于性质和用途相似的存货，企业应当采用相同的成本计量方法确认发出存货的成本。以下为实际成本法下发出存货成本的计量方法。

1) 先进先出法

先进先出法是指先购入的存货应先发出(销售或耗用)，以先进先出的原则对发出存货进行计价的一种方法。接收存货时，按照顺序逐笔登记每一批入库存货的数量、单价和金额；发出存货时，按照顺序逐笔登记发出存货的数量、单价和金额。

先进先出法的特点是期末存货价值反映的是近期的市场价格。其优点是有利于掌握库存资金动态。其缺点是发出存货时按照不同的单价反映发出存货的成本，加大了工作量；当物价持续上涨时，高估库存存货价值，虚增利润。

2) 移动加权平均法

移动加权平均法是指以每次进货的成本加上原有库存存货的成本，除以每次进货数量加上原有库存存货的数量，据以计算加权平均单位成本，作为在下次进货前计算各次发出存货成本依据的一种方法。计算公式如下：

存货单位成本＝(原有库存存货的实际成本＋本次进货的实际成本)
÷(原有库存存货数量＋本次进货数量)

本次发出存货的成本＝本次发出存货的数量×本次发货前存货的单位成本

本月月末库存存货成本＝月末库存存货的数量×本月月末存货单位成本

移动加权平均法的优点是能够使企业及时了解存货的结存情况，有利于对存货的控制。其缺点是加大了核算的工作量。

3) 月末一次加权平均法

月末一次加权平均法也称加权平均法，是指本月全部进货成本加上月初存货成本之和，除以本月全部进货数量加上月初存货数量之和，计算出存货的加权平均成本，以此为基础计算本月发出存货的成本和期末存货成本的一种方法。计算公式如下：

存货单位成本＝(月初库存存货的实际成本＋本期购入存货的实际成本)
÷(月初库存存货数量＋本月进货数量)

本月发出存货的成本＝本月发出存货的数量×存货单位成本

本月月末库存存货成本＝月末库存存货数量×存货单位成本

月末一次加权平均法的特点是将价格波动对成本的影响平均化。其优点是减少发料计价的工作量。其缺点是月末计算加权平均单价，影响核算及时性；不利于掌握库存金额的动态。

4) 个别计价法

个别计价法也称个别认定法、具体辨认法、分批实际法，是假设存货具体项目的实物流转和成本流转一致，逐一辨认各批发出存货和期末存货所属的购进批别或生产批别，分别按其购入或生产时所确认的单位成本计算各批发出存货和期末存货成本的一种方法。计算公式如下：

每次(批)发出存货成本＝该次(批)存货发出数量×该次(批)存货实际收入的单位成本

对于不能替代使用的存货、为特定项目专门购入或制造的存货以及提供的劳务，通常采用个别计价法确定发出存货的成本，适用于房屋、船舶、飞机、珠宝名画等数量和品种较少、容易识别、单位价值高的存货。用个别计价法计算发出存货的成本和期末存货的成本比较合理准确。其缺点是实务操作的工作量大。

5) 后进先出法

后进先出法是假定最后购入的存货最先发出，每次购入存货时，按其时间的先后顺序逐笔登记其数量、单价和金额，每次发出存货时，按照后购入存货的单价计算发出存货的成本。后进先出法将更早期形成的成本留在企业存货中，不能准确地反映期末存货的实际价值，在持续通货膨胀情况下更甚，出现存货的价值流转与实物流转不一致，会低估企业存货的公允价值，降低当期利润。

IAS2(国际会计准则)在 2003 年度的改进计划中已经取消了后进先出法，理由是成本流与实物流在大多数情况下不一致。我国目前也不采用后进先出法。

3.1.2 原材料业务的核算

1. 原材料按实际成本法核算

原材料按实际成本计价是原材料的收入、发出和结存从收发凭证、明细账与总账均按实际成本计价。实际成本法适用于规模小、存货品种简单、采购业务不多的企业。

1) 设置的账户

按照实际成本法对原材料进行核算，企业应设置"原材料""在途物资"等科目。

(1) "原材料"科目，用来核算原材料的收入、发出和结存。借方反映原材料入库的实际成本，贷方反映原材料出库的实际成本，期末借方余额反映企业库存原材料的实际成本。该账户应该按照材料的保管地点(仓库)、材料的类别、品种和规格等进行明细账核算。

(2) "在途物资"科目，用来核算货款已付但尚未验收入库的购入材料或商品的采购成本。借方反映企业货款已付但尚未验收入库的材料或商品的实际成本，贷方反映已验收入库的材料或商品的实际成本，期末借方余额反映企业货款已付或已开出、承兑商业汇票，但尚未到达或尚未验收入库的在途材料或商品的采购成本。该账户应按照供应单位进行明细账核算。

2) 外购原材料的核算

由于采购的结算方式、采购的地点等因素的不同，原材料入库的时间和付款的时间可能一致，也可能不一致，在账务处理上也存在差异。

(1) 货款结算和材料验收入库同时完成，企业应根据入库材料的实际成本，借记"原材料"科目，根据入库应缴纳的增值税进项税额借记"应交税费——应交增值税(进项税额)"科目，贷记"银行存款"等科目。

(2) 货款已结算但材料尚未验收入库，企业应根据有关结算凭证的内容或已付的材料价款，借记"在途物资"科目，根据应缴纳的增值税进项税额，借记"应交税费——应交增值税(进项税额)"科目，贷记"银行存款"等科目。待材料验收入库后，根据入库单，由"在途物资"科目转入"原材料"科目。

(3) 材料已经验收入库，但货款尚未结算。收到材料后只填制材料入库单，暂不编制记账凭证，待发票账单等结算凭证收到并付款后，再编制记账凭证。如果月末发票账单等结算凭证仍未到达，为全面反映资产及负债情况，应对收到的原材料先按暂估价值入账，借记"原材料"科目，贷记"应付账款——暂估应付账款"科目，在下月初编制红字记账凭证做相反分录冲回估计入账分录，收到发票账单等结算凭证后再按照实际金额入账。

(4) 采用预付货款方式购入材料。预付账款是企业按照购货合同规定，预先以货币资金或货币等价物支付供应单位的货款。企业因购货而预付的款项，借记"预付账款"科目，贷记"银行存款"等科目；收到所购物资，借记"材料采购"或"原材料"等科目，根据应缴纳的增值税进项税额，借记"应交税费——应交增值税(进项税额)"科目，按应支付的金额，贷记"预付账款"科目；补付的款项，借记"预付账款"科目，贷记"银行存款"等科目；退回多付的预付款项，借记"银行存款"等科目，贷记"预付账款"科目。

3) 发出材料的核算

发出的材料在月末汇总编制"发出材料汇总表"，以此来填制发料业务的记账凭证。发出材料一般用于生产产品、对外销售、对外投资等。材料的不同使用情况，账务处理也存在差异。

(1) 材料的耗用：生产过程中，领用材料，计入生产成本；材料按照其他不同用途计入相关的费用账户。

(2) 对外销售材料，取得的销售收入，贷记"其他业务收入"科目，同时结转已售材料的成本，借记"其他业务成本"科目。

(3) 其他材料的发出，比如对外投资的发出、对外捐赠的发出、工程建设的领用等，应将材料的成本从"原材料"科目转到"长期股权投资""营业外支出""在建工程"等科目，同时将材料购进时的进项税额转出。

2. 原材料按计划成本法核算

原材料按计划成本计价是指企业原材料的收入、发出和结余均按预先制定的计划成本计价，无论是收发凭证，还是总分类账和明细分类账均按计划成本入账。同时设置"材料成本差异"科目，反映材料实际成本与计划成本的差额。月末，再计算发出材料应分摊的材料成本差异率，根据领用材料的用途将材料成本差异分摊到有关的资产成本及当期损益中，从而将发出材料的成本调整为实际成本。计算公式如下：

材料成本差异率＝(月初结存材料成本差异＋本月收入材料成本差异)
　　　　　　　÷(月初结存材料计划成本＋本月收入材料计划成本)
发出材料应分配差异额＝某种发出材料的计划成本×材料成本差异率

计划成本法适用于存货品种繁多、收发频繁的且计划成本资料较为健全、准确的企业。

1) 账户的设置

按照计划成本法对原材料进行核算,企业应设置"原材料""材料采购""材料成本差异"等科目对原材料进行核算。

(1) "原材料"科目,用于核算企业各种材料的计划成本。借方反映入库原材料的计划成本;贷方反映发出原材料的计划成本;期末借方余额反映期末库存原材料的计划成本。

(2) "材料采购"科目,是企业采用计划成本核算而购入材料的采购成本。借方反映外购材料的实际成本和结转实际成本小于计划成本的节约差异;贷方反映验收入库材料的计划和实际成本大于计划成本的超支差异;期末借方余额反映尚未验收入库的在途材料的实际采购成本。

(3) "材料成本差异"科目,用于核算材料的实际成本与计划成本的差异。借方反映验收入库材料的实际成本大于计划成本的超支差以及发出材料应承担的节约差异;贷方反映验收入库材料的实际成本小于计划成本的节约差以及发出材料应分担的超支差异;期末借方余额反映库存原材料的实际成本大于计划成本的超支差异;期末贷方余额反映库存原材料计划成本大于实际成本节约差异。

2) 外购原材料的核算

在计划成本法下,企业采购原材料,先按照购入材料发生的实际成本,借记"材料采购"科目,当材料验收入库时,按入库材料的计划成本,借记"原材料"科目,贷记"材料采购"科目,再将实际成本与计划成本的差额转入"材料成本差异"科目。

3) 原材料发出的核算

原材料按计划成本发出的总分类核算与按实际成本核算类似,月末汇总编制"发出材料汇总表",填制发料业务的记账凭证,同时结转材料成本差异。

3.1.3 周转材料业务的核算

1. 周转材料的概念

周转材料可按其种类,按照"在库""在用"和"摊销"进行明细核算。企业的包装物、低值易耗品,也可以单独设置"包装物""低值易耗品"科目。

周转材料采用计划成本进行日常核算的,领用、发出周转材料时,还应同时结转应分摊的材料成本差异。

企业购入、自制、委托外单位加工完成并已验收入库的周转材料,及周转材料的清点盘查等,比照"原材料"科目的相关规定进行处理,不同点主要表现在包装物发出、领用及报废的核算上。

2. 周转材料的分摊方法

周转材料的分摊方法有一次转销法和五五分摊法,设置"在库""在用"和"摊销"三个明细科目进行核算。

(1) 一次转销法是指在领用周转材料时,将其全部价值一次计入有关成本费用的方法。这种方法适用于一次领用金额较小的低值易耗品。周转材料领用时,按其具体用途将其全部价值分摊至有关的成本费用,借记"制造费用""管理费用""生产成本"等科目,贷记

"周转材料"科目;周转材料报废时,将报废残料价值,作为当期周转材料摊销额的减少数,冲减有关的成本费用,借记"原材料"等科目,贷记"管理费用""生产成本""销售费用""工程施工"等科目。

(2) 五五摊销法是指在领用周转材料时,将其 50%的成本摊销到有关费用成本,在报废时,再将其 50%的成本摊销并注销其总成本的一种摊销方法。这种方法适用于一次领用周转材料数量较多、价值较大的情况。周转材料领用时,按领用周转材料的成本,借记"周转材料——在用"科目,贷记"周转材料——在库"科目,同时将周转材料成本的 50%按其具体用途将其全部价值分摊至有关的成本费用,借记"制造费用""管理费用""生产成本"等科目,贷记"周转材料——摊销"科目。当周转材料报废时,再根据周转材料成本剩余的 50%,借记"制造费用""管理费用""生产成本"等科目,贷记"周转材料——摊销"科目,同时注销周转材料的成本以及已摊销价值,借记"周转材料——摊销"科目,贷记"周转材料——在用"科目。

3. 包装物的核算

包装物是指为包装产品而储备的各种包装容器,如桶、箱、瓶、坛、袋等用于储存和保管产品的材料。包装物是在生产流通过程中,为包装本企业的产品或商品,并随同它们一起出售、出借或出租给购货方的各种包装容器。企业可设置"周转材料——包装物"账户进行核算,其借方反映因购入、自制、委托外单位加工完成并验收入库、盘盈等增加的包装物的成本;贷方反映因领用、报废等减少的包装物的成本;期末余额在借方,表示企业期末在库的包装物的成本。

企业发出包装物的核算,应按照发出包装物的不同用途分别进行会计处理。

(1) 生产领用包装物,应将其成本计入制造费用或生产成本,借记"制造费用"或"生产成本"科目,贷记"周转材料——包装物"科目。

(2) 随同产品出售而不单独计价的包装物,应将其成本计入销售费用,借记"销售费用"科目,贷记"周转材料——包装物"科目。

(3) 随同产品出售单独计价的包装物,将销售收入计入其他业务收入,将包装物的成本计入其他业务成本。

4. 低值易耗品的核算

低值易耗品是指单位价值比较低或使用年限比较短,不能作为固定资产核算的各种用具物品,如工具器具、管理用具、玻璃器皿以及在经营过程中周转使用的包装容器等。企业可设置"周转材料——低值易耗品"科目进行核算,其借方反映因购入、自制、委托外单位加工完成并验收入库、盘盈等增加的低值易耗品的成本;贷方反映因领用、报废等减少的低值易耗品的成本;期末余额在借方,表示企业期末在库的低值易耗品的成本。

3.1.4 库存商品业务的核算

1. 库存商品概述

库存商品是指企业已完成全部生产过程并已验收入库、合乎标准规格和技术条件,可以按照合同规定的条件送交订货单位，或可以作为商品对外销售的产品以及外购或委托加工完成验收入库用于销售的各种商品。

库存商品具体包括库存产成品、外购商品、存放在门市部准备出售的商品、发出展览的商品、寄存在外的商品、接受来料加工制造的代制品和为外单位加工修理的代修品。已完成销售手续但购买单位在月末未提取的产品，不应作为企业的库存商品，而应作为代管商品处理，单独设置代管商品备查簿进行登记。

库存商品可以采用实际成本核算，也可以采用计划成本核算，其方法与原材料相似。采用计划成本法时，库存商品实际成本与计划成本的差异可单独设置"产品成本差异"科目核算。

为了反映和监督库存商品的增减变动及其结存情况，企业应当设置"库存商品"科目，借方登记验收入库的库存商品成本，贷方登记发出的库存商品成本，期末余额在借方，反映各种库存商品的实际成本或计划成本。该科目按库存商品的种类、品种和规格设置明细账，进行明细核算。

2. 库存商品的核算

(1) 商品验收入库。

对于库存商品采用实际成本核算的企业，当库存商品生产完成并验收入库时，应按实际成本，借记"库存商品"科目，贷记"生产成本——基本生产成本"科目。

(2) 商品销售。

企业销售商品、确认收入结转销售成本，借记"主营业务成本"等科目，贷记"库存商品"科目。

(3) 商品流通企业的库存商品可以采用毛利率法和售价金额核算法日常核算。

① 毛利率法。

毛利率法是根据本期销售净额乘以上期实际(或本期计划)毛利率匡算本期销售毛利，并据以计算发出存货和期末存货成本的一种方法。其计算公式如下：

$$毛利率＝(销售毛利÷销售额)×100\%$$

$$本期销售毛利＝销售额×毛利率$$

$$本期销售成本＝本期销售额－本期销售毛利$$

$$期末存货成本＝期初存货成本＋本期购货成本－本期销售成本$$

这一方法是商品流通企业，尤其是商品批发企业常用的计算本期商品销售成本和期末库存商品的方法。商品流通企业由于经营商品的品种繁多，如果分品种计算商品成本，工作量将大大增加，而且一般来讲，商品流通企业同类商品的毛利率大概相同，采用这种存货计价方法既能减轻工作量，也能满足对存货管理的需要。

② 售价金额核算法。

售价金额核算法是指平时商品的购入、加工收回、销售均按售价记账，售价和进价的差额通过"商品进销差价"科目核算，期末计算进销差价率和本期已销售商品应分摊的进销差价，据以调整本期销售成本的一种方法。计算公式如下：

商品进销差价率＝(期初库存商品的进销差价＋本期购入商品的进销差价)
÷(期初库存商品售价＋本期购入商品售价)×100%

本期已销商品应分摊的商品进销差价＝本期商品销售收入×商品进销差价率

本期销售商品的成本＝本期商品销售收入－本期已销商品应分摊的商品进销差价

期末结存商品的成本＝期初库存商品的进价成本＋本期购进商品的进价成本
－本期销售商品的成本

如果企业的商品进销差价率各期之间是比较均衡的，也可以采用上期商品进销差价率分摊本期的商品进销差价。年度终了，应对商品进销差价进行核实调整。

对于从事商品零售业务的企业(如百货公司、超市等)，由于经营的商品种类、品种、规格等繁多，而且要求按商品零售价格标价，采用其他成本计算结转方法比较困难，这些企业广泛采用这一办法。

3.1.5 存货清查业务的核算

1. 存货的盘存方法

企业确定存货的实物数量有两种方法，分别是永续盘存制和实地盘存制。企业应根据存货的类别和管理要求确定存货的盘存方法，不论采用何种方法，前后各期应该保持一致。

1) 永续盘存制

永续盘存制也称账面盘存制，是指通过设置明细账，逐笔或逐日登记存货的收入、发出的数量和金额，并随时结出账面结存数的核算方法。

期末存货数＝期初存货数＋本期增加的存货－本期减少的存货

2) 实地盘存制

实地盘存制也称定期盘存制，是企业平时对存货只登记增加的数量和金额，不登记减少的数量和金额，期末结账时，通过实地盘存，确定财产物资的实存数，再推算出实物资产的减少数，并据以登记入账的核算方法。

本期发出存货＝期初存货＋本期存货增加数－期末存货

2. 存货清查的方法

存货清查是指企业采用一定的方法(主要是实地盘点)，确定存货的实际库存数量，并与账面结存数进行核对，从而确定存货溢余或短缺及其原因的一种方法。

企业各种存货的品种繁多，数量大，收发领退频繁，可能因日常收发计量、计算上的误差，验收不严，自然损耗，丢失毁损，贪污盗窃等情况造成存货账实不符；或者由于盲目采购、生产，导致某些材料、产品发生超储和积压的现象。

存货清查是保护存货安全与完整的重要手段，也是改进和加强存货管理、挖掘企业内部资源，加速企业资金周转的有效措施。企业应当定期或不定期对存货进行清查盘点，每年至少全面盘点一次。企业盘点结束后，凡账实不符的存货，要核实盘存数量，查明原因，分清责任，并及时编制"存货盘点盈亏报告表"(如表3-2所示)，注明盘盈、盘亏的原因，提出处理意见，按照规定程序报批处理。

表 3-2　物资盘点表　　　　　　　　　　　　　　　　　金额单位：元

名称	规格型号	单位	单价	账面数	实有数	盘盈数		盘亏数		盈亏原因	备注
						数量	金额	数量	金额		
甲材料		千克		102	122	20	50			计量不准	

部门主管：　　　　　　　　　保管员：　　　　　　　　　复查人：

3．存货盘盈、盘亏业务的核算

存货发生盘盈和盘亏，首先计入"待处理财产损溢"科目及其所属明细账的贷方或借方，经批准后，则按照审批意见，从该账户借方或贷方结转至有关账户。

(1) 存货盘盈的处理。企业发生存货盘盈时，借记"原材料""库存商品"等科目，贷记"待处理财产损溢"科目。再按管理权限报经批准后，再作为冲减管理费用处理，借记"待处理财产损溢"科目，贷记"管理费用"科目。

(2) 存货盘亏的处理。存货发生的盘亏或毁损，应先计入"待处理财产损溢"科目的借方。按管理权限报经批准后，根据造成存货盘亏或毁损的原因，分别按以下情况进行处理：属于定额内合理损耗，应转入"管理费用"科目；属于超定额的短缺或毁损，应先扣除残料价值(转入"原材料")、可以收回的保险赔偿和过失人赔偿(转入"其他应收款"科目)，将净损失计入"管理费用"科目；属于自然灾害等非常原因造成的存货毁损，应先扣除处置收入(如残料价值)、可以收回的保险赔偿和过失人赔偿，将净损失计入"营业外支出"科目。

3.1.6　存货期末计量业务的核算

1．存货期末计量原则

《企业会计准则第 1 号—存货》规定，资产负债表日，存货应当按照成本与可变现净值孰低计量。资产负债表日，存货成本低于其可变现净值，存货按成本计量；存货成本高于其可变现净值的，应当计提存货跌价准备，计入当期损益。其中，存货的成本即存货的历史成本；可变现净值，是指在日常活动中，存货的估计售价减去至完工时估计将要发生的成本、估计的销售费用以及相关税费后的金额。

2．存货的可变现净值的确定

(1) 企业确定存货的可变现净值时应考虑的因素。

① 应以取得的确凿证据为基础。存货可变现净值的确凿证据，是指对确定存货的可变现净值有直接影响的客观证明。存货的采购成本、加工成本和其他成本及以其他方式取得的存货的成本，应当以取得外来原始凭证、生产成本资料、生产成本账簿记录等作为确凿证据；产成品或商品的市场销售价格、与产成品或商品相同或类似商品的市场销售价格、销售方提供的有关资料等。

② 持有存货的目的。由于企业持有存货的目的不同，确定存货可变现净值的计算方法也不同。如用于出售的存货和用于继续加工的存货，其可变现净值的计算就不相同。因此，

企业在确定存货的可变现净值时，应考虑持有存货的目的。一般来说，企业持有存货的目的：一是持有以备出售，如商品、产成品，其中又分为有合同约定的存货和没有合同约定的存货；二是将在生产过程或提供劳务过程中耗用，如材料等。

③ 资产负债表日后事项等的影响。在确定资产负债表日存货的可变现净值时，不仅要考虑资产负债表日与该存货相关的价格与成本波动，而且还应考虑未来的相关事项。也就是说，不仅限于资产负债表日之前发生的相关价格与成本波动，还应考虑资产负债表日至财务报告批准报出日之前期间发生的相关事项。

(2) 存货存在下列情形之一的，通常表明存货的可变现净值低于成本。

① 该存货的市场价格持续下跌，并且在可预见的未来无会回升的希望。

② 企业使用该项原材料生产的产品的成本大于产品的销售价格。

③ 企业因产品更新换代，原有库存原材料已不适应新产品的需要，而该原材料的市场价格又低于其账面成本。

④ 因企业所提供的商品或劳务过时或消费者偏好改变而使市场的需求发生变化，导致市场价格逐渐下跌。

⑤ 其他足以证明该项存货实质上已经发生减值的情形。

(3) 不同存货的可变现净值的构成。

① 产成品、商品和用于出售的材料等直接用于出售的商品存货，其可变现净值为在正常生产经营过程中，该存货的估计售价减去估计的销售费用和相关税费后的金额。

② 需要经过加工的材料等存货，其可变现净值为在正常生产经营过程中，以该存货所生产的产成品的估计售价减去至完工时估计将要发生的成本、销售费用和相关税费后的金额。

(4) 存货估计售价的确定。

① 为执行销售合同或者劳务合同而持有的存货，以其合同价格作为估计售价。

② 超出销售合同或劳务合同订购数量的存货，或没有销售合同或劳务合同存货，以商品的市场销售价格作为估计售价。

3. 存货跌价准备的提取方法

企业通常应当按照单个存货项目计提存货跌价准备，即将每个存货项目的成本与可变现净值逐一进行比较。对于数量繁多、单价较低的存货，可以按照存货类别计提货跌价准备，即按存货类别的成本总额与可变现净值的总额进行比较。与在同一地区生产和销售的产品系列相关、具有相同或类似最终用途或目的，且难以与其他项目分开计量的存货，可以合并计提货跌价准备。

4. 存货跌价准备的账务处理

根据存货成本与可变现净值孰低原则确定了存货价值之后，企业应视具体情况进行有关的账务处理。若期末存货的成本低于可变现净值时，则一般不需作账务处理。若期末存货的成本高于可变现净值，应在当期确认存货跌价损失，计提存货跌价准备，计入当期损益，借记"资产减值损失——存货减值损失"科目，贷记"存货跌价准备"科目。

如果以前减记存货价值的影响因素已经消失，而不是在当期造成存货可变现净值高于成本的其他影响因素。如果符合存货跌价准备转回的条件,应将原已计提的存货跌价准备的金额转回,但转回金额不得超过原计提的存货跌价准备的金额。

当企业出售存货时,应将该存货对应的存货跌价准备同时结转,冲减主营业务成本或其他业务成本。借记"存货跌价准备"科目,贷记"主营业务成本""其他业务成本"科目。

任务一:存货取得业务的核算

1. 任务描述

辉正公司从启正公司购入一批 A 材料 200 千克,单价 50 元,价款 10 000 元,另付运费 400 元,装卸费 40 元;验收入库时发现数量短缺 20 千克(属于运输途中的合理损耗)。

2. 任务要求

(1) 请为辉正公司计算该批材料的入账价值是多少?
(2) 请为辉正公司计算原材料的实际单位成本是多少?

3. 任务分析

首先辉正公司外购材料的成本,包括购买价款、运杂费(运输费、装卸费、保险费、包装费等)、运输途中合理损耗、入库前的挑选整理费以及按规定计入存货成本的相关税费和其他费用。故该批材料的入账金额为 10 440 元(10 000+400+40);其次,该批材料的单位成本为 58 元/千克,即 10 440÷(200-20)计算得到。

4. 任务具体完成过程

(1) 辉正公司该批原材料的入账价值=10 000+400+40=10 440(元)
(2) 该批原材料单位成本=10 440÷(200-20)=58(元/千克)

任务二:存货发出业务的核算

1. 任务描述

辉正公司 A 材料的收入、发出的数量和单价如表 3-3 所示,辉正公司 B 材料收入、发出的数量和单价如表 3-4 所示,辉正公司 C 材料收入、发出的数量和单价如表 3-5 所示。

表 3-3 原材料 A 明细账(未登好)

金额单位:元

2×15年		凭证		摘要	收入(借方)			发出(贷方)			结存		
月	日	种类	号数		数量	单价	金额	数量	单价	金额	数量	单价	金额
12	1			上月结余							600	2.0	1 200
	5	转	4	购入	400	2.2	880				600 400		
	10	转	10	发出				600 200			200		

续表

2×15年		凭证		摘要	收入(借方)			发出(贷方)			结存		
月	日	种类	号数		数量	单价	金额	数量	单价	金额	数量	单价	金额
	19	转	15	购入	600	2.3	1 380				200 600		
	21	转	18	发出				200 200			400		
	27	转	25	购入	400	2.5	1 000				400 400		
	31			合计	1 400		3 260	1 200			800		

表 3-4　原材料 B 明细账(未登好)

金额单位：元

2×15年		凭证		摘要	收入(借方)			发出(贷方)			结存		
月	日	种类	号数		数量	单价	金额	数量	单价	金额	数量	单价	金额
12	1			上月结余							600	2	1 200
	5	转	4	购入	400	2.2	880				1 000		
	10	转	10	发出				800			200		
	19	转	15	购入	600	2.3	1 380				800		
	21	转	18	发出				400			400		
	27	转	25	购入	400	2.5	1 000				800		
	31			合计	1 400		3 260	1 200			800		

表 3-5　原材料 C 明细账(未登好)

金额单位：元

2×15年		凭证		摘要	收入(借方)			发出(贷方)			结存		
月	日	种类	号数		数量	单价	金额	数量	单价	金额	数量	单价	金额
12	1			上月结余							600	2	1 200
	5	转	4	购入	400	2.2	880				1 000		
	10	转	10	发出				800			200		
	19	转	15	购入	600	2.3	1 380				800		
	21	转	18	发出				400			400		
	27	转	25	购入	400	2.5	1 000				800		
	31			合计	1 400		3 260	1 200			800		

2. 任务要求

(1) 采用先进先出法计算 A 材料本月发出存货的成本和本月月末库存存货成本，并完成 A 材料的明细账。

(2) 采用移动加权平均法计算 B 材料本月发出存货的成本和本月月末库存存货成本，并完成 B 材料的明细账。

(3) 采用月末一次加权平均法计算 C 材料本月发出存货的成本和本月月末库存存货成本，并完成 C 材料的明细账。

3. 任务分析

辉正公司 A、B、C 三种材料采用不同的发出计价方法，要明确各种计价方法的思路和方法。首先，A 材料发出采用先进先出法计价，先进先出法是指先购入的存货应先发出(销售或耗用)，以先进先出的原则对发出存货进行计价的一种方法。其次，B 材料发出采用移动加权平均法计价，即以每次进货的成本加上原有库存存货的成本，除以每次进货数量加上原有库存存货的数量，据以计算加权平均单位成本，作为在下次进货前计算各次发出存货成本依据的一种方法。再次，C 材料发出采用月末一次加权平均法，是指本月全部进货成本加上月初存货成本之和，除以本月全部进货数量加上月初存货数量之和，计算出存货的加权平均成本，以此为基础计算本月发出存货的成本和期末存货成本的一种方法。最后，根据各种材料的相关数据计算得到发出材料的成本和月末结存材料成本，并完成材料明细账。

4. 任务具体完成过程

(1) 先进先出法计算 A 材料本月发出存货的成本和本月月末库存存货成本：

本月发出 A 材料的成本 = (600×2 + 200×2.2) + (200×2.2 + 200×2.3) = 2 540(元)

本月月末库存 A 材料成本 = 1 200 + 3 260 − 2 540 = 1 920(元)，并完成 A 材料的明细账(表 3-6)。

表 3-6　原材料 A 明细账

金额单位：元

2×15年		凭证		摘要	收入(借方)			发出(贷方)			结存		
月	日	种类	号数		数量	单价	金额	数量	单价	金额	数量	单价	金额
12	1			上月结余							600	2.0	1 200
	5	转	4	购入	400	2.2	880				600 400	2.0 2.2	1 200 880
	10	转	10	发出				600 200	2 2.2	1 200 440	200	2.2	440
	19	转	15	购入	600	2.3	1 380				200 600	2.2 2.3	440 1 380
	21	转	18	发出				200 200	2.2 2.3	440 460	400	2.3	920
	27	转	25	购入	400	2.5	1 000				400 400	2.3 2.5	920 1 000
	31			合计	1 400		3 260	1 200		2 540	800		1 920

(2) 采用移动加权平均法计算 B 材料本月发出存货的成本和本月月末库存存货成本：

本月发出 B 材料的成本 = 800×2.08+400×2.245 = 2 562(元)

本月月末库存 B 材料成本 = 800×2.372 5 = 1 898(元)，并完成 B 材料的明细账(表 3-7)。

表 3-7 原材料 B 明细账

金额单位：元

2×15 年		凭证		摘要	收入(借方)			发出(贷方)			结存		
月	日	种类	号数		数量	单价	金额	数量	单价	金额	数量	单价	金额
12	1			上月结余							600	2	1 200
	5	转	4	购入	400	2.2	880				1 000	2.08	2 080
	10	转	10	发出				800	2.08	1 664	200	2.08	416
	19	转	15	购入	600	2.3	1 380				800	2.245	1 796
	21	转	18	发出				400	2.245	898	400	2.245	898
	27	转	25	购入	400	2.5	1 000				800	2.372 5	1 898
	31			合计	1 400		3 260	1 200		2 562	800	2.372 5	1 898

(3) 采用月末一次加权平均法计算 C 材料本月发出存货的成本和本月月末库存存货成本：

C 材料单位成本 = (600×2+400×2.2+600×2.3+400×2.5)÷(600+400+600+400) = 2.23(元)

本月发出 C 材料的成本 = (800+400)×2.23 = 2 676(元)

本月月末库存存货 C 材料成本 = (600+400+600+400-800-400)×2.23 = 1 784(元)，并完成 C 材料的明细账(表 3-8)。

表 3-8 原材料 C 明细账

金额单位：元

2×15 年		凭证		摘要	收入(借方)			发出(贷方)			结存		
月	日	种类	号数		数量	单价	金额	数量	单价	金额	数量	单价	金额
12	1			上月结余							600	2	1 200
	5	转	4	购入	400	2.2	880				1 000		
	10	转	10	发出				800			200		
	19	转	15	购入	600	2.3	1 380				800		
	21	转	18	发出				400			400		
	27	转	25	购入	400	2.5	1 000				800		
	31			合计	1 400		3 260	1 200	2.23	2 676	800	2.23	1 784

(注：发料计价集中在月末进行，平时发出和结存的材料只登数量，不计价格)

第3章 财产物资业务的核算

任务三：原材料按实际成本法核算业务

任务(一)：材料已经验收入库，但货款尚未结算业务

1. 任务描述

2×15年3月25日，辉正公司购入一批原材料，材料已运达企业并已验收入库，但发票账单等结算凭证尚未到达。月末，该批材料的结算凭证仍未到达，该公司对该批材料估价35 000元入账。4月6日，结算凭证到达企业，增值税专用发票上注明的原材料价款为36 000元，增值税进项税额为6 120元，货款通过银行转账支付。

2. 任务要求

请为辉正公司应编制相应的会计分录。

3. 任务分析

辉正公司采购原材料，材料已经验收入库，但货款尚未结算，首先收到材料后只填制材料入库单，暂不编制记账凭证，待发票账单等结算凭证收到并付款后，再编制记账凭证。其次，如果月末发票账单等结算凭证仍未到达，应对收到的原材料先按暂估价值入账，借记"原材料"科目，贷记"应付账款——暂估应付账款"科目。最后，在下月初编制红字记账凭证做相反分录冲回估计入账分录，收到发票账单等结算凭证后再按照实际金额入账。

4. 任务具体完成过程

(1) 3月25日，材料运达企业并验收入库，暂不作会计处理。

(2) 3月31日，结算凭证仍未到达，对该批材料暂估价值入账。

借：原材料　　　　　　　　　　　　　　　　　　　　　　35 000
　　贷：应付账款——暂估应付账款　　　　　　　　　　　　　35 000

(3) 4月1日，编制红字记账凭证冲回估价入账分录。

借：原材料　　　　　　　　　　　　　　　　　　　　　　35 000
　　贷：应付账款——暂估应付账款　　　　　　　　　　　　　35 000

(4) 4月6日，收到结算凭证并支付货款。

借：原材料　　　　　　　　　　　　　　　　　　　　　　36 000
　　应交税费——应交增值税(进项税额)　　　　　　　　　　 6 120
　　贷：银行存款　　　　　　　　　　　　　　　　　　　　　42 120

任务(二)：预付货款方式购入材料业务

1. 任务描述

2×15年8月5日辉正公司向启正公司采购材料5 000吨，单价10元，增值税额8 500元，所需支付的款项总额58 500元。按照合同规定向启正公司预付货款的50%，验收货物后补付其余款项。

2. 任务要求

请为辉正公司应编制相应的会计分录。

3. 任务分析

辉正公司采用预付货款方式购入材料,首先,企业因购货而预付的款项,借记"预付账款"科目,贷记"银行存款"等科目;收到所购物资,借记"材料采购"或"原材料"等科目,根据应缴纳的增值税进项税额,借记"应交税费——应交增值税(进项税额)"科目,按应支付的金额,贷记"预付账款"科目;最后,补付的款项,借记"预付账款"科目,贷记"银行存款"等科目;退回多付的预付款项,借记"银行存款"等科目,贷记"预付账款"科目。

4. 任务具体完成过程

(1) 预付 50%的货款时:

借:预付账款——启正公司　　　　　　　　　　　　　　　29 250
　　贷:银行存款　　　　　　　　　　　　　　　　　　　　　　29 250

(2) 收到启正公司发来的 5 000 吨材料,验收无误,辉正公司以银行存款补付所欠款项 29 250 元。

借:原材料　　　　　　　　　　　　　　　　　　　　　　50 000
　　应交税费——应交增值税(进项税额)　　　　　　　　　　 8 500
　　贷:预付账款——启正公司　　　　　　　　　　　　　　　58 500
借:预付账款——启正公司　　　　　　　　　　　　　　　29 250
　　贷:银行存款　　　　　　　　　　　　　　　　　　　　　　29 250

任务(三):发出材料业务的核算

1. 任务描述

辉正公司 2×15 年 4 月 21 日领料单如表 3-9、表 3-10 所示。

表 3-9　领料单

领料部门:基本生产车间　　用途:生产 A 产品　　日期:2×15 年 4 月 21 日　　金额单位:元

品　名	规格型号	单　位	数　量		单　价	金　额
			请　领	实　领		
甲材料		千克	700	700	50	35 000
物料号码	备注:					

领料部门负责人:　　　　领料人:　　　　会计:　　　　发料人:

表 3-10　领料单

领料部门:管理部门　　用途:用于管理　　日期:2×15 年 4 月 21 日　　金额单位:元

品　名	规格型号	单　位	数　量		单　价	金　额
			请　领	实　领		
甲材料		千克	200	200	50	10 000
物料号码	备注:					

领料部门负责人:　　　　领料人:　　　　会计:　　　　发料人:

2. 任务要求

根据领料单的内容,请为辉正公司编制相应的会计分录。

3. 任务分析

辉正公司 2×15 年 4 月 21 日领料单显示领用甲材料若干,首先,生产过程中,领用甲材料,计入"生产成本"科目;其次,材料按照其他不同用途计入相关的费用账户,管理部门领用,则计入"管理费用"科目。

4. 任务具体完成过程

由领料单可知,2×15 年 4 月 21 日,辉正公司发出甲材料总计 45 000 元,其中基本生产车间生产 A 产品耗用 35 000 元,管理部门领用材料 10 000 元。

借:生产成本——A 产品　　　　　　　　　　　　　　　　35 000
　　管理费用　　　　　　　　　　　　　　　　　　　　　10 000
　　贷:原材料——甲材料　　　　　　　　　　　　　　　　45 000

任务四:原材料按计划成本法核算业务

任务(一):货款结算和材料验收入库同时完成

1. 任务描述

2×15 年 5 月 7 日,辉正公司从新鑫公司购入 M 材料 2 000 千克,单价 20 元,用银行存款支付,取得的增值税专用发票上注明的价款为 40 000 元,增值税为 6 800 元。该材料当日全部验收入库,计划成本为每千克 18 元。

2. 任务要求

请为辉正公司编制相应的会计分录。

3. 任务分析

辉正公司原材料按计划成本计价是指原材料的收入、发出和结余均按预先制定的计划成本计价。首先,辉正公司应设置"原材料""材料采购"等科目对原材料进行核算,同时设置"材料成本差异"科目,反映材料实际成本与计划成本的差额。

4. 任务具体完成过程

2×15 年 5 月 7 日用银行存款支付货款:

借:材料采购——M 材料　　　　　　　　　　　　　　　　40 000
　　应交税费——应交增值税(进项税额)　　　　　　　　　 6 800
　　贷:银行存款　　　　　　　　　　　　　　　　　　　　46 800

当日材料验收入库:

借:原材料——M 材料　　　　　　　　　　　　　　　　　36 000
　　贷:材料采购——M 材料　　　　　　　　　　　　　　　36 000

结转材料成本差异时：
借：材料成本差异　　　　　　　　　　　　　　　　　　　　　　　　4 000
　　贷：材料采购——M 材料　　　　　　　　　　　　　　　　　　　　4 000

任务(二)：原材料发出和材料成本差异结转业务的核算

1. 任务描述

辉正公司 2×15 年 7 月发出材料汇总表如表 3-11 所示。

表 3-11　发出材料汇总表

编制单位：辉正公司　　　　　2×15 年 7 月 31 日　　　　　　　　　单位：元

领用部门及用途 材料类别	原材料		计划成本	材料成本差异率	材料成本差异额	实际成本
	原料及主要材料	辅助材料				
基本生产车间　甲产品	15 200	3 500	18 700	2%	374	19 074
乙产品	12 000	4 800	16 800	2%	336	17 136
机修车间	4 500	1 200	5 700	3%	171	5 871
管理部门	880		880	2.5%	22	902
合计	32 580	9 500	42 080		903	42 983

2. 任务要求

(1) 请为辉正公司计算领用材料应结转的材料成本差异额；
(2) 请为辉正公司编制相应的会计分录。

3. 任务分析

辉正公司原材料按计划成本法核算。首先，按计划成本领用材料，生产过程中领用材料，计入"生产成本"科目，其他不同用途计入相关的费用账户，机修车间领用计入"制造费用"科目，管理部门领用计入"管理费用"科目。其次，计算领用材料应分配转出的材料成本差异，根据发出材料应分配差异额＝某种发出材料的计划成本×材料成本差异率即可计算得到；最后，将材料的超支差异从"材料成本差异"科目转出，完成分录编制。

4. 任务具体完成过程

(1) 为辉正公司计算领用材料应结转的材料成本差异。

基本生产车间甲产品领用材料应结转的材料成本差异＝18 700×2%＝374(元)
基本生产车间乙产品领用材料应结转的材料成本差异＝116 800×2%＝336(元)
机修车间领用材料应结转的材料成本差异＝5 700×3%＝171(元)
管理部门领用材料应结转的材料成本差异＝880×2.5%＝22(元)

(2) 为辉正公司编制相应的会计分录。

借：生产成本——甲产品	18 700
——乙产品	16 800
制造费用	5 700
管理费用	880
贷：原材料	42 080

结转材料成本差异：

借：生产成本——甲产品	374
——乙产品	336
制造费用	171
管理费用	22
贷：材料成本差异	903

任务五：周转材料业务的核算

1. 任务描述

2×15年10月5日，辉正公司销售产品时，领用了需要单独计价的包装物，销售收入为1 300元，增值税额为221元，包装物的实际成本为950元。

2. 任务要求

请为辉正公司编制相应的会计分录。

3. 任务分析

辉正公司销售产品时，领用了需要单独计价的包装物，并随同产品一起出售。首先，辉正公司可设置"周转材料——包装物"科目进行核算，其借方反映因购入、自制、委托外单位加工完成并验收入库、盘盈等增加的包装物的成本；贷方反映因领用、报废等减少的包装物的成本；期末余额在借方，表示企业期末在库的包装物的成本。其次，随同产品出售单独计价的包装物，辉正公司应将包装物销售收入计入"其他业务收"科目，将包装物的成本计入"其他业务成本"科目。

4. 任务具体完成过程

借：银行存款	1 521
贷：其他业务收入	1 300
应交税费——应交增值税(销项税额)	221
借：其他业务成本	950
贷：周转材料——包装物	950

任务六：库存商品业务的核算

1. 任务描述

2×15年9月，辉正公司的"产品入库单"记录，本月完工验收入库甲产品2 000件，

实际单位成本 16 元;乙产品 500 件,实际单位成本 12 元。同时,辉正公司"产品出库单"记录显示,2×15 年 9 月底已销售的甲产品有 1 500 件,乙产品有 400 件。

2. 任务要求

(1) 请为辉正公司编制产品完工入库的相关会计分录;
(2) 请为辉正公司编制结转已销售产品成本相应的会计分录。

3. 任务分析

首先,当辉正公司的产品生产完成并验收入库时,应按实际成本,借记"库存商品"科目,贷记"生产成本"科目。其次,辉正公司销售产品,确认收入并结转销售成本时,借记"主营业务成本"等科目,贷记"库存商品"科目。

4. 任务具体完成过程

(1) 为辉正公司编制产品完工入库的相关会计分录:

借:库存商品——甲产品　　　　　　　　　　　　　　　　　32 000
　　　　　　——乙产品　　　　　　　　　　　　　　　　　 6 000
　　贷:生产成本——甲产品　　　　　　　　　　　　　　　　32 000
　　　　　　——乙产品　　　　　　　　　　　　　　　　　 6 000

(2) 为辉正公司编制结转已销售产品成本相应的会计分录:

借:主营业务成本——甲产品　　　　　　　　　　　　　　　32 000
　　　　　　——乙产品　　　　　　　　　　　　　　　　　 6 000
　　贷:库存商品——甲产品　　　　　　　　　　　　　　　　32 000
　　　　　　——乙产品　　　　　　　　　　　　　　　　　 6 000

任务七:存货清查业务的核算

1. 任务描述

2×15 年 12 月 31 日,辉正公司在财产清查时,发现甲材料盘盈 20 千克,每千克重置成本为 50 元,无法查明甲材料盘盈的原因。另发现损毁乙材料 30 千克,每千克成本 60 元,经查明属于仓库保管员工作失误造成的,赔偿 800 元,另外可由保险公司赔偿 900 元,另外有残料收入 100 元。

2. 任务要求

(1) 请为辉正公司编制甲材料盘盈处理相应的会计分录;
(2) 请为辉正公司编制乙材料毁损处理相应的会计分录。

3. 任务分析

2×15 年 12 月 31 日,辉正公司在财产清查时,发现材料存在盘盈、盘亏的情况。无论存货发生盘盈或盘亏,首先计入"待处理财产损溢"科目及其所属明细账的贷方或借方,经批准后,则按照审批意见,从该账户借方或贷方结转至有关账户。其次,辉正公司甲材料盘盈经批准后,作为冲减管理费用处理,借记"待处理财产损溢"科目,贷记"管理费用"科目。再次，乙材料发生毁损，经批准后根据造成存货毁损的原因，分别按以下情况进行处理：应先扣除残料价值 100 元(转入"原材料"科目)、可以收回的保险赔偿和过失人赔偿 800＋900＝1 700 元(转入"其他应收款"科目)，将净损失计入"管理费用"科目。最后，建立"待处理财产损溢"科目，并建立"待处理财产损溢——待处理流动资产损溢"明细账。

4. 任务具体完成过程

(1) 为辉正公司编制甲材料盘盈处理相应的会计分录：

批准前：

借：原材料——甲材料   1 000
  贷：待处理财产损溢——待处理流动资产损溢   1 000

无法查明甲材料盘盈的原因：

借：待处理财产损溢——待处理流动资产损溢   1 000
  贷：管理费用   1 000

(2) 为辉正公司编制乙材料毁损处理相应的会计分录：

批准前：

借：待处理财产损溢——待处理流动资产损溢   1 800
  贷：原材料——乙材料   1 800

批准后：

借：其他应收款——保管员   800
     ——保险公司   900
  原材料   100
  贷：待处理财产损溢——待处理流动资产损溢   1 800

任务八：存货期末计量业务的核算

1. 任务描述

2×15 年 6 月 31 日，辉正公司 A 产品的账面成本为 100 万元，但由于 A 产品市场价格的下跌，预计可变现净值为 90 万元；2×15 年 12 月 31 日，A 产品的账面成本仍为 100 万元，由于 A 产品市场价格仍然继续下跌，预计可变现净值为 85 万元；2×16 年 6 月 31 日，A 产品的账面成本仍为 100 万元，由于 A 产品市场回暖，市场价格上升，预计可变现净值为 95 万元；2×16 年 12 月 31 日，A 产品的账面成本仍为 100 万元，由于 A 产品的市场价格进一步上升，预计可变现净值为 110 万元。

2. 任务要求

(1) 请为辉正公司编制 2×15 年 6 月 31 日相应的会计分录。
(2) 请为辉正公司编制 2×15 年 12 月 31 日相应的会计分录。
(3) 请为辉正公司编制 2×16 年 6 月 31 日相应的会计分录。
(4) 请为辉正公司编制 2×16 年 12 月 31 日相应的会计分录。

3. 任务分析

资产负债表日，辉正公司存货应当按照成本与可变现净值孰低计量。首先，2×15年6月31日，A产品发生减值，期末存货的成本100万元高于可变现净值90万元，应在当期确认存货跌价损失，计提存货跌价准备，计入当期损益，借记"资产减值损失——存货减值损失"科目，贷记"存货跌价准备"科目。其次，2×15年12月31日，A产品市场价格仍然继续下跌，预计可变现净值为85万元，应补提减值，金额为5万元(90－85)。再次，2×16年6月31日，A产品的账面成本仍为100万元，由于A产品市场价格有所上升，预计可变现净值为95万元，应部分转回原已计提的存货跌价准备，金额为(95－85)10万元。最后，2×16年12月31日，A产品的账面成本仍为100万元，而A产品的市场价格进一步上升，预计可变现净值为110万元，应转回原已计提的存货跌价准备金额为5万元，而不是15万元，注意转回金额小于已计提的存货跌价准备的金额。

4. 任务具体完成过程

(1) 2×15年6月31日，A产品发生减值(100－90)10万元，计提存货跌价准备：

借：资产减值损失——存货减值损失　　　　　　　　　　　　100 000
　　贷：存货跌价准备　　　　　　　　　　　　　　　　　　　100 000

(2) 2×15年12月31日，A产品可变现净值下跌为85万元，应补提差额(90－85)5万元

借：资产减值损失——存货减值损失　　　　　　　　　　　　 50 000
　　贷：存货跌价准备　　　　　　　　　　　　　　　　　　　 50 000

(3) 2×16年6月31日，A产品的可变现净值有所恢复，应转回(95－85)10万元，转回金额小于已计提的存货跌价准备的金额

借：存货跌价准备　　　　　　　　　　　　　　　　　　　　100 000
　　贷：资产减值损失——存货减值损失　　　　　　　　　　　100 000

(4) 2×16年12月31日，A产品的可变现净值又有所恢复，应冲减存货跌价准备(110－95)15万元，但是A产品已计提的存货跌价准备的余额为5万元，所以应转回的存货跌价准备为5万元，而不是15万元。

借：存货跌价准备　　　　　　　　　　　　　　　　　　　　 50 000
　　贷：资产减值损失——存货减值损失　　　　　　　　　　　 50 000

3.2　固定资产业务的核算

■ 情境引例

某汽车销售商购进一批汽车共计20辆，其中18辆用于出售，2辆自用。那么那个18辆车在会计上应该如何进行会计处理？2辆自用的车又该如何处理？这2辆车与那18辆车有什么不同吗？它在核算上有什么特点？之后在汽车的使用过程中以及报废时又该如何进行处理呢？

知识准备

3.2.1 固定资产的确认与计价

固定资产是企业生产经营活动中的一种重要劳动资料,它的价值较高,可以在较长的时期内反复多次使用。固定资产应在其有效使用期限内,通过折旧方式将成本予以系统和合理地收回。为了保持固定资产的使用效率,企业还需要对固定资产进行修理和日常维护。

1. 固定资产的概念及其特点

固定资产,是指同时具有下列特征的有形资产:为生产商品、提供劳务、出租或经营管理而持有的;使用寿命超过一个会计年度。包括房屋及建筑物、机器设备、运输设备、工具器具等。

需要注意的是,一项资产是否属于固定资产,还取决于它在生产经营过程中所起的作用。如一台机器,若是为出售目的而自制或购入的,则应将其作为商品或产成品。只有用来加工生产其他产品而被购置或投入使用的,才属于企业的固定资产。

此外,与存货等资产不同的是,倘若某项固定资产不为企业所拥有,但能为企业所控制并能带来效益,也应作为企业的固定资产。

企业的固定资产具有下述特点:

(1) 使用期限超过一个会计年度。这与流动资产中一次性消耗的原材料和一年内可全部转化为现金的其他流动资产不同。

(2) 单位价值较高,并随其使用而逐渐转移,参加多个生产周期而不改变原有的实物形态。

(3) 使用寿命是有限的(土地除外)。随着固定资产的不断使用和磨损,固定资产会逐渐丧失其服务能力,直到最后报废清理。因此,企业必须在其有效的使用年限内计提折旧费用。

(4) 用于生产经营活动而不是为了出售。这是区别固定资产与存货等流动资产的重要标志。企业外购的某些资产,有的可能价值很高,占用时间较长,但是,只要购置的目的是为了出售,就不能作为固定资产而只能列作流动资产。

企业的固定资产同时满足下列条件的,才能予以确认:①与该固定资产有关的经济利益很可能流入企业;②该固定资产的成本能够可靠地计量。

2. 固定资产的计价基础

企业不仅要从实物数量方面对固定资产进行核算,同时还要对其进行货币计价,实行价值核算。由于固定资产具有实物磨损和价值转移的特点,因此,对每项固定资产应同时使用原值和净值来反映,在特定情况下,还涉及重置完全价值。

1) 固定资产原值

固定资产原值又称原始价值,是指企业在购置、建造或以其他方式取得某项固定资产时所发生的全部合理、必要的支出。由于固定资产的取得有不同的来源,其原始价值的构成也不尽相同。

(1) 外购固定资产的成本，包括购买价款、相关税费、使固定资产达到预定可使用状态前所发生的可归属于该项资产的运输费、装卸费、安装费和专业人员服务费等。但不包括按照税法规定可以抵扣的增值税进项税额。

(2) 以一笔款项购入多项没有单独标价的固定资产，应当按照各项固定资产公允价值比例对总成本进行分配，分别确定各项固定资产的成本。

(3) 购买固定资产的价款超过正常信用条件延期支付，实质上具有融资性质的，固定资产的成本以购买价款的现值为基础确定。

(4) 自行建造固定资产的成本，由建造该项资产达到预定可使用状态前所发生的必要支出构成。

(5) 投资者投入固定资产的成本，应当按照投资合同或协议约定的价值确定，但合同或协议约定价值不公允的除外。

应当说明的是：①企业为购建固定资产而发生的借款利息支出和有关费用，以及外币借款的折算差额，在固定资产达到预定可使用状态前发生的，应当计入固定资产价值；在此之后发生的，应当计入当期损益。②已投入使用但尚未办理移交手续的固定资产，可先按估计价值记账，待实际价值确定后，再进行调整。

2) 固定资产净值

固定资产净值又称折余价值，是指固定资产原值减去固定资产累计折旧后的净额。

固定资产净值反映固定资产的现有价值，将净值与原始价值相比较，可以反映出固定资产的新旧程度，为企业固定资产投资决策提供依据。

3) 重置完全价值

重置完全价值是指按照当前的生产条件和市场情况重新购建同样的全新固定资产所需的全部支出。制造企业只有在以下几种情况下，才需要用重置完全价值对固定资产进行计价：

(1) 当发生盘盈或其他接受的固定资产却无法确定其原值时；

(2) 当企业根据国家规定(如清产核资)进行固定资产重新估价时；

(3) 当企业接受捐赠的固定资产无法确定其原值时。

企业按照以上计价原则，对固定资产进行计价并登记入账。已经入账的固定资产，除发生下列情况外，企业不得任意变动、调整固定资产的账面价值：

(1) 根据国家规定对固定资产价值重新估价；

(2) 增加补充设备或改良装置；

(3) 将固定资产的一部分拆除；

(4) 根据实际价值调整原来的暂估价值；

(5) 发现原记固定资产价值有错误。

3.2.2 固定资产取得的核算

对于固定资产取得的会计处理，应设置"固定资产"科目，对企业固定资产的增减变动情况进行核算；另外，为了核算固定资产价值的损耗情况，还应设置"累计折旧"科目。

(1) "固定资产"科目是用来核算企业所有固定资产原值的增减变动和结存情况。固定资产原始价值增加时记入借方；因出售、报废和毁损等原因减少的固定资产原值记入贷方；

余额在借方，表示企业现有固定资产的原始价值。

(2) "累计折旧"科目用来核算企业固定资产的累计折旧额。企业按月计提折旧和增加固定资产的已提折旧时记入贷方；因出售、报废和毁损等原因转入清理的固定资产已提折旧记入借方；余额在贷方，表示企业现有固定资产的累计折旧额。"累计折旧"科目只进行总分类核算，不进行明细分类核算。"累计折旧"科目是"固定资产"科目的抵减账户。

1. 固定资产购入的核算

固定资产的增加包括购入、自行建造、其他单位投资转入、融资租入、接受捐赠和盘盈等。

企业购入各种固定资产，应以所支付的买价加上发生的一切附带成本计价。所谓一切附带成本，是指购买价格以外的运费、装卸费、安装费、保险费、调试费及税金等。如为从国外进口的固定资产，还要加上按规定支付的关税等。购入生产用设备时，其取得的设备、运输费等专用发票上注明的增值税符合税法规定抵扣条件的，作为进项税额处理，不计入固定资产的入账价值。

2. 固定资产建造的核算

企业有时会利用现有技术和闲置的生产设备及人力，建造或生产供自己使用的专用设备或其他固定资产。企业应设置"工程物资"和"在建工程"等科目，核算自行建造的固定资产。

企业购入为工程准备的物资，即库存的用于建造或修理本企业固定资产工程项目的各种物资，应按实际成本(含增值税进项税额)反映在"工程物资"科目。

企业自营工程领用工程物资时，应借记"在建工程"科目；工程完工后剩余的工程物资，若转作为企业存货的，应借记"原材料""应交税金——应交增值税(进项税额)"等科目；如出售的，应最后结转工程物资的进项税额，借记"应交税金——应交增值税(进项税额)"科目，然后以其不含税的成本转作其他业务支出。

盘盈、报废、盘亏、毁损的工程物资扣除保险公司、过失人的赔偿部分，工程项目尚未完工的，计入或冲减所建工程项目的成本；工程已经完工的，计入营业外收支。

为建造或修理固定资产而进行的各项建筑和安装工程，包括固定资产新建工程、改扩建工程、大修理工程等所发生的实际支出，以扩改扩建工程等而转入的固定资产净值，应在"在建工程"科目中反映。"在建工程"科目应按工程项目设置明细账。应特别注意的是，企业购入不需要安装的固定资产，不通过"在建工程"科目核算。

3. 其他单位投资转入的固定资产

企业对于其他单位投入的房屋、机器设备等固定资产，应根据评估确认或合同、协议约定的价值登记入账。

确认的价值在注册资本范围之内的部分，贷记"股本"或"实收资本"科目，超过部分贷记"资本公积"科目。

4. 融资租入的固定资产

融资租赁是一种分期付款购进固定资产的借贷活动，是指由于企业资金不足，或资金周转暂时困难,或者为了减少投资风险等原因,借助于公司(包括其他金融机构)的资金而取得的固定资产。其主要特点为:①在承租人付清最后一笔租金后,固定资产的所有权一般归承租人所有;②承租人每期支付的租金不仅包括该项租赁资产的分期付款,还包括了利息支出和出租方所收取的手续费;③固定资产在租赁期内,视同自有固定资产处理;④租赁期较经营租赁期要长。

企业融资租入固定资产的过程实际上属于用长期应付款购建固定资产的一项工程,因此,需设置"长期应付款"科目进行核算。当企业融资租入一台需要安装的固定资产时,按应确认的固定资产入账价值借记"在建工程"或"固定资产"科目,应支付的融资租赁费贷记"长期应付款"等科目,差额记入"未确认融资费用"科目的借方;支付融资租赁费时,借记"长期应付款"科目,贷记"银行存款"科目;同时,将应确认的融资费用由"未确认融资费用"科目转入"在建工程"(应予资本化部分)或"财务费用"科目(不予资本化部分)。

融资租入固定资产应视同自有固定资产按期计提折旧。

5. 接受捐赠的固定资产

企业有时可以从有关单位或人士处获得捐赠资产。按制度规定,企业接受捐赠的固定资产,实务上一般应按同类资产的市场价格计价,但若捐赠方提供了有关凭据时,也可根据所提供的有关凭据记账。接受捐赠的固定资产时发生的各项费用,应当计入固定资产的价值。

接受捐赠的固定资产应作为企业的资本公积,其应交所得税部分贷记"递延税款"科目。

3.2.3 固定资产折旧的核算

1. 固定资产折旧概述

1) 固定资产折旧的概念

固定资产可以长期参加生产经营活动而保持其原有的实物形态,但其价值将随着固定资产的使用而逐渐转移到生产的产品成本中,或构成了企业的经营成本或费用。固定资产折旧就是指固定资产由于使用或自然力影响而发生磨损,转移到产品中去的那一部分价值。由于价值量度的确定十分困难,人们便认为固定资产折旧是固定资产成本(若有残值,应减去)的分配。

企业之所以计提折旧,在于将固定资产的价值损耗以固定资产折旧的形式,从商品或产品销售收入中得到补偿,以保证企业在将来有能力重置固定资产。同时,利用计提折旧的方式把固定资产的原始成本分配至各受益期,实现期间收入和费用的正确配比。固定资产的价值损耗可分为有形损耗和无形损耗两种。其中,有形损耗是指固定资产因使用和自然力的影响而引起的使用价值和价值的损失;无形损耗是指由于科学技术进步等原因所引起的固定资产价值的损失。

2) 影响固定资产折旧的因素

(1) 固定资产原值。

固定资产原值是指取得固定资产的原始成本,即固定资产的账面原价。

(2) 固定资产的净残值。

固定资产的净残值是指固定资产报废时预计可以收回的残值扣除清理费用后的数额。由于残值可以通过自身的回收得到补偿，因此，不需要以折旧的方式收回；而清理费用应该是固定资产使用中的一种必要的追加耗费，应以折旧的方式收回。

事实上，在固定资产转入清理前，残值和清理费用都未实际发生，因此，计算固定资产折旧时使用的净残值充其量只是个预计量。将预计净残值与固定资产原值相比，即为预计净残值率，即：

$$预计净残值率 = \frac{预计净残值}{固定资产原值} \times 100\%$$

为避免通过人为调整净残值的数额从而调整计提的折旧额，现行财务会计制度规定，固定资产的预计净残值率按照固定资产原值的3%～5%确定；低于3%或高于5%的，由企业自主确定，并报主管财政机关备案。

(3) 固定资产的使用年限。

固定资产的使用年限，就是固定资产可持续使用的时间，其长短直接影响到各期应计提的折旧额。它也是一个预计量，是根据固定资产的耐磨程度、使用条件、维修时间、质量以及技术等因素考虑确定的。我国财务制度中对各类固定资产的折旧年限作了弹性规定，企业应根据国家的有关规定，结合本企业的具体情况，合理地确定固定资产的折旧年限。

2. 固定资产折旧的计算

固定资产的折旧方法很多，下面主要说明几种基本的计算方法。

1) 平均年限法

平均年限法是按照固定资产预计使用年限平均计算折旧的方法，也称使用年限法。采用这种方法计算的结果，同一固定资产各年的计提折旧应该相等。计算公式为：

$$年折旧额 = \frac{固定资产原值 - 预计净残值}{预计使用年限}$$

$$= \frac{固定资产原值(1 - 预计净残值率)}{预计使用年限}$$

实际工作中，固定资产折旧额是根据固定资产原值乘以固定资产折旧率计算得出的。固定资产折旧率是一定期间内固定资产折旧额与原始价值的比率，它是反映固定资产损耗程度的一个相对指标。其相关公式如下：

$$年折旧率 = \frac{年折旧额}{固定资产原值} \times 100\%$$

$$= \frac{固定资产原值 - 预计净残值}{固定资产原值 \times 预计使用年限} \times 100\%$$

$$= \frac{1 - 预计净残值率}{预计使用年限} \times 100\%$$

$$月折旧率 = \frac{年折旧率}{12}$$

$$月折旧额 = 固定资产原值 \times 月折旧率$$

必须说明的是，固定资产折旧从固定资产投入使用月份的次月起，按月计提。停止使用的固定资产,从停用月份的次月起,停止计提折旧。也就是说,当月增加的固定资产,当月不提折旧,从下月起计提折旧;当月减少的固定资产,当月照提折旧,从下月起不提折旧。固定资产提足折旧后,不管能否继续使用,均不再提取折旧;提前报废的固定资产,也不补提折旧。

平均年限法的最大优点是计算简便、容易理解,在实务中,此法是采用最多的一种折旧方法。由于该法只着重于固定资产使用时间的长短,不考虑固定资产的使用强度及使用效率,每期折旧额总是相等的,因此,平均年限法难以达到收入与费用相配比的要求。

2) 工作量法

工作量法是按照固定资产完成的工作量计算折旧的一种方法。它的计算原理是,先要计算确定固定资产单位工作量折旧额,然后每月用固定资产实际完成的工作量乘以单位工作量应计提的折旧额,即可计算出各月份的折旧额。计算公式如下:

单位固定资产月折旧额＝该月该项固定资产实际完成的工作量
×单位工作量应计提的折旧额

某企业有载货汽车一辆,原值为 100 000 元,预计净残值率为 4%,预计行驶 40 万公里,某月实际行驶 6 000 公里。则该辆载货汽车的单位折旧额和该月应计提的折旧额可计算如下:

$$单位工作量应计提的折旧额 = \frac{100\,000 \times (1-4\%)}{400\,000} = 0.24(元/公里)$$

$$该月折旧额 = 6\,000 \times 0.24 = 1\,440(元)$$

工作量法是假定固定资产的服务潜力会随着固定资产的使用程度而减退,因此,它适用于损耗程度与完成的工作量有直接关系的固定资产,如客货运汽车、月工作量不均匀的大型机器设备等。该法克服了平均年限法下折旧平均分摊的缺点,在某种程度上较好地体现了收入与费用的配比原则。但此法偏重于有形损耗,把固定资产的使用作为计提折旧时所考虑的唯一因素。

平均年限法与工作量法是制造企业计算折旧最常用的两种方法。这两种方法下的折旧额,会随着固定资产使用的月份、年数或完成工作数量的增加而成正比例增加,因此也称为直线法。

3) 年数总和法

年数总和法是将固定资产原值减去净残值后的净额乘以一个逐年递减的分数计算每年折旧的一种折旧方法。这个分数的分子代表固定资产尚可使用的年数,分母代表使用年数的序数之和,用公式表示如下:

$$年折旧额 = (固定资产原值 - 预计净残值) \times \frac{尚可使用的年数}{使用年数的序数之和}$$

4) 双倍余额递减法

在双倍余额递减法下,年折旧率的计算公式如下:

$$年折旧率 = \frac{2}{折旧年限} \times 100\%$$

双倍余额递减法是在不考虑固定资产残值的情况下,根据每期期初固定资产账面净值和双倍的直线法折旧率计算固定资产折旧的一种折旧方法。计算公式为：

月折旧率＝年折旧率÷12

月折旧额＝固定资产账面净值×月折旧率

为简化计算，现行财务制度规定，实行双倍余额递减法的固定资产，应当在其固定资产折旧年限前两年内，将固定资产净值扣除预计残值后的净额平均摊销。

3. 固定资产折旧的账务处理

除了过去已经单独估价入账的土地以及已经提足折旧仍在继续使用的固定资产以外，企业所有的固定资产都应该计提折旧。

计提折旧会引起有关费用的增加和固定资产价值的减少。按月计提折旧时，于月末根据折旧费用分配表中的结果，借记"制造费用""管理费用"等有关费用科目，贷记"累计折旧"科目。其中，专设销售机构使用的固定资产所提取的折旧应记入"销售费用"科目，租出固定资产的折旧应记入"其他业务支出"科目。

3.2.4 固定资产处置与盘亏毁损的核算

固定资产的出售、报废和毁损等业务会使固定资产的数量减少，从而转入清理。减少的固定资产，一方面应按原价从"固定资产"科目的贷方转出，另一方面还应将其已提折旧额从"累计折旧"科目的借方转出。同时，清理过程还会发生清理收支，并据以确定固定资产清理的损益。

1. 固定资产清理

企业因出售、报废和毁损等原因转入清理的固定资产净值及其在清理过程中所发生的清理费用和清理收入，均应通过"固定资产清理"科目核算。

"固定资产清理"科目的借方登记转入清理的固定资产净值和发生的清理费用(若处置不动产，还应包括营业税金)，贷方登记清理固定资产的变价收入和保险公司或过失人承担的损失等。当清理收入大于清理支出时，表示发生了清理净收益。固定资产清理后的净收益，应区别情况处理：属于筹建期间的，冲减开办费；属于生产经营期间的，计入营业外收入。倘若清理收入小于清理支出，则表示发生了清理净损失。固定资产清理后的净损失，也应区别情况处理：属于筹建期间的，计入开办费；属于生产经营期间的，计入营业外支出(其中，属于非正常原因造成的损失，应计入"非常损失明细"科目；由于正常原因造成的损失，应计入"处理固定资产净损失明细"科目)。

"固定资产清理"科目可按被清理的固定资产设置明细账，进行明细核算。期末余额反映尚未清理完毕的固定资产净值以及净清理收入，应填列于固定资产项目下的"固定资产清理"科目中，借方余额用正号，贷方余额用负号。

2. 固定资产盘亏

盘亏的固定资产按其账面净值(固定资产原价减累计折旧)，借记"待处理财产损溢"科目，按已提折旧借记"累计折旧"科目，按固定资产原价贷记"固定资产"科目。

业务操作

任务一：固定资产取得的核算—不需安装

1. 任务描述

2015年1月1日，峰华公司购入一台不需要安装的设备，取得的增值税专用发票上注明的设备价款为 300 000 元，增值税进项税额为 51 000 元；取得该设备的运输费增值税专用发票注明的运输费为 5 000 元，增值税为 550 元。款项全部付清。假定不考虑其他相关税费。

2. 任务要求

(1) 确定峰华公司购入设备的入账价值；
(2) 为峰华公司编制该业务的会计分录。

3. 任务分析

购入固定资产，在符合固定资产确认条件的情况下予以确认。如果该固定资产不需安装，意味着购入时即达到固定资产的预定可使用状态，应直接计入"固定资产"科目。

购入不需安装的固定资产，其入账价值包括买价、运杂费等采购费用、应承担的税费等。但购入符合增值税进项税额抵扣条件的固定资产，其支付的增值税可以抵扣。

4. 任务具体完成过程

(1) 计算确定固定资产的入账价值。
固定资产的入账价值＝300 000＋5 000＝305 000(元)
(2) 编制该业务的会计分录。

借：固定资产　　　　　　　　　　　　　　　　　　　　　305 000
　　应交税费——应交增值税(进项税额)　　　　　　　　　 51 550
　　贷：银行存款　　　　　　　　　　　　　　　　　　　　356 550

任务二：固定资产取得的核算—需要安装

1. 任务描述

2015年2月1日，峰华公司购入一台需要安装的生产用机器设备，取得的增值税专用发票上注明的设备价款为 1 000 000 元，增值税进项税额为 170 000 元，支付的运输费为 5 000 元(未取得增值税专用发票)，款项已通过银行支付；安装设备时，领用本公司原材料一批，账面价值 60 000 元；支付安装工人的工资为 10 000 元。假定不考虑其他相关税费。

2. 任务要求

(1) 确定峰华公司购入设备的入账价值；
(2) 为峰华公司编制该业务的会计分录。

3. 任务分析

对于需要安装的固定资产，购入时由于未达到固定资产的预定可使用状态，因此，安装完毕可以作为固定资产使用之前,不能计入"固定资产"科目,应先通过"在建工程"科目归集购入成本以及安装费用,安装完毕后再转入"固定资产"科目。

购入需要安装的固定资产,其入账价值包括买价、运杂费等采购费用、应承担的税费以及安装成本等。但购入符合增值税进项税额抵扣条件的固定资产,其支付的增值税可以抵扣。

4. 任务具体完成过程

(1) 计算确定固定资产的入账价值。
固定资产的入账价值=1 000 000+5 000+60 000+10 000=1 075 000(元)
(2) 编制该业务的会计分录。
① 支付设备价款、增值税、运输费等:
借:在建工程   1 005 000
    应交税费——应交增值税(进项税额)   170 000
    贷:银行存款   1 175 000
② 领用本公司原材料、支付安装工人工资等:
借:在建工程   70 000
    贷:原材料   60 000
        应付职工薪酬   10 000
③ 设备安装完毕达到预定可使用状态:
借:固定资产   1 075 000
    贷:在建工程   1 075 000

任务三:固定资产建造的核算

1. 任务描述

峰华公司自行建造一生产车间用厂房,建造期间购入为工程准备的物资一批,买价640 000元,增值税额108 800元,运费7 000元,以商业汇票结算(不带息)。建造过程中领用了全部工程物资。还领用了本企业生产的设备一台,生产成本48 000元,售价62 000元,应计增值税为10 540元;工程技术人员等应负担的工资236 000元;应负担的辅助生产部门提供的水、电、运输劳务等费用68 000元;工程完工后经验收达到预定可使用状态。假定不考虑其他相关税费。

2. 任务要求

(1) 确定峰华公司购入设备的入账价值;
(2) 为峰华公司编制该业务的会计分录。

3. 任务分析

自行建造的房屋建筑物等固定资产,其入账价值包括买价、运杂费等采购费用、应承担的税费以及施工成本、安装成本等。

建造过程中领用生产用材料应计入建造成本,由此产生的不可抵扣的增值税进项税额应一并转入建造成本。

建造过程中领用本企业商品产品应按账面价值转入建造成本,并按规定视同销售计算增值税销项税额计入工程成本。

建造过程中其他相关支出也应计入工程成本。

涉及借款购建的固定资产,应根据借款费用资本化的原则确认应予资本化的借款利息。应予资本化的借款利息,应在利息结算日计入在建工程的成本。

固定资产建造完工达到可使用状态之前,应当通过"在建工程"科目归集建造成本,完工达到可使用状态后再转入"固定资产"科目。

在建工程的核算如图3.1所示。

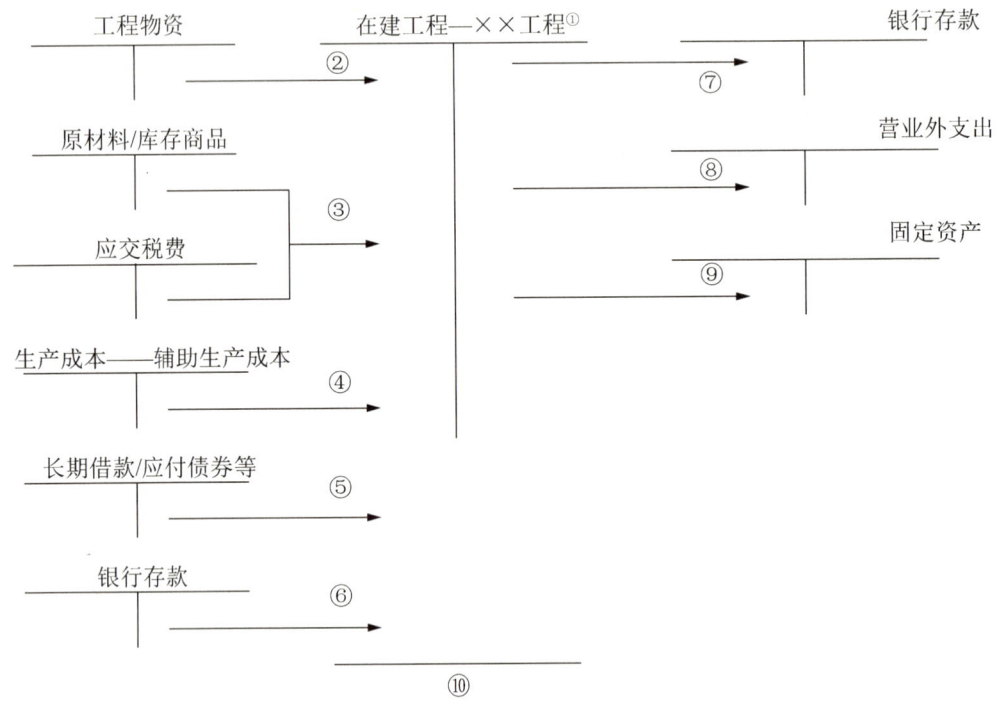

图3.1 在建工程核算示意图

说明:

① 在建工程应按工程项目设置明细账。

② 工程领用工程物资。

③ 工程领用本企业的原材料,如果不符合增值税进项税额的抵扣条件,应将原进项税额一并转入工程成本;领用本企业的库存商品,应视同销售计算增值税销项税额,将应负担的销项税额计入工程成本。

④ 本企业的生产车间或经营部门为工程提供水、电、设备安装、修理和运输等劳务。

⑤ 用借款进行的工程且固定资产达到预定可使用状态前应予资本化的借款利息。

⑥ 出包工程支付(含预付、补付)给承包单位的工程价款。

⑦ 工程交付使用前取得的变价收入。

⑧ 因非常原因造成的报废或毁损,或在建工程项目全部报废或毁损,其净损失计入营业外支出。

⑨ 工程完工交付使用。
⑩ 期末余额，反映企业尚未完工的工程实际成本。

4. 任务具体完成过程

(1) 计算确定固定资产的入账价值。
固定资产的入账价值＝755 800＋48 000＋10 540＋236 000＋68 000＝1 118 340(元)
(2) 编制该业务的会计分录。
① 购入为工程准备的物资：
借：工程物资　　　　　　　　　　　　　　　　　　　755 800
　　贷：应付票据　　　　　　　　　　　　　　　　　　　　755 800
② 工程领用工程物资：
借：在建工程——车间用房　　　　　　　　　　　　　755 800
　　贷：工程物资　　　　　　　　　　　　　　　　　　　　755 800
③ 工程领用本企业商品产品：
借：在建工程——厂房　　　　　　　　　　　　　　　 58 540
　　贷：库存商品　　　　　　　　　　　　　　　　　　　　 48 000
　　　　应交税费——应交增值税(销项税额)　　　　　　　　 10 540
④ 工程技术人员等应负担工资 236 000 元：
借：在建工程——厂房　　　　　　　　　　　　　　　236 000
　　贷：应付职工薪酬　　　　　　　　　　　　　　　　　　236 000
⑤ 分配并结转辅助生产部门提供的水、电费等：
借：在建工程——厂房　　　　　　　　　　　　　　　 68 000
　　贷：生产成本——辅助生产成本　　　　　　　　　　　　 68 000
⑥ 工程完工，达到预定可使用状态：
借：固定资产——生产经营用固定资产　　　　　　　　1 118 340
　　贷：在建工程——厂房　　　　　　　　　　　　　　　 1 118 340

任务四：接受固定资产投资的核算

1. 任务描述

峰华公司收到 A 企业投资转入的设备一台。接受投资时，双方确认该项固定资产的价值为 800 000 元，与公允价值一致。A 企业获得注册资本 600 000 元的份额。

2. 任务要求

(1) 确定峰华公司接受投资设备的入账价值；
(2) 为峰华公司编制该业务的会计分录。

3. 任务分析

企业接受固定资产的投资，应按评估确认或合同、协议约定的价值作为固定资产的入账价值。接受投资的固定资产，应在收到固定资产时确认固定资产的入账价值。

确认的价值在注册资本范围之内的部分，贷记"股本"或"实收资本"科目，超过部分贷记"资本公积"科目。

4. 任务具体完成过程

(1) 计算确定固定资产的入账价值。

固定资产的入账价值＝800 000 元

(2) 编制该业务的会计分录。

借：固定资产　　　　　　　　　　　　　　　　　　　　　800 000
　　贷：股本(实收资本)　　　　　　　　　　　　　　　　　　600 000
　　　　资本公积　　　　　　　　　　　　　　　　　　　　　200 000

任务五：固定资产折旧的计算

1. 任务描述

峰华公司有一套设备，账面原价 15 500 元，预计净残值 500 元，估计使用年限 5 年。

2. 任务要求

(1) 分别采用直线法(平均年限法)、年数总和法和双倍余额递减法计算各年应计提的折旧额。

(2) 比较说明各种计算方法的异同。

3. 任务分析及具体完成过程

(1) 平均年限法。

年折旧额＝(15 500－500)÷5＝3 000(元)

(2) 年数总和法。

① 应计提的折旧总额＝15 500－500＝15 000(元)。

② 使用年数的序数之和＝1＋2＋3＋4＋5＝15。

③ 按次序每年应计提的折旧比例为：

$$\frac{5}{15}、\frac{4}{15}、\frac{3}{15}、\frac{2}{15}、\frac{1}{15}$$

$$\frac{5}{15}+\frac{4}{15}+\frac{3}{15}+\frac{2}{15}+\frac{1}{15}=1$$

计算结果见表 3-12。

表 3-12　折旧计算表

(年数总和法)　　　　　　　　　　　　　　　　　　　　　　　单位：元

年份	原值－净残值	尚可使用年限	折旧率	折旧额	累计折旧
1	15 000	5	5/15	5 000	5 000
2	15 000	4	4/15	4 000	9 000
3	15 000	3	3/15	3 000	12 000
4	15 000	2	2/15	2 000	14 000
5	15 000	1	1/15	1 000	15 000

(3) 双倍余额递减法。

① 双倍余额递减法下的年折旧率＝2÷5×100％＝40％

② 计算过程见表 3-13。

表 3-13　折旧计算表

(双倍余额递减法)　　　　　　　　　　　　　　　　　　　　单位：元

年份	年初账户余额	折旧率	每年折旧额	年末账面价值
1	15 500	40％	6 200	9 300
2	9 300	40％	3 720	5 580
3	5 580	40％	2 232	3 348
4	3 348		(3 348－500)/2＝1 424	1 924
5	1 924		1 424	500

(4) 几种折旧方法下每年的折旧额可参见表 3-14。

表 3-14　折旧方法比较表

(每年的折旧额)　　　　　　　　　　　　　　　　　　　　单位：元

	直线法	年数总和法	双倍余额递减法
1	3 000	5 000	6 200
2	3 000	4 000	3 720
3	3 000	3 000	2 232
4	3 000	2 000	1 424
5	3 000	1 000	1 424
合计	15 000	15 000	15 000

通过比较可知：①不论采用哪一种折旧计算方法，都按 5 年计提折旧，折旧总额相同，只不过是折旧总额在各期的分摊比例不同罢了。②每年的折旧额各不相等。直线法每年的折旧额相同，而加速折旧法(年数总和法、双倍余额递减法)下每年的折旧额则由高到低逐年递减。③年数总和法和双倍余额递减法的不同在于，年数总和法下每年应计提折旧的固定资产基数不变，折旧率递减；而双倍余额递减法下则是折旧率不变，但每年的折旧基数递减。

任务六：固定资产折旧的核算

1. 任务描述

峰华公司 2015 年 6 月份的固定资产折旧计算结果如表 3-15 所示。

表 3-15　折旧费用分配表

2015 年 6 月份　　　　　　　　　　　　　　　　　　　　单位：元

应借科目	车间、部门	上月固定资产折旧额	上月增加固定资产的折旧额	上月减少固定资产的折旧额	本月固定资产折旧额
制造费用	第一基本生产车间	4 000	300	100	4 200
	第二基本生产车间	8 000	—	500	7 500
	小计	12 000	300	600	11 700
	供水车间	1 500	100	—	1 600

续表

应借科目	车间、部门	上月固定资产折旧额	上月增加固定资产的折旧额	上月减少固定资产的折旧额	本月固定资产折旧额
制造费用	供电车间	2 000	—	—	2 000
	小计	3 500	100	—	3 600
	合计	15 500	400	600	15 300
管理费用	行政管理部门	6 500	200	400	6 300
总计		22 000	600	1 000	21 600

2. 任务要求

为峰华公司编制该业务的会计分录。

3. 任务分析

一般情况下，企业应按月计算固定资产折旧。

在平均年限法下，固定资产折旧可以在上月计算结果的基础上，结合上月固定资产增减变动的情况，计算本月固定资产的应提折旧数额。也就是说，上月应提折旧，加上上月增加固定资产应提折旧，减去上月减少固定资产应提折旧，就是本月应提固定资产折旧。

在其他折旧计算方法下，需要按月单独计算固定资产应提折旧。

计提固定资产折旧时，一方面应根据固定资产的使用部门和受益对象，计入有关的成本费用；另一方面，对于固定资产因计提折旧而减少的固定资产价值，通过"累计折旧"科目进行反映。

4. 任务具体完成过程

借：制造费用——第一车间　　　　　　　　　　　　　　　4 200
　　制造费用——第二车间　　　　　　　　　　　　　　　7 500
　　制造费用——供水车间　　　　　　　　　　　　　　　1 600
　　制造费用——供电车间　　　　　　　　　　　　　　　2 000
　　管理费用　　　　　　　　　　　　　　　　　　　　　6 300
　　贷：累计折旧　　　　　　　　　　　　　　　　　　　21 600

任务七：固定资产清理的核算

1. 任务描述

峰华公司将一台不需用的设备出售，该设备账面原价为120 000元，已提折旧为50 000元，该设备还有减值准备余额20 000元。设备售价为30 000元，已收存银行。假设出售设备时不涉及其他税费。

2. 任务要求

为峰华公司编制该业务的会计分录。

3. 任务分析

固定资产报废、出售等清理事项，应首先固定资产的账面价值转入清理，注销固定资产的账面记录，再对清理过程的收入与支出进行处理，最后结转清理的净损益。在会计处理上应设置"固定资产清理"科目进行核算。

4. 任务具体完成过程

(1) 注销固定资产账面记录，将固定资产账面价值转入清理，应编制会计分录如下：

借：固定资产清理　　　　　　　　　　　　　　　　　　50 000
　　累计折旧　　　　　　　　　　　　　　　　　　　　50 000
　　固定资产减值准备　　　　　　　　　　　　　　　　20 000
　　　贷：固定资产　　　　　　　　　　　　　　　　　　　　120 000

(2) 取得固定资产售价收入，应编制会计分录如下：

借：银行存款　　　　　　　　　　　　　　　　　　　　30 000
　　　贷：固定资产清理　　　　　　　　　　　　　　　　　　30 000

(3) 结转固定资产处置净损益，应编制会计分录如下：

借：营业外支出——处置固定资产净损失　　　　　　　　20 000
　　　贷：固定资产清理　　　　　　　　　　　　　　　　　　20 000

3.3 无形资产业务的核算

情境引例

某公司为了公司的长远发展，投入巨资进行无形资产的研究开发；同时还在市场上购入了一些无形资产。针对这些无形资产业务，会涉及哪些会计问题呢？都应如何进行会计处理？

**知识准备**

3.3.1 无形资产的特征

无形资产是指企业拥有或者控制的没有实物形态的可辨认非货币性资产。它可供企业长期使用但没有实物形态的资产，它能给企业提供某种特殊的经济权利和超额利润，无形资产通常包括专利权、非专利技术、商标权、著作权、特许权、土地使用权等。

无形资产一般具有以下特征。

(1) 在持续经营的前提下，无形资产一般能使企业具有容易获得较高盈利的能力。

(2) 不存在物质实体，又依存于某一部分或特定的物体。

(3) 能在较长时期内为企业提供经济利益。

(4) 它获得未来的经济利益具有很大程度的不确定性。

(5) 它是可以辨认的一种非货币性资产。

无形资产应当在符合定义的前提下，同时满足以下两个确认条件时，才能予以确认。

(1) 与该资产有关的经济利益很可能流入企业。

(2) 该无形资产的成本能够可靠地计量。

3.3.2 无形资产的分类

无形资产的分类，可按以下标准进行。

(1) 按无形资产能否辨认分，可分为可辨认的无形资产和不可辨认的无形资产。前者是指可单独辨认的无形资产，如企业所使用的商标权、专利权等；后者是指无法具体辨认、不能单独取得的无形资产，如商誉。会计准则中的无形资产仅包括可辨认无形资产。

(2) 按无形资产的取得来源分，可分为外购无形资产、接受捐赠的无形资产、外单位投资的无形资产和企业自创的无形资产。

(3) 按无形资产的有效期限分，可分为有期限的无形资产和无期限的无形资产。前者的有效期限由法律或协议所规定，如专利权、土地使用权等；后者的有效期限在法律上并无规定，如非专利技术等。

3.3.3 无形资产取得的核算

为了正确地核算企业各种无形资产的价值，企业应设置"无形资产"科目。该科目借方登记企业购入、自创并按法律程序申请取得的各种无形资产的实际成本，以及接受其他单位投资转入的无形资产的确认价值等；贷方登记企业经营周期内按规定的使用期限分期摊销以及转销的无形资产成本。企业可按无形资产的类别设置明细科目。

无形资产按照取得时的实际成本计价。企业无形资产的取得有从外部购入、企业自创并按法律规定程序申请取得、其他单位投资转入等途径，其计价基础也有所不同，具体表现为：

(1) 购入的无形资产，其成本包括购买价款、相关税费以及直接归属于使该项资产达到预定用途所发生的其他支出。其中，直接归属于使该项资产达到预定用途所发生的其他支出包括使无形资产达到预定用途所发生的专业服务费用、测试无形资产是否能够正常发挥作用的费用等。购入时借记"无形资产"科目，贷记"银行存款"等科目。

(2) 投资者投入的无形资产，应当按照投资合同或协议约定的价值确定无形资产的取得成本。如果投资合同或协议约定价值不公允的，应按无形资产的公允价值作为无形资产初始成本入账。接受投资时，按确认的价值借记"无形资产"科目，按投资者在股本中所拥有的份额贷记"股本"科目，按其差额贷记"资本公积"科目。

(3) 企业通过自行研究开发并按法律程序申请取得的无形资产，按开发阶段应予资本化部分及依法取得时发生的注册费、聘请律师费等费用，借记"无形资产"科目，贷记"研发支出——资本化指出"、银行存款等科目。研发过程中发生的费用化支出，计入当期损益。

3.3.4 无形资产研究开发的核算

对于企业自行进行的研究开发项目，应当区分研究阶段与开发阶段两个部分分别进行核算。

1. 研究阶段

研究阶段，是指为获取新的技术和知识等进行的有计划的调查，有关研究活动的例子包括：易于获取知识而进行的活动；研究成果或其他知识的应用研究、评价和最终选择；材料、设备、产品、工序、系统或服务替代品的研究；以及新的或经改进的材料、设备、产品、工序、系统或服务的可能替代品的配制、设计、评价和最终选择等。

由于研究阶段的结果具有高度不确定性，而且企业也无法证明其能够带来未来经济利益的无形资产的存在，因此，研究阶段的有关支出在发生时，应当予以费用化计入当期损益。

2. 开发阶段

开发阶段是指在进行商业性生产或使用前，将研究成果或其他知识应用于某项计划或设计，以生产出新的或具有实质性改进的材料、装置、产品等。

由于开发阶段是建立在研究阶段基础上，对项目的开发具有针对性；同时进入开发阶段的研发项目往往形成成果的可能性较大。因此进入开发阶段，则很大程度上形成一项新产品或新技术的基本条件已经具备，此时如果企业能够证明满足无形资产的定义及相关确认条件，所发生的开发支出可资本化，确认为无形资产的成本。也就是说，开发阶段的费用在符合资本化的条件下，应当予以资本化，待开发结束达到无形资产预定可使用状态时计入无形资产的价值。

3. 开发阶段有关支出资本化的条件

在开发阶段，判断可以将有关支出资本化计入无形资产成本的条件包括：
(1) 完成该无形资产以使其能够使用或出售在技术上具有可行性。
(2) 具有完成该无形资产并使用或出售的意图。
(3) 无形资产产生经济利益的方式，包括能够证明运用该无形资产生产的产品存在市场或无形资产自身存在市场，无形资产将在内部使用的，应当证明其有用性。
(4) 有足够的技术、财务资源和其他资源支持，以完成该无形资产的开发，并有能力使用或出售该无形资产。
(5) 归属于该无形资产开发阶段的支出能够可靠地计量。

4. 研究开发费用的核算原则

企业内部研究和开发无形资产，其在研究阶段的支出全部费用化，计入当期损益(管理费用)；开发阶段的支出符合条件的资本化，不符合资本化条件的计入当期损益(管理费用)。如果确实无法区分研究阶段的支出和开发阶段的支出，应将其所发生的研发支出全部费用化，计入当期损益。

企业应设置"研发支出"科目，归集研究阶段和开发阶段的各项研发支出，并分别设置"费用化支出"和"资本化支出"两个明细科目。其中，"费用化支出"明细科目，核算研究阶段的支出和开发阶段不符合资本化条件的支出；"资本化支出"明细科目，核算开发阶段符合资本化条件的支出。前者在每个会计期末转入当期"管理费用"科目；后者则在无形资产达到预定可使用状态时转入"无形资产"科目。

3.3.5 无形资产的摊销

无形资产取得后,应根据具体情况确定是否进行摊销及其如何摊销。对于寿命期有限的无形资产应在估计使用寿命期限内进行摊销;对于使用寿命不确定的无形资产不需要进行摊销。

某些无形资产的取得源自合同性权利或其他法定权利,其使用寿命不应超过合同性权利或其他法定权利的期限。但如果企业使用资产的预期的期限短于合同性权利或其他法定权利规定的期限的,则应当按照企业预期使用的期限确定其使用寿命。

如果合同性权利或其他法定权利能够在到期时因续约等延续,则仅当有证据表明企业续约不需要付出重大成本时,续约期才能够包括在使用寿命的估计中。

没有明确的合同或法律规定无形资产的使用寿命的,企业应当综合各方面情况,来确定无形资产为企业带来未来经济利益的期限。如果确实无法合理确定无形资产为企业带来经济利益的期限的,则将该无形资产作为使用寿命不确定的无形资产。

无形资产的摊销期自其可供使用(即其达到预定用途)当月起至终止确认时止。

无形资产摊销额的计算公式如下:

$$\text{无形资产每年摊销额} = \frac{\text{无形资产的价值}}{\text{无形资产的估计使用寿命}}$$

$$\text{每月摊销额} = \text{年摊销额} \div 12$$

3.3.6 无形资产的出售和出租

企业出售某项无形资产,表明企业放弃无形资产的所有权,应将处置净损益计入营业外收支。

出售无形资产时,应按实际收到的金额,借记"银行存款"等科目,按已计提的累计摊销,借记"累计摊销"科目,原已计提减值准备的,借记"无形资产减值准备"科目,按应支付的相关税费,贷记"应交税费"等科目,按其账面余额,贷记"无形资产"科目,按其差额,贷记"营业外收入——处置非流动资产利得"科目或借记"营业外支出——处置非流动资产损失"科目。

企业出租无形资产指的是将所拥有的无形资产的使用权让渡给他人,并收取租金,属于与企业日常活动相关的其他经营活动取得的收入,其租金收入等应计入其他业务收入,相关支出应计入其他业务成本;需摊销的无形资产出租期间应继续摊销,摊销出租无形资产的成本也应计入其他业务支出,借记"其他业务成本"科目,贷记"累计摊销"等科目。

业务操作

任务一:无形资产取得的核算——外购

1. 任务描述

峰华公司从乙公司购入一项专利权。按照协议约定以现金支付,实际支付的价款为500万元,并支付相关税费2万元和有关专业服务费用6万元,款项已通过银行转账支付。峰华公司经过认证认为,购入该项专利权能使公司生产能力有显著的提高,销售利润会出现显著的增长。

2. 任务要求

(1) 确定峰华公司购入无形资产的入账价值;
(2) 为峰华公司编制该业务的会计分录。

3. 任务分析

峰华公司购入的该项专利权,符合无形资产的定义,即峰华公司能够拥有或者控制该项专利权,符合可辨认的条件,而且是不具有实物形态的非货币性资产。

峰华公司购入的该项专利权符合无形资产的确认条件,使用该项专利权后,预计公司的生产能力有显著的提高,销售利润有显著的增长,也就是说,经济利益很可能流入;同时,相关的成本已经确定,能够可靠地计量。

购入无形资产的入账价值包括买价及相关税费等。

4. 任务具体完成过程

(1) 计算确定无形资产的入账价值:

无形资产的入账价值=5 000 000+80 000=5 080 000(元)

(2) 编制该业务的会计分录:

借:无形资产　　　　　　　　　　　　　　　　　　　　　　　5 080 000
　　贷:银行存款　　　　　　　　　　　　　　　　　　　　　　　　　5 080 000

任务二:无形资产取得的核算—接受投资

1. 任务描述

峰华公司接受丙公司以商标权作价的非现金资产投资,双方协议价格(等于公允价值)为700万元,甲公司另支付印花税等相关税费5万元,款项已通过银行转账支付。

2. 任务要求

(1) 确定峰华公司取得无形资产的入账价值;
(2) 为峰华公司编制该业务的会计分录。

3. 任务分析

该商标权的初始计量,应当以取得时的成本为基础。取得时的成本为投资协议约定的价格700万元,加上支付的相关税费5万元,合计705万元。

4. 任务具体完成过程

(1) 计算确定无形资产的入账价值:

无形资产的入账价值=7 000 000+50 000=7 050 000(元)

(2) 编制该业务的会计分录:

借:无形资产　　　　　　　　　　　　　　　　　　　　　　　7 050 000
　　贷:银行存款　　　　　　　　　　　　　　　　　　　　　　　　　7 050 000

任务三：无形资产研究开发的核算

1. 任务描述

峰华公司自行开发某项专利技术，研究和开发阶段发生的应予以费用化的支出 10 000 元，开发阶段发生符合资本化条件的支出 300 000 元，开发成功后发生注册登记费 10 000 元，均以银行存款支付。

2. 任务要求

(1) 确定峰华公司开发的无形资产的入账价值；
(2) 为峰华公司编制该业务的会计分录。

3. 任务分析

无形资产的研究开发，其发生的支出属于研究阶段的应当予以费用化，开发阶段的支出应当根据资本化的条件区分为资本化的支出和费用化的支出。

无论是研究阶段的支出还是开发阶段的支出，均通过"研发支出"科目归集研究开发支出，并设置两个二级科目，分别归集费用化支出和资本化支出。其中，费用化支出应在每个会计期期末转入"管理费用"科目；资本化支出则在无形资产达到预定可使用状态时转入"无形资产"科目。

任务中的无形资产的初始计量，应当以开发阶段的资本化支出与开发成功后的支出作为入账价值。即 31 万元。

4. 任务具体完成过程

(1) 计算确定无形资产的入账价值：
无形资产的入账价值＝300 000＋10 000＝310 000(元)
(2) 编制该业务的会计分录：
① 发生各项支出。

借：研发支出——费用化支出		100 000
——资本化支出		300 000
贷：银行存款等		400 000

② 期末结算费用化支出。

借：管理费用		100 000
贷：研发支出——费用化支出		100 000

③ 登记注册后。

借：无形资产——专利权		310 000
贷：研发支出——资本化支出		300 000
银行存款		10 000

任务四：无形资产摊销的核算

1. 任务描述

峰华公司购入的一项专利权使用寿命预计为 30 年，该项专利权法律规定的有效年限为

20年，采用平均年限法摊销，不预计净残值。该项专利权取得时的入账价值为600 000元，系某产品的生产技术专利。

2. 任务要求

(1) 确定峰华公司该项专利权的月摊销额；
(2) 为峰华公司编制该业务的会计分录。

3. 任务分析

对于能够确定无形资产使用寿命的，应当在无形资产预计使用寿命内进行摊销。摊销时，应根据无形资产的使用部门和受益对象将无形资产的价值摊销计入相应的成本费用。

任务中的无形资产使用寿命为30年，但法律规定的有效年限为20年，应按20年的年限摊销。该项无形资产为某产品的生产技术专利，因此属于某产品生产过程受益，应将无形资产摊销的价值通过"制造费用"科目计入产品生产成本。

4. 任务具体完成过程

(1) 计算确定每月无形资产的摊销额：
无形资产的年摊销额＝600 000÷20＝30 000(元)
无形资产的月摊销额＝30 000÷12＝2 500(元)
(2) 编制的会计分录如下：
借：制造费用　　　　　　　　　　　　　　　　　　　　　　　2 500
　　贷：累计摊销　　　　　　　　　　　　　　　　　　　　　　2 500

任务五：无形资产出租的核算

1. 任务描述

2015年1月1日，峰华公司将一项专利技术出租给某企业使用，该专利技术账面余额为1 000万元，摊销期限为10年，出租合同规定，承租方每销售一件用该专利生产的产品，必须付给出租方20元专利技术使用费。假定承租方当年销售该产品10万件，应交的营业税金为5万元。

2. 任务要求

为峰华公司编制该业务的会计分录。

3. 任务分析

对于出租的无形资产，出租人并未失去其所有权，因此仍属于自己的无形资产。出租无形资产所取得的租金收入(固定租金形式或者根据相关条件计算的不确定的使用费等)，属于出租人的其他业务收入。

本身应予摊销的无形资产出租期间应继续摊销，摊销时，其摊销的价值应计入其他业务成本。出租过程中发生的其他相关税费也应计入其他业务成本。

4. 任务具体完成过程

峰华公司的账务处理如下：
(1) 取得该项专利技术使用费时：
借：银行存款　　　　　　　　　　　　　　　　　　　　　　1 000 000
　　贷：其他业务收入　　　　　　　　　　　　　　　　　　　1 000 000
(2) 按年对该项专利技术进行摊销并计算应交的营业税：
借：其他业务成本　　　　　　　　　　　　　　　　　　　　　500 000
　　营业税金及附加　　　　　　　　　　　　　　　　　　　　 50 000
　　贷：累计摊销　　　　　　　　　　　　　　　　　　　　　 500 000
　　　　应交税费——应交营业税　　　　　　　　　　　　　　 50 000

任务六：无形资产出售的核算

1. 任务描述

2015年1月1日，峰华公司拥有某项专利技术的成本为800万元，已摊销金额为400万元。该公司于当日将该项专利技术出售给C公司，取得出售收入480万元，应交纳的营业税等相关税费为28.8万元。

2. 任务要求

为峰华公司编制该业务的会计分录。

3. 任务分析

对于出售的无形资产，意味着公司放弃了所有权，因此应注销无形资产的账面记录。出售无形资产，类似于固定资产处置，应将所取得的价款与该无形资产账面价值的差额作为资产处置利得或损失(营业外收入或营业外支出)，计入当期损益。

出售无形资产时，应按实际收到的金额，借记"银行存款"等科目，按已计提的累计摊销，借记"累计摊销"科目，原已计提减值准备的，借记"无形资产减值准备"科目，按应支付的相关税费，贷记"应交税费"等科目，按其账面余额，贷记"无形资产"科目，按其差额，贷记"营业外收入——处置非流动资产利得"科目或借记"营业外支出——处置非流动资产损失"科目。

4. 任务具体完成过程

峰华公司的账务处理如下：
借：银行存款　　　　　　　　　　　　　　　　　　　　　　4 800 000
　　累计摊销　　　　　　　　　　　　　　　　　　　　　　 4 000 000
　　贷：无形资产　　　　　　　　　　　　　　　　　　　　 8 000 000
　　　　应交税费——应交营业税　　　　　　　　　　　　　　288 000
　　　　营业外收入——处置非流动资产利得　　　　　　　　　512 000

3.4 投资性房地产业务的核算

情境引例

峰华公司某子公司购入一栋大楼,其中一部分楼层准备用于出租,一部分楼层准备用于办公。应该如何确认?如何计量?

知识准备

3.4.1 投资性房地产及其特征

投资性房地产,是指为赚取租金或资本增值,或者两者兼有而持有的房地产。投资性房地产主要有以下特征:

1. 投资性房地产是一种经营性活动

投资性房地产的主要形式是出租建筑物、出租土地使用权,这实质上属于一种让渡资产使用权行为。房地产租金就是让渡资产使用权取得的使用费收入,是企业为完成其经营目标所从事的经营性活动以及与之相关的其他活动形成的经济利益总流入。投资性房地产的另一种形式是持有并准备增值后转让的土地使用权,尽管其增值收益通常与市场供求、经济发展等因素相关,但目的是增值后转让以赚取增值收益,也是企业为完成其经营目标所从事的经营性活动以及与之相关的其他活动形成的经济利益总流入。根据税法的规定,企业房地产出租、国有土地使用权增值后转让均属于一种经营活动,其取得的房地产租金收入或国有土地使用权转让收益应当缴纳营业税等。按照国家有关规定认定的闲置土地,不属于持有并准备增值后转让的土地使用权。在我国实务中,持有并准备增值后转让的土地使用权这种情况较少。

2. 投资性房地产在用途、状态、目的等方面区别于作为生产经营场所的房地产和用于销售的房地产

企业持有的房地产除了用作自身管理、生产经营活动场所和对外销售之外,出现了将房地产用于赚取租金或增值收益的活动,甚至是个别企业的主营业务。这就需要将投资性房地产单独作为一项资产核算和反映,与自用的厂房、办公楼等房地产和作为存货(已建完工商品房)的房地产加以区别,从而更加清晰地反映企业所持有房地产的构成情况和盈利能力。企业在首次执行投资性房地产准则时,应当根据投资性房地产的定义对资产进行重新分类,凡是符合投资性房地产定义和确认条件的建筑物和土地使用权,应当归为投资性房地产。

3. 投资性房地产有两种后续计量模式

企业通常应当采用成本模式对投资性房地产进行后续计量,只有在满足特定条件的情况下，即有确凿证据表明其所有投资性房地产的公允价值能够持续可靠取得的，也可以采用公允价值模式进行后续计量。也就是说，投资性房地产准则适当引入公允价值模式，在满足特定条件的情况下，可以对投资性房地产采用公允价值模式进行后续计量，但是，同一企业只能采用一种模式对所有投资性房地产进行后续计量，不得同时采用两种计量模式进行后续计量。

投资性房地产包括已出租的土地使用权、持有并准备增值后转让的土地使用权、已出租的建筑物。其中，已出租的土地使用权，是指企业通过出让或转让方式取得的、以经营租赁方式出租的土地使用权；持有并准备增值后转让的土地使用权，是指企业取得的、准备增值后转让的土地使用权；已出租的建筑物是指企业拥有产权的、以经营租赁方式出租的建筑物，包括自行建造或开发活动完成后用于出租的建筑物。自用房地产、作为存货的房地产不属于投资性房地产。

3.4.2 投资性房地产的确认与初始计量

1. 投资性房地产的确认

投资性房地产只有在符合定义的前提下，同时满足下列条件的，才能予以确认：①与该投资性房地产有关的经济利益很可能流入企业；②该投资性房地产的成本能够可靠地计量。

对企业持有以备经营出租的空置建筑物，董事会或类似机构做出书面决议，明确表示将其用于经营出租且持有意图短期内不再发生变化的，即使尚未签订租赁协议，也应视为投资性房地产。这里的"空置建筑物"是指企业新购入、自行建造或开发完工但尚未使用的建筑物，以及不再用于日常生产经营活动且经整理后达到可经营出租状态的建筑物。

2. 投资性房地产的初始计量

投资性房地产应按成本进行初始计量。

1) 外购投资性房地产的初始计量

外购的土地使用权和建筑物，按照取得时的实际成本进行初始计量，借记"投资性房地产"科目，贷记"银行存款"等科目。取得时的实际成本包括购买价款、相关税费和可直接归属于该资产的其他支出。

企业购入的房地产，部分用于出租(或资本增值)、部分自用，用于出租(或资本增值)的部分应当予以单独确认的，应按照不同部分的公允价值占公允价值总额的比例将成本在不同部分之间进行分配。

2) 自行建造投资性房地产的初始计量

自行建造投资性房地产，其成本由建造该项资产达到预定可使用状态前发生的必要支出构成，包括土地开发费、建筑成本、安装成本、应予以资本化的借款费用、支付的其他费用和分摊的间接费用等。建造的投资性房地产，在房地产达到预定可使用状态时，按照确定的成本，借记"投资性房地产"科目，贷记"在建工程"或"开发产品"科目。

3) 非投资性房地产转换为投资性房地产的确认和初始计量

非投资性房地产转换为投资性房地产，实质上是因房地产用途发生改变而对房地产进行的重新分类。转换日通常为租赁开始日。

非投资性房地产转换为投资性房地产时,如果投资性房地产后续计量采用成本计量模式,则按该项非投资性房地产原账面价值作为投资性房地产的初始成本计量;如果投资性房地产后续计量采用公允价值计量模式,则应按该项非投资性房地产的公允价值作为投资性房地产的初始成本。

3.4.3 投资性房地产的后续计量

投资性房地产后续计量,可以采用成本模式,也可以采用公允价值模式,但只有满足特定条件的情况下才可以采用公允价值模式。此外,同一企业只能采用一种模式对所有投资性房地产进行后续计量,不得同时采用两种计量模式。

1. 成本模式

投资性房地产,通常采用成本模式进行后续计量。在成本模式下,投资性房地产应按月计提折旧或摊销。

投资性房地产的租金收入等应作为其他业务收入核算;计提折旧或摊销时应计入其他业务成本。

投资性房地产存在减值迹象的,经减值测试后确定发生减值的,应当计提减值准备。

2. 公允价值模式

如果有确凿证据表明其投资性房地产的公允价值能够持续可靠取得的,可以对投资性房地产采用公允价值模式进行后续计量。但此时企业所有的投资性房地产都必须使用公允价值模式。不能一部分投资性房地产用公允价值模式,而另一部分投资性房地产用成本模式。换言之,只有在所有的投资性房地产的公允价值都能够持续可靠取得的情况下,才能对投资性房地产采用公允价值计量模式。

采用公允价值模式计量的投资性房地产,应当同时满足下列条件:①投资性房地产所在地有活跃的房地产交易市场。②企业能够从活跃的房地产交易市场上取得的同类或类似房地产的市场价格及其他相关信息,从而对投资性房地产的公允价值做出合理的估计。

投资性房地产的公允价值是指在公平交易中,熟悉情况的当事人之间自愿进行房地产交换的价格。

投资性房地产采用公允价值模式进行后续计量的,不计提折旧或摊销。资产负债表日,投资性房地产的公允价值与其账面余额的差额,在调整投资性房地产的账面价值的同时,计入公允价值变动损益。

3. 后续计量模式的变更

企业对投资性房地产的计量模式一经确定,不得随意变更。除非在房地产市场比较成熟、能够满足采用公允价值模式条件的情况下,才允许企业对投资性房地产从成本模式计量变更为公允价值模式计量。

成本模式转为公允价值模式的,应当作为会计政策变更处理,并按计量模式变更时公允价值与账面价值的差额,调整期初留存收益。已采用公允价值模式计量的投资性房地产,不得从公允价值模式转为成本模式。

3.4.4 投资性房地产的转换

房地产的转换,是因房地产用途发生改变而对房地产进行的重新分类。即投资性房地产与非投资性房地产之间的相互转换。

1. 投资性房地产转换为非投资性房地产

1) 投资性房地产采用成本模式进行后续计量时

企业将原本用于赚取租金或资本增值的房地产改用于生产商品、提供劳务或者经营管理,投资性房地产相应地转换为固定资产或无形资产。

成本模式下,应将投资性房地产的账面记录对应转入固定资产或无形资产的相应科目。企业将投资性房地产转换为自用房地产,应当按该项投资性房地产在转换日的账面余额、累计折旧或摊销、减值准备等,分别转入"固定资产""累计折旧""固定资产减值准备"等科目;按投资性房地产的账面余额,借记"固定资产"或"无形资产"科目,贷记"投资性房地产"科目;按已计提的折旧或摊销,借记"投资性房地产累计折旧(摊销)"科目,贷记"累计折旧"或"累计摊销"科目;原已计提减值准备的,借记"投资性房地产减值准备"科目,贷记"固定资产减值准备"或"无形资产减值准备"科目。

如果企业将投资性房地产转换为存货的,应将原投资性房地产的账面价值作为存货的入账价值。

2) 投资性房地产采用公允价值模式进行后续计量时

企业将采用公允价值模式计量的投资性房地产转换为自用房地产或存货时,应当以其转换当日的公允价值作为自用房地产或存货的账面价值,公允价值与原账面价值的差额计入当期损益。

转换日,按该项投资性房地产的公允价值,借记"固定资产""无形资产"或"开发产品"等科目,按该项投资性房地产的成本,贷记"投资性房地产——成本"科目,按该项投资性房地产的累计公允价值变动,贷记或借记"投资性房地产——公允价值变动"科目,按其差额,贷记或借记"公允价值变动损益"科目。

2. 非投资性房地产转换为投资性房地产

非投资性房地产转换为投资性房地产,在投资性房地产采用成本模式或者公允价值模式进行后续计量时是不同的。

1) 投资性房地产采用成本模式进行后续计量时

企业将作为存货的房地产转换为采用成本模式计量的投资性房地产,应当按该项存货在转换日的账面价值,借记"投资性房地产"科目,原已计提跌价准备的,借记"存货跌价准备"科目,按其账面余额,贷记"开发产品"等科目。

企业将自用土地使用权或建筑物转换为以成本模式计量的投资性房地产时,应当按该项建筑物或土地使用权在转换日的原价、累计折旧、减值准备等,分别转入"投资性房地产""投资性房地产累计折旧(摊销)""投资性房地产减值准备"科目,按其账面余额,借记"投资性房地产"科目,贷记"固定资产"或"无形资产"科目,按已计提的折旧或摊销,借记"累计摊销"或"累计折旧"科目,贷记"投资性房地产累计折旧(摊销)"科目,原已计提减值准备的，借记"固定资产减值准备"或"无形资产减值准备"科目，贷记"投资性房地产减值准备"科目。

2) 投资性房地产采用公允价值模式进行后续计量时

企业将作为存货的房地产转换为采用公允价值模式计量的投资性房地产，应当按该项房地产在转换日的公允价值入账，借记"投资性房地产——成本"科目，原已计提跌价准备的，借记"存货跌价准备"科目；按其账面余额，贷记"开发产品"等科目。同时，转换日的公允价值小于账面价值的，按其差额，借记"公允价值变动损益"科目；转换日的公允价值大于账面价值的，按其差额，贷记"资本公积——其他资本公积"科目。当该项投资性房地产处置时，因转换计入资本公积的部分应转入当期损益。

企业将自用房地产转换为采用公允价值模式计量的投资性房地产，应当按该项土地使用权或建筑物在转换日的公允价值，借记"投资性房地产——成本"科目，按已计提的累计摊销或累计折旧，借记"累计摊销"或"累计折旧"科目；原已计提减值准备的，借记"无形资产减值准备""固定资产减值准备"科目；按其账面余额，贷记"固定资产"或"无形资产"科目。同时，转换日的公允价值小于账面价值的，按其差额，借记"公允价值变动损益"科目；转换日的公允价值大于账面价值的，按其差额，贷记"资本公积——其他资本公积"科目。当该项投资性房地产处置时，因转换计入资本公积的部分应转入当期损益。

3.4.5 投资性房地产的处置

投资性房地产的处置包括对外出售或转让、由于使用而不断磨损直到最终报废、由于遭受自然灾害等非正常损失发生毁损的投资性房地产以及因其他原因如非货币性交易等而减少投资性房地产等。企业出售、转让、报废投资性房地产或者发生投资性房地产毁损，应当将处置收入扣除其账面价值和相关税费后的金额计入当期损益。

处置采用成本模式进行后续计量的投资性房地产时，应当按实际收到的金额，借记"银行存款"等科目，贷记"其他业务收入"科目；按该项投资性房地产的账面价值，借记"其他业务成本"科目，按其账面余额，贷记"投资性房地产"科目；按照已计提的折旧或摊销，借记"投资性房地产累计折旧(摊销)"科目；原已计提减值准备的，借记"投资性房地产减值准备"科目。

处置采用公允价值模式计量的投资性房地产，应当按实际收到的金额，借记"银行存款"等科目，贷记"其他业务收入"科目；按该项投资性房地产的账面余额，借记"其他业务成本"科目，按其成本，贷记"投资性房地产——成本"科目，按其累计公允价值变动，贷记或借记"投资性房地产——公允价值变动"科目。同时结转投资性房地产累计公允价值变动。若存在原转换日计入资本公积的金额，也一并结转。

业务操作

任务一：投资性房地产取得的核算

1. 任务描述

2015年3月，峰华公司决定购入一栋写字楼用于对外出租。3月15日，峰华公司与甲

企业签订了经营租赁合同,约定自写字楼购买日起将这栋写字楼出租给甲企业,租期5年。4月5日,甲企业完成购入写字楼的交易,支付价款共计2 400万元。

2. 任务要求

为甲公司编制该业务的会计分录。

3. 任务分析

该写字楼持有的目的是用于租赁经营,因此属于投资性房地产,符合投资性房地产的定义。投资性房地产的确认条件与固定资产基本相同,因此在完成交易日,应作为投资性房地产入账。

投资性房地产购入时入账价值的确认方法与固定资产也基本相同,但在会计核算上对于后续计量是采用成本模式还是公允价值模式在明细账的处理上有所区别。

4. 任务具体完成过程

(1) 若后续计量采用成本模式:
借:投资性房地产——写字楼　　　　　　　　　　　　　　　24 000 000
　　贷:银行存款　　　　　　　　　　　　　　　　　　　　24 000 000
(2) 若后续计量采用公允价值模式:
借:投资性房地产——成本(写字楼)　　　　　　　　　　　24 000 000
　　贷:银行存款　　　　　　　　　　　　　　　　　　　　24 000 000

任务二:后续计量采用成本模式时的核算

1. 任务描述

延续任务一,假设该写字楼寿命期为20年,甲企业每月应付租金为20万元,租金按月收取。公司采用直线法计提折旧,预计净残值为0。

2. 任务要求

编制有关的会计分录。

3. 任务分析

成本模式下投资性房地产应按月计提折旧。本例中,直线法下每月应提折旧为10万元[=2 400万÷(20×12)]。每月的租金收入应计入其他业务收入,折旧费用计入其他业务成本。

4. 任务具体完成过程

(1) 每月取得的租金收入:
借:银行存款(或其他应收款)　　　　　　　　　　　　　　　200 000
　　贷:其他业务收入　　　　　　　　　　　　　　　　　　200 000
(2) 每月计提折旧:
借:其他业务成本　　　　　　　　　　　　　　　　　　　　100 000
　　贷:投资性房地产累计折旧(摊销)　　　　　　　　　　　100 000

任务三：后续计量采用公允价值模式时的核算

1. 任务描述

延续任务一，假设该写字楼第一年年末的公允价值为 2 700 万元，第二年年末的公允价值为 2 600 万元。

2. 任务要求

编制有关的会计分录。

3. 任务分析

在公允价值模式下，会计期末应根据投资性房地产的公允价值计量，如果与此前的账面价值出现变化，应确认公允价值变动损益，并调整投资性房地产的账面价值。

在公允价值模式下，投资性房地产不计提折旧。

4. 任务具体完成过程

(1) 第一年年末：
借：投资性房地产——公允价值变动　　　　　　　　　　3 000 000
　　贷：公允价值变动损益　　　　　　　　　　　　　　　　3 000 000

(2) 第二年年末：
借：公允价值变动损益　　　　　　　　　　　　　　　　1 000 000
　　贷：投资性房地产——公允价值变动　　　　　　　　　　1 000 000

任务四：投资性房地产转换的核算—投资性房地产转换为非投资性房地产

1. 任务描述

2015 年 8 月 1 日，A 公司将出租在外的厂房收回，开始用于本企业生产商品。该项房地产账面价值为 5 000 万元。其中，原价 8 000 万元，累计已提折旧 3 000 万元。

2. 任务要求

编制有关的会计分录。

3. 任务分析

对于投资性房地产转换为非投资性房地产，要注意原投资性房地产的计量模式是什么。非投资性房地产是按成本计量的，所以如果原来的投资性房地产采用的是成本计量模式，实际上就是账面记录的转换。只需转入对应的科目即可。

如果原投资性房地产采用公允价值计量模式，则应按其公允价值确认为非投资性房地产的账面价值。原投资性房地产转换时的公允价值与此时其账面价值之间的差额应确认为公允价值变动损益。

4. 任务具体完成过程

(1) 假设该投资性房地产采用成本计量模式：

借：固定资产 80 000 000
　　投资性房地产累计折旧(摊销) 30 000 000
　　贷：投资性房地产 80 000 000
　　　　累计折旧 30 000 000

(2) 假设该投资性房地产采用公允价值计量模式，转换日的账面价值为 86 000 000 元，公允价值为 88 000 000 元。

借：固定资产 88 000 000
　　贷：投资性房地产——成本 80 000 000
　　　　投资性房地产——公允价值变动 6 000 000
　　　　公允价值变动损益 2 000 000

任务五：投资性房地产转换的核算—非投资性房地产转换为投资性房地产

1. 任务描述

甲企业有一幢办公楼，原属管理用办公楼。2015 年 3 月 10 日，甲企业与乙企业签订了经营租赁协议，将这幢办公楼整体出租给乙企业使用，租赁期开始日为 2015 年 4 月 15 日，为期 5 年。2015 年 4 月 15 日，这幢办公楼的账面余额 25 000 万元，已计提折旧 300 万元。

2. 任务要求

编制有关的会计分录。

3. 任务分析

对于非投资性房地产转换为投资性房地产，也要注意原投资性房地产的计量模式是什么。如果投资性房地产采用的是成本计量模式，实际上就是账面记录的转换。只需转入对应的科目即可。

如果投资性房地产采用公允价值计量模式，则应按其公允价值确认为投资性房地产的账面价值。原非投资性房地产转换时的账面价值与其公允价值之间的差额应分别情况处理：如果公允价值高于账面价值，则将差额计入资本公积，反之则将差额计入公允价值变动损益。

4. 任务具体完成过程

(1) 假设该投资性房地产采用成本计量模式：

借：投资性房地产——写字楼 250 000 000
　　累计折旧 3 000 000
　　贷：固定资产 250 000 000
　　　　投资性房地产累计折旧(摊销) 3 000 000

(2) 假设甲企业投资性房地产采用公允价值计量模式，转换日该办公楼的公允价值为 280 000 000 元。

借：投资性房地产——成本 280 000 000
　　贷：固定资产 250 000 000

第 3 章 财产物资业务的核算

累计折旧	3 000 000
资本公积	27 000 000

任务六：投资性房地产处置的核算—成本计量模式

1. 任务描述

甲公司将其出租的一栋写字楼确认为投资性房地产，采用成本模式计量。租赁期届满后，甲公司将该栋写字楼出售给乙公司，合同价款为 20 000 万元，乙公司已用银行存款付清。出售时，该栋写字楼的原价为 18 000 万元，已计提折旧 3 000 万元。假设不考虑相关税费。

2. 任务要求

编制有关的会计分录。

3. 任务分析

投资性房地产的处置，应作为其他业务处理。处置收入计入其他业务收入，处置的投资性房地产按账面价值转入其他业务成本。如果有减值准备，也应一并结转。

4. 任务具体完成过程

借：银行存款	200 000 000
贷：其他业务收入	200 000 000
借：其他业务成本	150 000 000
投资性房地产累计折旧(摊销)	30 000 000
贷：投资性房地产——写字楼	180 000 000

任务七：投资性房地产处置的核算—公允价值计量模式

1. 任务描述

甲公司将其出租的一栋写字楼确认为投资性房地产，采用公允价值之模式计量。租赁期届满后，甲公司将该栋写字楼出售给乙公司，合同价款为 22 000 万元，乙公司已用银行存款付清。该栋写字楼的原价为 18 000 万元，转换为投资性房地产时已计提折旧 1 000 万元，公允价值 20 000 万元；出售前的账面价值 21 800 万元。假设不考虑相关税费。

2. 任务要求

编制有关的会计分录。

3. 任务分析

投资性房地产的处置，应作为其他业务处理。处置收入计入其他业务收入，处置的投资性房地产按账面价值转入其他业务成本。

值得注意的是，在公允价值计量模式下，累计确认的公允价值变动损益应一并结转；如有资本公积，也应结转。

任务中，写字楼转换日的公允价值 20 000 万元，高于当时账面价值 3 000 万元，确认为资本公积；转换后账面价值增加了 1 800 万元，为累计确认的公允价值变动损益。

4. 任务具体完成过程

借：银行存款　　　　　　　　　　　　　　　　　　　　　220 000 000
　　贷：其他业务收入　　　　　　　　　　　　　　　　　　220 000 000
借：其他业务成本　　　　　　　　　　　　　　　　　　　　170 000 000
　　公允价值变动损益　　　　　　　　　　　　　　　　　　 18 000 000
　　资本公积　　　　　　　　　　　　　　　　　　　　　　 30 000 000
　　贷：投资性房地产——成本　　　　　　　　　　　　　　200 000 000
　　　　投资性房地产——公允价值变动损益　　　　　　　　 18 000 000

 **知识拓展**

1. 存货管理的内涵及意义

存货管理就是对企业的存货进行管理，主要包括存货的信息管理和在此基础上的决策分析，最后进行有效控制，达到存货管理的最终目的提高经济效益。

存货管理的意义：可以帮助企业仓库管理人员对库存商品进行详尽、全面的控制和管理；帮助库存会计进行库存商品的核算；提供的各种库存报表和库存分析可以为企业的决策提供依据；实现降低库存、减少资金占用，避免物品积压或短缺，保证企业经营活动顺利进行。

2. 提高企业存货管理水平的有效途径

(1) 严格执行财务制度规定，使账、物、卡三相符。

存货管理要严格执行财务制度规定，对货到发票未到的存货，月末应及时办理暂估入库手续，使账、物、卡三相符。

(2) 采用 ABC 控制法，降低存货库存量，加速资金周转。

对存货的日常管理，根据存货的重要程度，将其分为 A、B、C 三种类型。A 类存货品种占全部存货的 10%～15%，资金占存货总额的 80% 左右，实行重点管理，如大型备品备件等。B 类存货为一般存货，品种占全部存货的 20%～30%，资金占全部存货总额的 15% 左右，适当控制，实行日常管理，如日常生产消耗用材料等。C 类存货品种占全部存货的 60%～65%，资金占存货总额的 5% 左右，进行一般管理，如办公用品、劳保用品等随时都可以采购。通过 ABC 分类后，抓住重点存货，控制一般存货，制订出较为合理的存货采购计划，从而有效地控制存货库存，减少储备资金占用，加速资金周转。

(3) 加强存货的采购管理，合理运作采购资金，控制采购成本。

生产计划员要有较高的业务素质，对生产工艺流程及设备运行情况要有充分的了解，掌握设备维修、备件消耗情况及生产耗用材料情况，进而做出科学合理的存货采购计划。

规范采购行为，增加采购的透明度。本着节约的原则，采购员要对供货单位的品质、价格、财务信誉动态监控；收集各种信息，同类产品货比多家，以求价格最低、质量最优。

对大宗原燃材料、大型备品备件实行招标采购，杜绝暗箱操作，杜绝采购黑洞。这样，既确保了生产的正常进行,又有效地控制了采购成本,加速了资金周转、提高了资金的使用效率。

(4) 充分利用 ERP 等先进的管理模式,实现存货资金信息化管理。

存货管理要达到现代化企业管理的要求,就要使企业尽快采用先进的管理模式,如 ERP 系统。利用 ERP 使人、财、物、产、供、销全方位科学高效集中管理,最大限度地堵塞漏洞,降低库存,使存货管理更上一个新台阶。

3. 小企业会计准则关于固定资产核算的规定

固定资产,是指小企业为生产产品、提供劳务、出租或经营管理而持有的,使用寿命超过 2 年的有形资产。小企业会计准则规定的固定资产计价基础如下所述。

(1) 外购固定资产的成本包括:购买价款、相关税费、运输费、装卸费、保险费、安装费等,但不含按照税法规定可以抵扣的增值税进项税额。

以一笔款项购入多项没有单独标价的固定资产,应当按照各项固定资产或类似资产的市场价格或评估价值比例对总成本进行分配,分别确定各项固定资产的成本。

(2) 自行建造固定资产的成本,由建造该项资产在竣工决算前发生的支出(含相关的借款费用)构成。

小企业在建工程在试运转过程中形成的产品、副产品或试车收入冲减在建工程成本。

(3) 投资者投入固定资产的成本,应当按照评估价值和相关税费确定。

(4) 融资租入的固定资产的成本,应当按照租赁合同约定的付款总额和在签订租赁合同过程中发生的相关税费等确定。

(5) 盘盈固定资产的成本,应当按照同类或者类似固定资产的市场价格或评估价值,扣除按照该项固定资产新旧程度估计的折旧后的余额确定。

4. 固定资产折旧率

按照适用的固定资产范围划分,折旧率有个别折旧率、分类折旧率和综合折旧率之分。

(1) 个别折旧率。这是按照每一项固定资产计算确定的折旧率。

某项固定资产原值为 40 000 元,预计使用年限为 10 年,预计使用期满后其残值为 2 000 元,清理费用为 400 元。则该项固定资产的折旧率、折旧额可计算如下:

$$年折旧率 = \frac{40\ 000 - (2\ 000 - 400)}{40\ 000 \times 10} \times 100\% = 9.6\%$$

$$月折旧率 = 9.6\% \div 12 = 0.8\%$$

$$月折旧额 = 40\ 000 \times 0.8\% = 320(元)$$

(2) 分类折旧率。这是按照每一类固定资产计算确定的平均折旧率。

$$某类固定资产年折旧率 = \frac{该类固定资产年折旧额}{该类固定资产原始价值} \times 100\%$$

$$某类固定资产月折旧率 = 某类固定资产年折旧率 \div 12$$

(3) 综合折旧率。这是按照整个企业全部固定资产计算确定的平均折旧率。

企业按已确定的分类(综合)折旧率,计算每月应计提的折旧额:

$$某类(全部)固定资产月折旧额 = 本月应计提折旧的该类(全部)固定资产原值 \times 月分类(综合)折旧率$$

本章小结

1. 教学内容
(1) 存货业务的核算。
(2) 固定资产业务的核算。
(3) 无形资产业务的核算。
(4) 投资性房地产业务的核算。
2. 教学重点
(1) 存货取得与发出的计价方法。
(2) 固定资产加速折旧方法。
(3) 投资性房地产后续计量模式。
3. 教学难点
(1) 加速折旧法。
(2) 投资性房地产与自用房地产相互转换的核算。
4. 教学建议
(1) 通过向学生解读中国目前企业会计准则——存货、固定资产、无形资产、投资性房地产四个准则的规定，使学生了解财产物资核算要求。
(2) 课件演示存货、固定资产、无形资产和投资性房地产的知识点，分点阐述，思路清晰。
(3) 技能掌握及巩固：通过例题讲解及学生讨论、交流，加深知识难点与重点的理解，再通过习题巩固所学习的内容。
(4) 根据学生的理解和掌握情况，引导学生思考概括总结原材料按计划成本法与实际成本法核算的区别、固定资产减值对折旧的影响、投资性房地产成本模式与公允价值模式的比较。

训 练 题

一、单项选择题

1. 存货清查中，盘盈的存货，应(　　)。
　　A．冲减"管理费用"科目　　　　B．计入"营业外收入"科目
　　C．计入"其他业务收入"科目　　D．计入"本年利润"科目
2. 下列各种存货发出的计价方法中，不利于存货成本日常管理与控制的方法是(　　)。
　　A．移动加权平均法　　　　　　B．先进先出法
　　C．个别计价法　　　　　　　　D．月末一次加权平均法
3. 固定资产的基本计价标准是(　　)。
　　A．原始价值　　　　　　　　　B．重置完全价值
　　C．折余价值　　　　　　　　　D．评估价值
4. 某一般纳税人购入一台需安装的生产用设备，增值税专用发票注明的设备价款为200 000元，增值税额为34 000元，支付的运输费为5 000元。设备安装过程中领用工程物资7 000元，支付安装人员工资费用9 000元。该设备的原始价值为(　　)。

A. 221 000 元 B. 239 000 元
C. 255 000 元 D. 243 000 元

5. 由于意外事故造成的固定资产毁损,应( )。
   A. 通过"待处理财产损溢"科目核算
   B. 通过"固定资产清理"科目核算
   C. 直接转入"营业外支出"科目
   D. 不作处理

6. 固定资产折旧的计提采用加速折旧法符合会计核算的( )原则。
   A. 权责发生制原则   B. 谨慎性原则
   C. 重要性原则   D. 划分收益性支出和资本性支出的原则

7. 下列属于不可辨认的无形资产是( )。
   A. 专利权   B. 商标权
   C. 商誉   D. 土地使用权

8. 出售无形资产所取得的收入影响( )。
   A. 主营业务收入   B. 其他业务收入
   C. 投资收益   D. 营业外收入

9. 下列各项中,属于投资性房地产的是( )。
   A. 企业出租给本企业职工居住的房屋
   B. 企业拥有并自行经营的旅馆
   C. 企业自用的办公楼、生产车间厂房
   D. 持有并准备增值后转让的土地使用权

10. 关于投资性房地产后续计量模式的转换,下列说法中正确的是( )。
    A. 成本模式转换为公允价值模式的,应当作为会计估计变更
    B. 已采用公允价值模式计量的投资性房地产,不得从公允价值模式转为成本模式
    C. 已采用成本模式计量的投资性房地产,不得从成本模式转换为公允价值模式
    D. 企业对投资性房地产的后续计量模式可以随意变更

二、多项选择题

1. 下列各项中,应该在"存货"中反映的项目是( )。
   A. 购进的原材料   B. 生产中的在产品
   C. 工程物资   D. 周转材料

2. 下列各项中,应计入存货成本的有( )。
   A. 进口原材料支付的关税   B. 采购原材料发生的运输费
   C. 自然灾害造成的原材料净损失 D. 入库前的挑选整理费用

3. "材料成本差异"账户贷方可以用来登记( )。
   A. 购进材料实际成本小于计划成本的差额
   B. 发出材料应负担的超支差异
   C. 发出材料应负担的节约差异
   D. 购进材料实际成本大于计划成本的差额

4. 下列各项构成固定资产成本的有( )。
   A. 支付的进口关税　　　　　　B. 支付的安装调试费
   C. 支付的运输费　　　　　　　D. 预计支付的固定资产清理费用
   E. 支付的符合规定的增值税进项税额

5. 从"固定资产清理"科目中转出固定资产清理净损溢时，其对应科目可能是( )。
   A. 管理费用　　　　　　　　　B. 营业外支出
   C. 本年利润　　　　　　　　　D. 营业外收入
   E. 清算损溢

6. 无形资产的主要特征有( )。
   A. 具有价值，但不存在实物形态
   B. 可以在较长的时期内使企业获得经济效益
   C. 拥有无形资产的目的是使用而不是出售
   D. 无形资产所能提供的未来经济利益具有高度的不确定性

7. 下列应计入商标权的入账价值的支出有( )。
   A. 购入商标权所支付的价款
   B. 自创并依法取得时所发生的注册登记费
   C. 自创并依法取得时所发生的聘请律师费
   D. 为该产品做宣传的广告费用

8. 下列关于投资性房地产特征的说法中，正确的有( )。
   A. 房地产投资是一种经营性活动
   B. 投资性房地产在用途、状态、目的等方面区别于作为生产经营场所的房地产和用于销售的房地产
   C. 投资性房地产有两种后续计量模式
   D. 投资性房地产，是指为赚取租金或资本增值，或者两者兼有而持有的房地产

9. 下列各项中，不属于投资性房地产确认条件的有( )。
   A. 投资性房地产，是指为赚取租金或资本增值，或者两者兼有而持有的房地产
   B. 与该投资性房地产有关的经济利益很可能流入企业
   C. 该投资性房地产的成本能够可靠地计量
   D. 投资性房地产属于有形资产

10. 企业对投资性房地产采用公允价值模式进行后续计量，下列各项中，影响企业营业利润的有( )。
    A. 租金收入
    B. 投资性房地产转换为非投资性房地产，公允价值大于账面价值的差额
    C. 按规定应交的营业税
    D. 非投资性房地产转换为投资性房地产，公允价值大于账面价值的差额

三、判断题

1. 购入材料在运输途中发生的合理损耗应计入管理费用。　　　　　　　　　　( )

2．企业采用计划成本对材料进行日常核算，应按月分摊发出材料应负担的成本差异，不应在季末或年末一次计算分摊。（　）

3．存货发出采用先进先出法，在存货物价持续上涨的情况下，将会使企业的期末存货升值，当期利润增加。（　）

4．目前在会计实务中，固定资产按重置完全价值计价仅在确定清查财产中盘盈固定资产的价值时使用，或在对会计报表进行补充、附注说明时采用。（　）

5．一项劳动资料能否作为企业的固定资产核算，不仅要看其是否符合固定资产的条件，而且也要看其所有权的归属。只有企业拥有所有权的才能作为企业的固定资产核算。（　）

6．在计算固定资产折旧的过程中，不仅要考虑固定资产的有形损耗，而且还要考虑其无形损耗。（　）

7．企业的资产只有在满足以下两个条件时，才能确认为无形资产：一是该资产为企业获得经济利益方面的作用，以及发挥这种作用的能力能够被证实；二是取得该资产的成本能够可靠地计量。（　）

8．企业应将所拥有的一切专利权都予以资本化，作为无形资产核算。（　）

9．企业在采用平均年限法计提固定资产折旧时，是按照月初在用固定资产的账面原值乘以确定的月折旧率计算的。（　）

10．企业自行研究开发专有技术，发生的有关研究开发费用，会计核算上一般将其全部列作当期费用处理，不作为无形资产核算。（　）

第 4 章 投资业务的核算

职业能力目标

- **专业能力目标**
  - 能掌握相关投资业务的初始确认与计量业务。
  - 能掌握相关投资业务的后续计量业务。
  - 能掌握相关投资业务的终止确认业务。
- **教学能力目标**
  - 熟悉投资业务的会计核算。
  - 结合专业知识和学情进行个性化专业教学设计。
  - 营造良好的项目、选择合适的教学方法进行专业教学实施。
  - 选择恰当的方式开展专业教学评价。
- **社会能力目标**
  - 具备一定的沟通协调能力,处理好个人与同事关系,处理好企业内外相关部门的关系。
  - 能利用现代信息技术获取并甄别相关信息,分析准则的修订和完善对投资业务核算的影响。
  - 了解企业投资业务核算现状。

工作任务分析

- 判断企业将投资划分为交易性金融资产、持有至到期投资、可供出售金融资产、长期股权投资的条件。
- 计算确定各种投资初始确认金额并入账。

- 对交易性金融资产和可供出售金融资产进行后续计量。
- 计算实际利率和运用实际利率法对持有至到期投资进行后续计量。
- 重分类持有至到期投资。
- 运用成本法和权益法对长期股权投资进行后续计量。
- 计算投资终止确认损益,核算投资终止确认业务。
- 判断投资减值的条件,计算投资减值额并做出会计处理。

4.1 交易性金融资产业务的核算

情境引例

辉正公司于 20×4 年 3 月 1 日自证券交易市场购入乙公司发行的股票,支付价款 8 000 000 元,还支付了相关手续费等 120 000 元,公司将该投资划分为交易性金融资产。那么辉正公司对该投资的初始计量金额是多少?相关交易费用如何处理?后续计量中针对公允价值的变动和收到现金股利应该如何处理,如何核算交易性金融资产的投资收益及终止确认业务?

知识准备

4.1.1 交易性金融资产的界定

金融资产满足下列条件之一的,应当划分为交易性金融资产:

(1) 取得该金融资产的目的,主要是为了近期内出售或回购。

(2) 属于进行集中管理的可辨认金融工具组合的一部分,且有客观证据表明企业近期采用短期获利方式对该组合进行管理。比如,企业基于其投资策略和风险管理的需要,将某些金融资产进行组合从事短期获利活动,对于组合中的金融资产,应采用公允价值计量,并将其相关公允价值变动计入当期损益。

(3) 属于衍生金融工具。比如国债期货、远期合同、股指期货等,其公允价值变动大于零时,应将其变动金额确认为交易性金融资产,同时计入当期损益。但是,被指定且为有效套期工具的衍生工具、属于财务担保合同的衍生工具、与在活跃市场中没有报价且其公允价值不能可靠计量的权益工具,与投资挂钩并须通过交付该权益工具结算的衍生工具除外。

4.1.2 交易性金融资产的初始确认与计量

1. 交易性金融资产初始计量

交易性金融资产初始确认金额为取得时的公允价值,同时在购买时发生的相关交易费用计入当期损益。实际支付的价款中包含已到付息期但尚未领取的利息,应单独确认为应收利息,不计入取得成本;实际支付的价款中包含的已宣告但尚未发放的现金股利应单独确认为应收股利,不计入取得成本。

相关交易费用,是指可直接归属于购买、发行或处置金融工具新增的外部费用。所谓新增的外部费用,是指企业不购买、发行或处置金融工具就不会发生的费用。交易费用包括支付给代理机构、咨询公司、券商等的手续费和佣金及其他必要支出,不包括债券溢价、折价、融资费用、内部管理成本及其他与交易不直接相关的费用。企业为发行金融工具所发生的差旅费等,不属于此处所讲的交易费用。

2. 交易性金融资产初始确认的会计处理

核算交易性金融资产,企业需要设置"交易性金融资产"总账科目,该科目核算企业为交易目的所持有的债券、股票、基金投资等交易性金融资产的公允价值。该科目设置"成本""公允价值变动"两个明细账户,该科目期末的借方余额,反映企业持有的交易性金融资产的公允价值。

企业取得交易性金融资产时,按交易性金融资产的公允价值,借记"交易性金融资产——成本"科目,按发生的交易费用,借记"投资收益"科目,对于价款中包含已宣告但尚未发放的现金股利或已到付息期但尚未领取的利息,借记"应收股利或应收利息"科目,按实际支付的金额,贷记"银行存款"等科目。

4.1.3 交易性金融资产的后续计量

1. 交易性金融资产后续计量

交易性金融资产在持有期间收到的利息或现金股利,应当确认为投资收益;资产负债表日,交易性金融资产按公允价值计量,其公允价值变动计入当期损益。交易性金融资产不计提减值准备。

2. 交易性金融资产后续计量的会计处理

后续计量交易性金融资产时,企业需要设置"公允价值变动损益"总账科目,该科目核算企业交易性金融资产公允价值变动而形成的应计入当期损益的利得或损失。

在持有期间被投资单位宣告发放的现金股利或债券利息,借记"应收股利或应收利息"科目,贷记"投资收益"科目,实际收到现金股利或利息时,借记"银行存款"科目,贷记"应收股利或应收利息"科目。

资产负债表日,按交易性金融资产的公允价值高于其账面余额的差额,借记"交易性金融资产——公允价值变动",贷记"公允价值变动损益"科目;公允价值低于其账面余额的差额,做相反的会计分录。

4.1.4 交易性金融资产的终止确认

1. 出售或处置交易性金融资产的核算

企业出售或处置交易性金融资产,要终止确认该项交易性金融资产。

企业出售或处置交易性金融资产时,将处置时该交易性金融资产的售价与账面价值之间的差额确认为当期损益;同时调整公允价值变动损益,即将持有交易性金融资产期间累计的公允价值变动损益转入投资收益。

2. 交易性金融资产终止确认的会计处理

企业出售交易性金融资产时，应按实际收到的金额，借记"银行存款"等科目(价款扣除手续费)，按该项交易性金融资产的账面价值，贷记"交易性金融资产——成本"科目，按该项交易性金融资产的公允价值变动，贷记或借记"交易性金融资产——公允价值变动"科目，按其差额，贷记或借记"投资收益"科目。

同时，按该项交易性金融资产的累计公允价值变动，借记或贷记"公允价值变动损益"科目，贷记或借记"投资收益"科目。

 业务操作

任务一：交易性金融资产取得业务的核算

1. 任务描述

20×4年3月1日，辉正公司自证券交易市场购入乙公司发行的股票80万股，每股买价10.2元(含0.2元现金股利)，相关交易费用120 000元，共支付价款8 280 000元，辉正公司将其作为交易性金融资产核算。4月1日，辉正公司收到现金股利。

2. 任务要求

(1) 请为辉正公司计算确定交易性金融资产的初始确认金额；
(2) 请为辉正公司编制交易性金融资产初始确认的会计分录；
(3) 请为辉正公司编制收到现金股利的会计分录。

3. 任务分析

当辉正公司从证券市场购入股票时将该投资划分为交易性金融资产时，会计核算初始确认时首先应明确交易性金融资产的初始入账金额，该金额是8 000 000元[(10.2－0.2)×800 000]，或者用支付的价款8 280 000元扣减相关交易费用120 000元，再扣减支付价款中包含的已宣告但尚未发放的现金股利 160 000(0.2×800 000)元。其次，实际支付的价款中包含的已宣告但尚未发放的现金股利应单独确认为应收股利。最后，开建"交易性金融资产"总账账户，并建立"交易性金融资产——成本"明细账。

4. 任务具体完成过程

(1) 为辉正公司计算确定交易性金融资产的初始确认金额。
交易性金融资产的初始确认金额＝(2.2－0.2)×4 000 000＝8 000 000(元)
或＝8 920 000－120 000－(0.2×4 000 000)＝8 000 000(元)
(2) 为辉正公司编制交易性金融资产初始确认的会计分录。
20×4年3月1日
借：交易性金融资产——成本　　　　　　　　　　　　　8 000 000
　　　投资收益　　　　　　　　　　　　　　　　　　　　120 000
　　　应收股利　　　　　　　　　　　　　　　　　　　　160 000
　　贷：银行存款　　　　　　　　　　　　　　　　　　　8 280 000

(3) 为辉正公司编制收到现金股利的会计分录。

20×4 年 4 月 1 日

借：银行存款　　　　　　　　　　　　　　　　　　　　　　　　　160 000
　　贷：应收股利　　　　　　　　　　　　　　　　　　　　　　　　　　160 000

任务二：交易性金融资产的后续计量业务的核算

1. 任务描述

承接任务一，辉正公司持有该项交易性金融资产，20×4 年 12 月 1 日，辉正公司收到乙公司宣告(10 月 2 日)发放的现金股利每股 1 元，共 800 000 元，20×4 年 12 月 31 日，股票的价格上涨至 15 元每股。

2. 任务要求

(1) 请为辉正公司计算确定交易性金融资产的公允价值变动金额；
(2) 请为辉正公司编制交易性金融资产后续计量的会计分录。

3. 任务分析

辉正公司持有该项交易性金融资产，20×4 年 12 月 31 日，该项交易性金融资产的公允价值发生变动，首先应明确交易性金融资产的公允价值变动金额为(15－10)×800 000＝4 000 000(元)。其次，交易性金融资产在持有期间被投资单位宣告发放的现金股利，应进行确认。最后，建立"交易性金融资产——公允价值变动"明细账。

4. 任务具体完成过程

(1) 为辉正公司计算确定交易性金融资产的公允价值变动金额。

交易性金融资产公允价值变动金额＝800 000×(15－10)＝4 000 000(元)

(2) 为辉正公司编制交易性金融资产后续计量的会计分录。

20×4 年 10 月 2 日

借：应收股利　　　　　　　　　　　　　　　　　　　　　　　　　800 000
　　贷：投资收益　　　　　　　　　　　　　　　　　　　　　　　　　　800 000

20×4 年 12 月 1 日

借：银行存款　　　　　　　　　　　　　　　　　　　　　　　　　800 000
　　贷：应收股利　　　　　　　　　　　　　　　　　　　　　　　　　　800 000

20×4 年 12 月 31 日

借：交易性金融资产——公允价值变动　　　　　　　　　　　　　　4 000 000
　　贷：公允价值变动损益　　　　　　　　　　　　　　　　　　　　　　4 000 000

任务三：交易性金融资产的终止确认业务的核算

1. 任务描述

承接任务一和任务二，20×5 年 1 月 10 日，辉正公司出售该项交易性金融资产，收到价款 9 000 000 元。

2. 任务要求

(1) 请为辉正公司编制交易性金融资产出售的会计分录。

(2) 请为辉正公司计算该项交易性金融资产从取得到处置累计应确认的投资收益的金额。

3. 任务分析

辉正公司处置该项交易性金融资产，首先应明确处置时交易性金融资产的账面价值，包括"交易性金融资产——成本"明细账 8 000 000 元，"交易性金融资产——公允价值变动"明细账 4 000 000 元，合计 12 000 000 元；出售实际收到的款项与交易性金融资产的账面价值的差额，确认为"投资收益"。其次，该项交易性金融资产的累计公允价值变动损益转入"投资收益"；最后，将相关的金额均登记入账，在"投资收益"账户中即列示了该项交易性金融资产从取得到处置累计应确认的投资收益的金额。

4. 任务具体完成过程

(1) 辉正公司编制交易性金融资产出售的会计分录。

20×5 年 1 月 10 日

借：银行存款　　　　　　　　　　　　　　　9 000 000
　　投资收益　　　　　　　　　　　　　　　3 000 000
　　贷：交易性金融资产——成本　　　　　　　　　8 000 000
　　　　　　　　　　　——公允价值变动　　　　　4 000 000

借：公允价值变动损益　　　　　　　　　　　4 000 000
　　贷：投资收益　　　　　　　　　　　　　　　4 000 000

(2) 请为辉正公司计算该项交易性金融资产从取得到处置累计应确认的投资收益的金额。

取得时确认的投资收益为－120 000 元，收到现金股利确认的投资收益 800 000 元，出售时确认的投资收益＝－3 000 000＋4 000 000＝1 000 000(元)。

辉正公司该项交易性金融资产从取得到处置累计应确认的投资收益的金额＝－120 000＋800 000＋1 000 000＝1 680 000(元)。

4.2　持有至到期投资业务的核算

情境引例

辉正公司从证券市场买入宏伟公司发行的债券，除了支付价款，还支付了相关交易费用，公司将该投资划分为持有至到期投资。那么辉正公司的会计师对该投资的初始计量金额是多少？相关交易费用如何处理？后续计量采用什么方法计算实际利息收入？每期末以什么价值计量该投资？如果该投资发生了减值以及以后又恢复，公司如何处理？如何核算持有至到期投资终止确认业务？

知识准备

4.2.1 持有至到期投资的定义与特征

1. 定义

持有至到期投资是指到期日固定、回收金额固定或可确定,且企业有明确意图和能力持有至到期的非衍生金融资产。下列非衍生金融资产不应当划分为持有至到期投资。

(1) 初始确认时被指定为以公允价值计量且其变动计入当期损益的非衍生金融资产。

(2) 初始确认时被指定为可供出售的非衍生金融资产。

(3) 符合贷款和应收款项定义的非衍生金融资产。

2. 特征

(1) 根据合同约定,具有固定的到期日以及固定的或可确定回收金额。

(2) 企业有明确的意图将该金融资产持有至到期。

存在下列情况之一的,表明企业没有明确意图将金融资产持有至到期:

① 持有该金融资产的期限不确定。

② 发生市场利率变化、流动性需要变化、替代投资机会及其投资收益率变化、融资来源和条件变化、外汇风险变化等情况时,将出售该金融资产。但是,无法控制、预期不会重复发生且难以合理预计的独立事项引起的金融资产出售除外。

③ 该金融资产的发行方可以按照明显低于其摊余成本的金额清偿。

④ 其他表明企业没有明确意图将该金融资产持有至到期的情况。

(3) 企业有能力将该金融资产持有至到期。

"有能力持有至到期"是指企业有足够的财务资源,并不受外部因素影响将投资持有至到期。

存在下列情况之一的,表明企业没有能力将具有固定期限的金融资产投资持有至到期。

① 没有可利用的财务资源持续地为该金融资产投资提供资金支持,以使该金融资产投资持有至到期。

② 受法律、行政法规的限制,使企业难以将该金融资产持有至到期。

③ 其他表明企业没有能力将具有固定期限的金融资产持有至到期的情况。

4.2.2 持有至到期投资的初始确认与计量

1. 持有至到期投资初始计量

企业购买的债券,如果到期日固定、回收金额固定或可确定,且企业有明确意图和能力持有至到期,企业应将其划分为持有至到期投资。持有至到期投资初始确认金额以在取得时的公允价值作为计量基础,同时为购买债券发生的相关交易费用也计入初始确认金额。实际支付的价款中包含已到付息期但尚未领取的利息,应单独确认为应收利息,不计入取得成本。

相关交易费用,是指可直接归属于购买、发行或处置金融工具新增的外部费用。新增

的外部费用，是指企业不购买、发行或处置金融工具就不会发生的费用。交易费用包括支付给代理机构、咨询公司、券商等的手续费和佣金及其他必要支出，不包括债券溢价、折价、融资费用、内部管理成本及其他与交易不直接相关的费用。对于购买债券发生的相关交易费用，即是购买债券发生的手续费、佣金等。

2. 持有至到期投资初始确认的会计处理

核算持有至到期投资，企业需要设置"持有至到期投资"总账科目，该科目反映了持有至到期投资的摊余成本。该科目需设置"成本""利息调整""应计利息"三个明细账户。初始确认持有至到期投资时，按面值借记"持有至到期投资——成本"科目，实际支付的价款中包含已到付息期但尚未领取的利息借记"应收利息"科目，按实际支付的价款贷记"银行存款"科目，按上述差额借或贷"持有至到期投资——利息调整"科目。

3. 初始确认时应计算确定实际利率

实际利率是指将金融资产或金融负债在预期存续期间或适用的更短期间内的未来现金流量，折现为该金融资产或金融负债当前账面价值所使用的利率。

4.2.3 持有至到期投资的后续计量

1. 企业采用实际利率法，按摊余成本计量

企业会计准则规定企业应当采用实际利率法、按摊余成本对持有至到期投资进行后续计量。

2. 摊余成本的确定

金融资产的摊余成本是指该金融资产的初始确认金额经下列调整后的结果。
(1) 扣除已偿还的本金。
(2) 加上或减去采用实际利率法将该初始确认金额与到期日金额之间的差额进行摊销形成的累计摊销额。
(3) 扣除已发生的减值损失。

3. 投资收益、应收利息、利息调整摊销额的计算

企业应按照摊余成本和实际利率计算确认各期利息收入，计入投资收益；按债券面值与票面利率计算确认各期应收利息；按两者的差额计算各期利息调整摊销额。

4. 持有至到期投资后续计量的会计处理

企业各期应前述计算的应收利息借入"应收利息"或"持有至到期投资——应计利息"，按前述计算的利息收入贷记"投资收益"科目，按差额借记或贷记"持有至到期投资——利息调整"科目。实际收到利息时借记"银行存款"科目，贷记"应收利息"或"持有至到期投资——应计利息"科目。

5. 持有至到期投资的减值

每个资产负债表日，企业需要对以摊余成本计量的持有至到期投资进行减值测试。如

果有客观证据(发行方或债务人发生严重财务困难；债务人违反了合同条款，如偿付利息或本金发生违约或逾期等；债权人出于经济或法律等方面因素的考虑，对发生财务困难的债务人做出让步；债务人很可能倒闭或进行其他财务重组)表明持有至到期投资发生了减值，企业的持有至到期投资的账面价值(摊余成本)低于其未来现金流量现值的，应当将该金融资产的账面价值减记至预计未来现金流量现值，减记的金额确认为资产减值损失，计入当期损益。

预计未来现金流量现值，应当按照该持有至到期投资的原实际利率折现确定，并考虑相关担保物的价值(取得和出售该担保物发生的费用应当予以扣除)。原实际利率是初始确认该金融资产时计算确定的实际利率。在计算未来现金流量现值时可采用合同规定的现行实际利率作为折现率。

对以摊余成本计量的持有至到期投资确认减值损失后，如有客观证据表明该金融资产价值已恢复，且客观上与确认该损失后发生的事项有关(如债务人的信用评级已提高等)，原确认的减值损失应当予以转回，计入当期损益。但是，该转回后的账面价值不应当超过假定不计提减值准备情况下该金融资产在转回日的摊余成本。

4.2.4 持有至到期投资的终止确认

1. 企业持有至到期投资到期得到偿还的核算

企业持有至到期投资到期得到偿还，要终止确认持有至到期投资。

2. 出售或处置持有至到期投资的核算

企业出售或处置持有至到期投资时，应将所取得价款与持有至到期投资账面价值之间的差额，计入当期损益，同时扣除处置费用。

3. 持有至到期投资重分类的核算

(1) 企业因持有意图或能力发生改变，使某项投资不再适合划分为持有至到期投资的，应当将其重分类为可供出售金融资产，并以公允价值进行后续计量。

重分类日，该投资的账面价值与公允价值之间的差额计入所有者权益，在该可供出售金融资产发生减值或终止确认时转出，计入当期损益。

(2) 企业将尚未到期的某项持有至到期投资在本会计年度内出售或重分类为可供出售金融资产的金额，相对于该类投资在出售或重分类前的总额较大时，应当将该类投资的剩余部分重分类为可供出售金融资产，且在本会计年度及以后两个完整的会计年度内不得再将金融资产划分为持有至到期投资。

 业务操作

任务一：持有至到投资取得业务的核算

1. 任务描述

20×4年1月1日，辉正公司以每张1 050元从证券市场中购入宏伟公司5年期债券

1 000 张，共支付价款 1 050 000 元，另支付交易费用 5 000 元。该债券每张面值 1 000 元，票面利率 5%，按年支付利息，本金到期支付。辉正公司有意图有能力将该债券持有至到期，因此将购入的债券划分为持有至到期投资。

2. 任务要求

(1) 为辉正公司计算确定持有至到期投资的初始确认金额、利息调整额。
(2) 为辉正公司计算实际利率。
(3) 为辉正公司编制持有至到期投资初始确认的会计分录。

3. 任务分析

当辉正公司从证券市场购入债券时将该投资划分为持有至到期投资时，会计核算初始确认时首先应明确持有至到期投资的初始入账金额，该金额包括支付的价款 1 050 000 元以及相关交易费用 5 000 元，共计 1 055 000 元。其次，确定利息调整额，即持有至到期投资初始确认金额 1 055 000 元与该投资面值 1 000 000 元之间的差额。再次，计算实际利率，即将持有至到期投资到期应收的本金 1 000 000 元折现值与每年应收的利息 50 000 元的折现值之和等于初始入账金额 1 055 000 元所采用的折现率。最后，建立"持有至到期投资"账户，并建立"持有至到期投资——成本""持有至到期投资——利息调整"两个明细账。

4. 任务具体完成过程

(1) 为辉正公司计算确定持有至到期投资的初始确认金额。
持有至到期投资的初始确认金额＝1 050 000＋5 000＝1 055 000(元)
利息调整额＝1 055 000－1 000 000＝55 000(元)
(2) 为辉正公司计算实际利率。
按票面利率计算的年利息收入＝1 000×1 000×5%＝50 000(元)
$50\,000(P/A, R, 5) + 1\,000\,000(P/S, R, 5) = 1\,055\,000$(元)
注：$(P/A, R, 5)$、$(P/S, R, 5)$分别表示年金现值系数和复利现值系数。
采用插值法，可以计算得出 $R=3.78\%$。
(3) 为辉正公司做出持有至到期投资初始确认的会计分录。
20×4 年 1 月 1 日
　借：持有至到期投资——宏伟公司——成本　　　　　　　　　1 000 000
　　　　　　　　　　　　　　　　　——利息调整　　　　　　　　55 000
　　　贷：银行存款　　　　　　　　　　　　　　　　　　　　1 055 000

任务二：持有至到期投资利息收入与利息调整摊销业务的核算

1. 任务描述

承接任务一。

2. 任务要求

(1) 为辉正公司计算每期的投资收益和应收利息。
(2) 为辉正公司计算每期的利息调整摊销额和摊余成本。

(3) 为辉正公司编制持有至到期投资后续计量的会计分录。

3. 任务分析

首先,确定持有至到期投资的摊余成本,等于初始确认金额 1 055 000 元与累计利息调整摊销额的差额。其次,辉正公司应采用实际利率法计算确认实际利息收入即投资收益,实际利息收入等于每期期初摊余成本与实际利率 3.78%的乘积。再次,计算应收利息,等于持有至到期投资的面值 1 000 000 元与票面利率 5%的乘积。第四,计算确定利息调整摊销额,等于实际利息收入与应收利息的差额。最后,建立"投资收益"账户,将每期实际利息收入记入该账户的贷方,同时将收到的应收利息记入"银行存款"账户,利息调整摊销额计入"持有至到期投资——利息调整"的贷方。

4. 任务具体完成过程

(1) 为辉正公司计算每期的投资收益和应收利息。
(2) 为辉正公司计算每期的利息调整摊销额和摊余成本。

承接任务一,辉正公司编制投资收益、应收利息、利息调整摊销额和摊余成本计算表如表 4-1 所示。

表 4-1 投资收益、应收利息、利息调整摊销额和摊余成本计算表

单位:元

日 期	应收利息 (a)=1 000 000 ×5%	投资收益 (b)=期初(d)× 3.78%	利息调整摊销额 (c)=(a)-(b)	摊余成本 (d)=期初(d)-(c)
20×4 年 1 月 1 日				1 055 000
20×4 年 12 月 31 日	50 000	39 879	10 121	1 044 879
20×5 年 12 月 31 日	50 000	39 496.43	10 503.57	1 034 375.43
20×6 年 12 月 31 日	50 000	39 099.39	10 900.61	1 023 474.82
20×7 年 12 月 31 日	50 000	38 687.35	11 312.65	1 012 162.17
20×8 年 12 月 31 日	50 000	37 837.83	12 162.17*	1 000 000**

* 55 000-(10 121+10 503.57+10 900.61+11 312.65)=12 162.17(元)
**需要到期偿还的面值

(3) 为辉正公司编制持有至到期投资后续计量的会计分录。

20×4 年 12 月 31 日
　借:银行存款　　　　　　　　　　　　　　　　　　　　　　　50 000
　　贷:持有至到期投资——利息调整　　　　　　　　　　　　　　10 121
　　　　投资收益　　　　　　　　　　　　　　　　　　　　　　39 879

20×5 年 12 月 31 日
　借:银行存款　　　　　　　　　　　　　　　　　　　　　　　50 000
　　贷:持有至到期投资——利息调整　　　　　　　　　　　　10 503.57
　　　　投资收益　　　　　　　　　　　　　　　　　　　　　39 496.43

20×6 年 12 月 31 日

　　借：银行存款　　　　　　　　　　　　　　　　　　　　50 000
　　　　贷：持有至到期投资——利息调整　　　　　　　　　10 900.61
　　　　　　投资收益　　　　　　　　　　　　　　　　　　39 099.39

20×7 年 12 月 31 日

　　借：银行存款　　　　　　　　　　　　　　　　　　　　50 000
　　　　贷：持有至到期投资——利息调整　　　　　　　　　11 312.65
　　　　　　投资收益　　　　　　　　　　　　　　　　　　38 687.35

20×8 年 12 月 31 日

　　借：银行存款　　　　　　　　　　　　　　　　　　　　50 000
　　　　贷：持有至到期投资——利息调整　　　　　　　　　12 162.17
　　　　　　投资收益　　　　　　　　　　　　　　　　　　37 837.83

任务三：持有至到期投资减值业务的核算

1. 任务描述

20×4 年 1 月 1 日，辉正公司以每张 1 050 元从证券市场中购入宏伟公司 5 年期债券 1 000 张，共支付价款 1 050 000 元，另支付交易费用 5 000 元。该债券每张面值 1 000 元，票面利率 5%，经计算，实际利率为 3.78%，按年支付利息，本金到期支付。辉正公司将购入的债券划分为持有至到期投资。

假设 20×4 年 12 月 31 日，辉正公司发现宏伟公司发生财务危机，预计到期本金只能收回 950 000 元。

20×5 年 12 月 31 日，宏伟公司财务危机解除。或者预计到期本金只能收回 980 000 元。

2. 任务要求

(1) 请为辉正公司计算 20×4 年 12 月 31 日的减值损失。
(2) 请为辉正公司编制 20×4 年 12 月 31 日减值损失的会计分录。
(3) 请为辉正公司计算 20×5 年 12 月 31 日减值损失能够恢复的最大金额。
(4) 请为辉正公司编制 20×5 年 12 月 31 日减值损失恢复的会计分录。

3. 任务分析

辉正公司应在每个会计期末对持有至到期投资进行减值测试。显然，20×4 年 12 月 31 日，辉正公司发现被投资企业宏伟公司发生财务危机，因此该投资具有减值迹象。辉正公司需要计算该投资 20×4 年 12 月 31 日的摊余成本以及该投资未来四年的现金流量现值，并比较二者，如果未来现金流量现值小于摊余成本，因为有减值迹象，说明该投资发生了减值，公司应将未来现金流量现值和摊余成本两者的差额记入当期损失。

20×5 年 12 月 31 日，由于宏伟公司财务危机解除，辉正公司需要判断 20×4 年 12 月 31 日的减值损失在 20×5 年 12 月 31 日应恢复的金额。判断的依据：假设 20×4 年 12 月 31 日计提减值准备和不计提减值准备两种情况下，分别计算持有至到期投资在 20×5 年 12 月 31 日的摊余成本，二者的差额就是能够恢复的最大金额。

辉正公司应建立"持有至到期投资减值准备"科目,计提减少准备时,应记入该账户的贷方,同时借记"资产减值损失"科目;如果恢复持有至到期投资,应计入"持有至到期投资减值准备"科目的借方,同时贷记"资产减值损失"科目。

4. 任务具体完成过程

(1) 辉正公司 20×4 年 12 月 31 日的减值损失的计算过程。

持有至到期投资摊余成本

$= 1\,055\,000 - (1\,000\,000 \times 5\% - 1\,055\,000 \times 3.78\%)$

$= 1\,044\,879(元)$

持有至到期投资未来现金流量现值

$= 1\,000\,000 \times 5\% \times \dfrac{1-(1+3.78\%)^{-4}}{3.78\%} + 950\,000 \times (1+3.78\%)^{-4}$

$= 1\,001\,435(元)$

持有至到期投资减值损失金额 $= 1\,044\,879 - 1\,001\,435 = 43\,444(元)$

(2) 辉正公司编制 20×4 年 12 月 31 日减值损失的会计分录。

借:资产减值损失　　　　　　　　　　　　　　　　　　　　　　43 444
　　贷:持有至到期投资减值准备　　　　　　　　　　　　　　　　43 444

(3) 辉正公司计算 20×5 年 12 月 31 日减值损失能够恢复的最大金额。

假设 20×4 年 12 月 31 日计提减值准备下 20×5 年 12 月 31 日持有至到期投资摊余成本的计算:

计提减值准备下的摊余成本

$= 1\,001\,435 - (1\,000\,000 \times 5\% - 1\,001\,435 \times 3.78\%)$

$= 989\,289.24(元)$

假设 20×4 年 12 月 31 日不计提减值准备下 20×5 年 12 月 31 日持有至到期投资摊余成本(请见表 4-1) $= 1\,034\,375.43(元)$

因此,最多可恢复的金额 $= 1\,034\,375.43 - 989\,289.24 = 45\,086.19(元)$。

因为 20×4 年 12 月 31 日计提的减值准备是 43 444 元 $< 45\,086.19$ 元,所以 20×4 年 12 月 31 日发生的减值损失本期可恢复的金额为 43 444 元。

(4) 辉正公司编制 20×5 年 12 月 31 日减值损失恢复的会计分录。

借:持有至到期投资减值准备　　　　　　　　　　　　　　　　　43 444
　　贷:资产减值损失　　　　　　　　　　　　　　　　　　　　　43 444

任务四:持有至到期投资到期收回本金业务的核算

1. 任务描述

承接任务一和任务二,辉正公司到期收到宏伟公司偿还的本金 1 000 000 元。

2. 任务要求

请为辉正公司编制收回持有至到期投资本金的会计分录。

3. 任务分析

由于辉正公司收到宏伟公司偿还的本金 1 000 000 元，所以应冲减持有至到期投资账面价值，贷记"持有至到期投资——成本"科目，同时借记"银行存款"科目。

4. 任务具体完成过程

借：银行存款　　　　　　　　　　　　　　　　　　　1 000 000
　　贷：持有至到期投资——成本　　　　　　　　　　　　1 000 000

很显然，结合任务一和任务二，持有至到期投资到期时辉正公司收到宏伟公司偿还的本金后，该投资的摊余成本为 0。

任务五：持有至到期投资处置业务的核算

1. 任务描述

20×4 年 1 月 1 日，辉正公司以每张 1 050 元从证券市场中购入某公司 5 年期债券 1 000 张，共支付价款 105 万元，另支付交易费用 5 000 元。该债券每张面值 1 000 元，票面利率 5%，按年支付利息，本金到期支付。辉正公司将购入的债券划分为持有至到期投资。该债券价格持续下跌，20×6 年 1 月 1 日，辉正公司对外出售该持有至到期投资 20%，售价 250 000 元，交易费用 2 000 元。

2. 任务要求

(1) 请为辉正公司计算持有至到期投资处置损益；
(2) 请为辉正公司编制持有至到期投资处置的会计分录。

3. 任务分析

辉正公司出售该持有至到期投资的 20%，处置价款 250 000 元与处置时该投资相应 20% 的账面价值(206 875.09 元，计算过程请见 4. 任务具体完成过程)差额记入的投资收益，同时处置时相关交易费用也计入投资收益。

辉正公司应将处置价款 250 000 元与交易费用 2 000 元的差额 248 000 元记入借方"银行存款"科目，扣除交易费用后的处置损益(本例是处置利得 41 124.91 元，计算过程请见 4. 任务具体完成过程)记入贷方"投资收益"科目，同时终止确认 20% 的持有至到期投资账面价值或摊余成本，分别贷记"持有至到期投资——成本"科目、"持有至到期投资——利息调整"科目。

4. 任务具体完成过程

(1) 辉正公司计算持有至到期投资处置损益。
20×6 年 1 月 1 日
出售 20% 的持有至到期投资面值
＝1 000 000×20%＝200 000(元)
出售 20% 的持有至到期投资利息调整额
＝(55 000*－20 624.57**)×20%

=6 875.09(元)

注：*请见任务一持有至到期投资初始确认时的利息调整额；

**请见任务二，等于20×4年与20×5年两年的累计利息调整摊销额(20 624.57＝10 121＋10 503.57)。

出售20%的持有至到期投资账面价值总额

＝200 000＋ 6 875.09

＝206 875.09(元)

持有至到期投资处置损益

＝250 000－206 875.09－2 000

＝41 124.91(元)

(2) 辉正公司编制持有至到期投资处置的会计分录

借：银行存款	248 000
贷：持有至到期投资——成本	200 000
持有至到期投资——利息调整	6 875.09
投资收益	41 124.91

任务六：持有至到期投资重分类业务的核算

1. 任务描述

承接任务五，假设辉正公司出售的持有至到期投资所占比例较大(20%)，所以公司需要将剩余的持有至到期投资重分类为可供出售金融资产。

2. 任务要求

(1) 请为辉正公司计算剩余80%的持有至到期投资的账面价值；

(2) 请为辉正公司确定持有至到期投资重分类为可供出售金融资产的入账价值；

(3) 请为辉正公司计算持有至到期投资重分类的账面价值与可供出售金融资产的入账价值之间的差额；

(4) 请为辉正公司编制持有至到期投资重分类为可供出售金融资产的会计分录。

3. 任务分析

首先，辉正公司出售20%的持有至到期投资时已经终止确认该部分的账面价值，所以剩余80%的持有至到期投资账面价值等于出售和重分类前的该投资的账面价值 1 034 375.43 元与出售 20%的持有至到期投资时终止确认的账面价值 206 875.09 元之间的差额即 827 500.34 元。其次，由于出售20%的持有至到期投资的公允价值为 250 000 元，因此可以据此计算出 80%的持有至到期投资的公允价值即可供出售金融资产的入账价值 1 000 000 元。最后，经过上述两步，即可计算出剩余 80%的持有至到期投资账面价值 827 500.34 元与可供出售金融资产的入账价值之间 1 000 000 元的差额即－172 499.66 元。

辉正公司将持有至到期投资重分类为可供出售金融资产，一方面公司应终止确认重分类的持有至到期投资，即贷记"持有至到期投资——成本"科目和贷记"持有至到期投资——利息调整"科目，同时借记"可供出售金融资产——成本"科目，贷记"资本公积"科目。

4. 任务具体完成过程

(1) 请为辉正公司计算剩余 80%的持有至到期投资的账面价值。

20×6 年 1 月 1 日持有至到期投资的账面价值

＝1 034 375.43 元(请见任务一)

剩余 80%持有至到期投资账面价值总额

＝1 034 375.43－206 875.09＝827 500.34(元)

其中：成本明细账户余额＝800 000 元

利息调整明细账户余额＝55 000－20 624.57*－6 875.09**＝27 500.34(元)

注：*请见任务二，等于 20×4 年与 20×5 年两年的累计利息调整摊销额(20 624.57＝10 121＋10 503.57)；

**请见任务五，终止确认的 20%持有至到期投资利息调整额。

(2) 请为辉正公司确定持有至到期投资重分类为可供出售金融资产的入账价值。

可供出售金融资的入账成本＝250 000/20%×80%＝1 000 000(元)

(3) 请为辉正公司计算持有至到期投资重分类的账面价值与可供出售金融资产的入账价值之间的差额。

827 500.34－1 000 000＝－172 499.66(元)

(4) 请为辉正公司编制持有至到期投资重分类为可供出售金融资产的会计分录。

借：可供出售金融资产——成本　　　　　　　　　　　　　1 000 000
　　贷：持有至到期投资——成本　　　　　　　　　　　　　　800 000
　　　　　　　　　　　　——利息调整　　　　　　　　　　　27 500.34
　　　　资本公积——其他资本公积　　　　　　　　　　　　　172 499.66

4.3 可供出售金融资产业务的核算

情境引例

辉正公司于 20×4 年 3 月 1 日从二级市场购入股票 10 000 股，每股市价 19.6 元，手续费 4 000 元。初始确认时，该股票划分为可供出售金融资产，那么辉正公司的会计师对该投资的初始计量金额是多少？相关交易费用如何处理？后续计量中每期末以什么价值计量该投资？如果该股票投资发生了持续下跌，公司该如何处理？如何核算可供出售金融资产终止确认业务？

知识准备

4.3.1 可供出售金融资产的界定

可供出售金融资产，是指初始确认时即被指定为可供出售的非衍生金融资产，以及下列各类资产以外的金融资产：持有至到期投资、贷款和应收款项、以公允价值计量且其变动计入当期损益的金融资产。

例如，企业购入的在活跃市场上有报价的债券投资、股票投资和基金等，没有划分为以公允价值计量且其变动计入当期损益的金融资产或持有至到期投资等金融资产，可归为此类。

某类金融资产具体应分为哪一类，主要取决于企业管理层的风险管理、投资决策等因素。金融资产的分类应是管理层意图的如实表达。

4.3.2 可供出售金融资产的初始确认与计量

1. 可供出售金融资产初始计量

可供出售金融资产初始确认金额按取得时的公允价值和相关交易费用之和计量。企业取得可供出售金融资产支付的价款中包含的已到付息但尚未领取的债券利息或已宣告但尚未领取的现金股利，应单独确认为应收项目，不计入投资成本。

交易费用，是指可直接归属于购买、发行或处置金融工具新增的外部费用。所谓新增的外部费用，是指企业不购买、发行或处置金融工具就不会发生的费用。交易费用包括支付给代理机构、咨询公司、券商等的手续费和佣金及其他必要支出，不包括债券溢价、折价、融资费用、内部管理成本及其他与交易不直接相关的费用。

2. 可供出售金融资产初始确认的会计处理

核算可供出售金融资产，要设置"可供出售金融资产"总账科目，下设"成本""利息调整""应计利息""公允价值变动"等二级明细科目。

初始确认时，应按取得资产的公允价值和交易费用之和，借记"可供出售金融资产——成本"科目；实际支付的款项中包含的已宣告尚未发放的现金股利，应当确认为应收项目，借记"应收股利"科目；按实际支付的价款贷记"银行存款"科目。

若为可供出售的债券投资，按面值借记"可供出售金融资产——成本"科目；实际支付的款项中包含已到付息期但尚未领取的利息应当确认为应收项目，借记"应收利息"科目；按实际支付的价款贷记"银行存款"科目；按借贷方的差额，借记或贷记"可供出售金融资产——利息调整"科目。

4.3.3 可供出售金融资产的后续计量

1. 持有期间可供出售金融资产的利息或现金股利计量

持有的可供出售债券投资在持有期间应按期计提利息。企业在资产负债表日或计息日，持有的可供出售债券若为到期一次还本付息的，按面值和票面利率计算的利息，借记"可供出售金融资产——应计利息"科目；按可供出售债券的摊余成本和实际利率计算确定的实际利息收入，贷记"投资收益"科目；按借贷方的差额，借记或贷记"可供出售金融资产——利息调整"科目。

在资产负债表日或计息日，持有的可供出售债券若为分期付息、到期还本的，应按面值和票面利率计算的利息，借记"应收利息"科目；按可供出售债券的摊余成本和实际利率计算确定的实际利息收入，贷记"投资收益"科目；按借贷方的差额，借记或贷记"可供出售金融资产——利息调整"科目。

对于企业持有的可供出售的股票投资，在其持有期间获得宣告分派的现金股利，应当计入"投资收益"科目。

2. 资产负债表日可供出售金融资产期末计价的处理

资产负债表日，可供出售金融资产应当以公允价值计量，而且公允价值变动计入资本公积。可供出售金融资产的公允价值高于账面余额的差额，借记"可供出售金融资产——公允价值变动"科目，贷记"其他综合收益"科目；公允价值低于账面余额的差额，做相反的会计处理。

3. 可供出售金融资产的减值

企业应当在资产负债表日对可供出售金融资产的账面价值进行检查，有客观证据表明该金融资产发生减值的，应当计提减值准备。

如果可供出售金融资产的公允价值发生较大幅度下降，或在综合考虑各因素后，预期这种下降属于非暂时性的，可以认定该可供出售金融资产已经发生了减值，应当确认减值损失。

确认减值损失时，应将原直接计入所有者权益中的因公允价值下降形成的累计损失予以转出，计入资产减值损失。按应减记的金额，借记"资产减值损失"科目；按从所有者权益中转出原计入资本公积的累计损失金额，贷记"其他综合收益"科目；按其差额，贷记"可供出售金融资产——公允价值变动"科目。

对于已确认减值损失的可供出售债券投资，在随后的会计期间公允价值已上升且客观上与确认原减值损失后发生的事项有关的，应在原确认的减值损失范围内按已恢复的金额予以转回，计入当期损益。但可供出售股票投资发生的减值损失，不得通过损益转回，转回时计入"资本公积"科目。

4.3.4 持有至到期投资重分类为可供出售金融资产

企业因持有至到期投资部分出售或重分类的金额较大，且不属于企业会计准则允许的例外情况，使该投资的剩余部分不再适合划分为持有至到期投资的，企业应当将该投资的剩余部分重分类为可供出售金融资产，并以公允价值进行后续计量。重分类日，该投资剩余部分的账面价值与其公允价值之间的差额计入所有者权益，在该可供出售金融资产发生减值或终止确认时转出，计入当期损益。

4.3.5 可供出售金融资产的终止确认

企业出售或处置可供出售金融资产，要终止确认该项可供出售金融资产。

企业出售或处置可供出售金融资产时，应将取得的价款与该金融资产账面价值之间的差额，计入当期损益；同时，将原直接计入所有者权益的公允价值变动累计额对应处置部分的金额转出，计入当期损益。

业务操作

任务一：可供出售金融资产取得业务的核算

任务(一)：取得可供出售的股票投资

1. 任务描述

辉正公司于20×4年5月1日从二级市场购入甲公司股票10 000股,每股市价20.2元(含已宣告但尚未发放的现金股利0.6元),另支付手续费4 000元,款项均以银行存款支付。初始确认时,该股票划分为可供出售金融资产。5月15日,辉正公司收到现金股利。

2. 任务要求

(1) 请为辉正公司计算确定可供出售金融资产的初始确认金额。
(2) 请为辉正公司编制可供出售金融资产初始确认的会计分录。
(3) 请为辉正公司编制收到现金股利的会计分录。

3. 任务分析

当辉正公司从证券市场购入股票时将该投资划分为可供出售金融资产,会计核算初始确认时首先应明确可供出售金融资产的初始入账金额,该金额包括支付的价款以及相关交易费用,即(20.2－0.6)×10 000＋4 000,共计200 000元。其次,实际支付的价款中包含的已宣告但尚未发放的现金股利应单独确认为应收股利。最后,设立"可供出售金融资产"账户,并建立"可供出售金融资产——成本"明细账。

4. 任务具体完成过程

(1) 为辉正公司计算确定可供出售金融资产的初始确认金额。
可供出售金融资产的初始确认金额
＝(20.2－0.6)×10 000＋4 000＝200 000(元)
(2) 为辉正公司编制可供出售金融资产初始确认的会计分录。

借：可供出售金融资产——成本	200 000	
应收股利	6 000	
贷：银行存款		206 000

(3) 为辉正公司编制收到现金股利的会计分录。

借：银行存款	6 000	
贷：应收股利		6 000

任务(二)：取得可供出售的债券投资

1. 任务描述

20×4年1月1日辉正公司支付价款1 028.244元购入某公司发行的3年期公司债券,该公司债券的票面总金额为1 000元,票面年利率4%,实际年利率为3%,利息每年末支付，本金到期支付。辉正公司将该公司债券划分为可供出售金融资产。假定无交易费用和其他因素的影响。

2. 任务要求

(1) 请为辉正公司计算确定可供出售金融资产的初始确认金额、利息调整额。
(2) 请为辉正公司编制 20×4 年 1 月 1 日初始确认的会计分录。

3. 任务分析

当辉正公司从证券市场购入债券时将该投资划分为可供出售金融资产，会计核算初始确认时首先应明确可供出售金融资产的初始入账金额，该金额包括支付的价款以及相关交易费用，即 1 028.244 元。其次，确定利息调整额，即可供出售金融资产初始确认金额 1 028.244 与该债券面值 1 000 之间的差额。最后，设立"可供出售金融资产"账户，并建立"可供出售金融资产——成本""可供出售金融资产——利息调整"两个明细账。

4. 任务具体完成过程

(1) 为辉正公司计算确定可供出售金融资产的初始确认金额。

可供出售金融资产的初始确认金额＝1 028.244 元

利息调整额＝1 028.244－1 000＝28.244(元)

(2) 辉正公司 20×4 年 1 月 1 日，购入债券的会计分录：

借：可供出售金融资产——成本　　　　　　　　　　　　1 000
　　　　　　　　　　——利息调整　　　　　　　　　　　28.244
　　贷：银行存款　　　　　　　　　　　　　　　　　　1 028.244

任务二：可供出售金融资产的后续计量业务的核算

1. 任务描述

20×4 年 1 月 1 日辉正公司支付价款 1 028.244 元购入某公司发行的 3 年期公司债券，该公司债券的票面总金额为 1 000 元，票面年利率 4%，实际年利率为 3%，利息每年末支付，本金到期支付。辉正公司将该公司债券划分为可供出售金融资产。假定无交易费用和其他因素的影响。

20×4 年 12 月 31 日，辉正公司购买的债券的市场价格为 1 000.094 元。利息每年末支付，本金到期支付。

2. 任务要求

(1) 请为辉正公司计算 20×4 年 12 月 31 日该债券的摊余成本。
(2) 请为辉正公司编制 20×4 年 12 月 31 日相关的会计分录。

3. 任务分析

辉正公司持有该项可供出售金融资产，首先应明确 20×4 年 12 月 31 日该可供出售债券的实际利息＝1 028.244×3%＝30.85(元)，按照摊余成本的计算要求，该可供出售债券的年末摊余成本为 1 028.244＋30.85－1 000*4%＝1 019.094(元)。其次，该项可供出售金融资产为分期付息、到期还本的债券投资,应按面值和票面利率计算的利息,借记"应收利息"科目;按可供出售债券的摊余成本和实际利率计算确定的实际利息收入,贷记"投资收益"科目;按借贷方的差额,借记或贷记"可供出售金融资产——利息调整"科目。最后,期末可供出售金融资产应当以公允价值计量,20×4 年 12 月 31 日该项可供出售债券的公允价值变动金额为 1 000.094－1 019.094＝－19(元)应计入资本公积。

4. 任务具体完成过程

(1) 为辉正公司计算 20×4 年 12 月 31 日该债券的摊余成本。
实际利息＝1 028.244×3%＝30.84 732≈30.85(元)
年末摊余成本＝1 028.244+30.85－40＝1 019.094(元)

(2) 为辉正公司编制 20×4 年 12 月 31 日相关的会计分录。
20×4 年 12 月 31 日,确认债券利息,并于年末收到

借:应收利息	40
贷:投资收益	30.85
可供出售金融资产——利息调整	9.15
借:银行存款	40
贷:应收利息	40

20×4 年 12 月 31 日,确认可供出售债券公允价值变动金额
＝1 000.094－1 019.094＝－19(元)

借:其他综合收益	19
贷:可供出售金融资产——公允价值变动	19

任务三:可供出售金融资产减值业务的核算

任务(一):可供出售股票投资减值业务的核算

1. 任务描述

辉正公司于 20×4 年 3 月 1 日从二级市场购入甲公司股票 10 000 股,每股市价 20.2 元(含已宣告但尚未发放的现金股利 0.6 元),另支付手续费 4 000 元,款项均以银行存款支付。初始确认时,该股票划分为可供出售金融资产。20×4 年 6 月 30 日辉正公司仍持有该股票,该股票当时的市价为 17 元/股。20×4 年 12 月 31 日,该股票市价为每股 10 元(预期这种下降趋势暂时不可逆转)。20×5 年 12 月 31 日,该股票价格回升至 16 元/股。

2. 任务要求

(1) 请为辉正公司计算 20×4 年 12 月 31 日的减值损失金额;
(2) 请为辉正公司编制 20×4 年 6 月 30 日的会计分录;
(3) 请为辉正公司编制 20×4 年 12 月 31 日减值业务的会计分录;
(4) 请为辉正公司编制 20×5 年 12 月 31 日减值损失恢复的会计分录。

3. 任务分析

辉正公司 20×4 年 3 月 1 日购入的股票投资划分为可供出售金融资产,首先应明确可

供出售金融资产的初始入账金额,该金额包括支付的价款以及相关交易费用,即(20.2－0.6)×10 000＋4 000,共计 200 000 元;20×4 年 12 月 31 日该股票市价下跌为每股 10 元(预期这种下降趋势暂时不可逆转),股票市值为 10×10 000＝100 000 元,其与初始入账金额之间的差额即为应确认的减值损失金额;其次,应将原直接计入所有者权益中的因公允价值下降形成的累计损失予以转出,即 20×4 年 6 月 30 日辉正公司持有该股票,其市价下降为 17 元/股,所形成的公允价值变动损失部分从资本公积转出。最后,20×5 年 12 月 31 日,该股票价格回升至 16 元/股,但该可供出售股票投资发生的减值损失,不得通过损益转回,转回时计入"资本公积"科目。

4. 任务具体完成过程

(1) 为辉正公司计算 20×4 年 12 月 31 日的减值损失金额。

可供出售金融资产的初始确认金额
＝(20.2－0.6)×10 000＋4 000＝200 000(元)
20×4 年 12 月 31 日持有该股票应确认的减值损失金额
＝ 200 000－10×10 000＝100 000(元)

(2) 20×4 年 6 月 30 日辉正公司计算持有该股票应确认的损益。
＝17×10 000－200 000＝－30 000(元)
为辉正公司编制 20×4 年 6 月 30 日的会计分录
借:其他综合收益　　　　　　　　　　　　　　　　　　　　30 000
　　贷:可供出售金融资产——公允价值变动　　　　　　　　　　30 000

(3) 为辉正公司编制 20×4 年 12 月 31 日减值业务的会计分录。
借:资产减值损失　　　　　　　　　　　　　　　　　　　　100 000
　　贷:其他综合收益　　　　　　　　　　　　　　　　　　　　30 000
　　　　可供出售金融资产——公允价值变动　　　　　　　　　　70 000

(4) 为辉正公司编制 20×5 年 12 月 31 日减值损失恢复的会计分录。
20×5 年 12 月 31 日,该股票的公允价值＝16×10 000＝160 000(元)
应转回的金额＝160 000－10 0 000＝60 000 (元)
借:可供出售金融资产——公允价值变动　　　　　　　　　　60 000
　　贷:其他综合收益　　　　　　　　　　　　　　　　　　　　60 000

任务(二): 可供出售债券投资减值业务的核算

1. 任务描述

20×5 年 1 月 1 日,辉正公司按面值从债券二级市场购入 MNO 公司发行的债券 10 000 张,每张面值 100 元,票面利率 3%,划分为可供出售金融资产。20×5 年 12 月 31 日,该债券的市场价格为每张 100 元。20×6 年,MNO 公司因投资决策失误,发生严重财务困难,但仍可支付该债券当年的票面利息。20×6 年 12 月 31 日,该债券的公允价值下降为每张 80 元。辉正公司预计,如 MNO 不采取措施,该债券的公允价值预计会持续下跌。20×7 年,MN0 公司调整产品结构并整合其他资源,致使上年发生的财务困难大为好转。20×7 年

12月31日,该债券的公允价值已上升至每张95元。假定辉正公司初始确认该债券时计算确定的债券实际利率为3%,且不考虑其他因素。

2. 任务要求

(1) 请为辉正公司计算20×6年12月31日的减值损失金额。
(2) 请为辉正公司编制20×6年12月31日减值业务的会计分录。
(3) 请为辉正公司编制20×7年12月31日确认利息收入及减值损失转回的会计分录。

3. 任务分析

辉正公司20×5年1月1日按面值购入的债券投资划分为可供出售金融资产,首先应明确该可供出售债券在20×6年12月31日的摊余成本为10 000×100=1 000 000(元);20×6年12月31日该债券的公允价值为10 000×80=800 000(元);且辉正公司预计,如MNO不采取措施,该债券的公允价值预计会持续下跌,故20×6年12月31日确认的减值损失金额为800 000－1 000 000=－200 000(元)。其次,20×7年12月31日,辉正公司按实际利率法确认利息收入=(期初摊余成本 1 000 000－发生的减值损失 200 000)×3%=24 000(元)。最后,20×7年12月31日减值损失转回前,该债券的摊余成本为794 000元(1 000 000－200 000+24 000－30 000),同日该债券的公允价值已上升至每张95元,意味着原先已确认减值损失的可供出售债券投资,在随后的会计期间公允价值已上升,应在原确认的减值损失范围内按已恢复的金额予以转回,计入当期损益。

4. 任务具体完成过程

(1) 为辉正公司计算20×6年12月31日的减值损失金额如下。

20×6年12月31日该债券的摊余成本=10 000×100=1 000 000(元)
20×6年12月31日该债券的公允价值=10 000×80=800 000(元)
20×6年12月31日的减值损失金额=800 000－1 000 000=－200 000(元)

(2) 为辉正公司编制20×6年12月31日减值业务的会计分录。

借:资产减值损失   200 000
　　贷:可供出售金融资产——公允价值变动   200 000

由于该债券的公允价值预计会持续下跌,辉正公司应确认减值损失。

(3) 20×7年12月31日确认利息收入及减值损失转回。

20×7年12月31日辉正公司应确认的利息收入
=(期初摊余成本 1 000 000－发生的减值损失 200 000)×3%=24 000(元)

借:应收利息   30 000
　　贷:投资收益   24 000
　　　　可供出售金融资产——利息调整   6 000
借:银行存款   30 000
　　贷:应收利息   30 000

20×7年12月31日减值损失转回前,该债券的摊余成本
=1 000 000－200 000+24 000－30 000=794 000(元)

20×7年12月31日,该债券的公允价值=950 000元

应转回的金额＝950 000－794 000＝156 000(元)＜原计提的减值

借：可供出售金融资产——公允价值变动　　　　　　　　　　　　　156 000
　　贷：资产减值损失　　　　　　　　　　　　　　　　　　　　　　　156 000

任务四：持有至到期投资重分类为可供出售金融资产业务的核算

1. 任务描述

20×5 年 11 月 2 日，辉正公司将持有的一张以面值发行的 600 000 元，票面利率为 12%的三年期公司债券(原划分为持有至到期投资)出售 10%，收取价款 70 000 元。假设该持有至到期债券投资无利息调整余额，也没有减值。

2. 任务要求

(1) 请为辉正公司编制出售部分持有至到期债券投资的会计分录。
(2) 请为辉正公司编制剩余部分投资重分类的会计分录。

3. 任务分析

辉正公司部分出售持有至到期投资，首先应明确出售部分(10%)持有至到期债券投资的账面价值为 600 000×10%＝60 000 元，其与售价之间的差额，计入当期损益。其次，辉正公司因持有至到期投资部分出售或重分类的金额较大，且不属于企业会计准则允许的例外情况，使该投资的剩余部分不再适合划分为持有至到期投资的，应当将该投资的剩余部分重分类为可供出售金融资产，并以公允价值进行后续计量。最后，在重分类日，该投资剩余部分的账面价值与其公允价值之间的差额计入所有者权益。

4. 任务具体完成过程

(1) 辉正公司出售该持有至到期债券投资的 10%。

借：银行存款　　　　　　　　　　　　　　　　　　　　　　　　　70 000
　　贷：持有至到期投资——成本　　　　　　　　　　　　　　　　　60 000
　　　　投资收益　　　　　　　　　　　　　　　　　　　　　　　　10 000

(2) 因持有至到期债券出售金额较大，且不属于企业会计准则所允许的例外情况，该投资剩余部分应重分类为可供出售金融资产，并以公允价值进行后续计量。

借：可供出售金融资产——成本　　　　　　　　　　　　　　　　　630 000
　　贷：持有至到期投资——成本　　　　　　　　　　　　　　　　　540 000
　　　　其他综合收益　　　　　　　　　　　　　　　　　　　　　　90 000

任务五：出售或处置可供出售金融资产的核算

1. 任务描述

辉正公司于 20×4 年 1 月 5 日从证券市场上购入 B 公司发行在外的股票 20 万股作为可供出售金融资产，每股支付价款 5 元；20×4 年 12 月 31 日，该股票公允价值为 110 万元；20×5 年 4 月 10 日，辉正公司将上述股票对外出售，收到款项 115 万元存入银行。

2. 任务要求

(1) 请为辉正公司编制20×4年取得、期末计价业务的会计分录。

(2) 请为辉正公司编制20×5年4月10日处置业务的会计分录。

3. 任务分析

首先，辉正公司于20×4年1月5日购入股票作为可供出售金融资产应及时进行初始确认，金额为200 000×5＝1 000 000元；期间股票公允价值发生波动100 000元(1 100 000－1 000 000)，应确认计入所有者权益。其次，20×5年4月10日，辉正公司将上述股票对外出售，需终止确认该项可供出售金融资产，应将取得的价款1 150 000元与该金融资产账面价值1 100 000元(1 000 000＋100 000)之间的差额50 000元，计入当期损益；同时，将原直接计入所有者权益的公允价值变动累计额对应处置部分的金额转出，计入当期损益。

4. 任务具体完成过程

(1) 为辉正公司编制20×4年取得、期末计价业务的会计分录。

20×4年1月5日

借：可供出售金融资产——成本　　　　　　　　　　　　　1 000 000
　　贷：银行存款　　　　　　　　　　　　　　　　　　　　1 000 000

20×4年12月31日

借：可供出售金融资产——公允价值变动　　　　　　　　　　100 000
　　贷：其他综合收益　　　　　　　　　　　　　　　　　　　100 000

(2) 请为辉正公司编制20×5年4月10日处置业务的会计分录。

20×5年4月10日

借：银行存款　　　　　　　　　　　　　　　　　　　　　1 150 000
　　贷：可供出售金融资产——成本　　　　　　　　　　　　1 000 000
　　　　　　　　　　　　——公允价值变动　　　　　　　　　100 000
　　　　投资收益　　　　　　　　　　　　　　　　　　　　　50 000

借：其他综合收益　　　　　　　　　　　　　　　　　　　　100 000
　　贷：投资收益　　　　　　　　　　　　　　　　　　　　　100 000

4.4　长期股权投资业务的核算

■ 情境引例

辉正公司从证券市场买入宏伟公司发行的股票，除了支付购买价款，还支付了相关交易费用，公司准备长期持有并将其作为长期股权投资核算。那么辉正公司的会计师对该投资的初始计量金额是多少？相关交易费用如何处理？后续计量采用什么方法核算？不同方法的适用范围是什么？不同方法的相互转换如何进行？每期末以什么价值计量该投资？如果该投资发生了减值以及以后又回复，公司如何处理？如何核算持有至到期投资终止确认业务？

知识准备

4.4.1 长期股权投资的含义及分类

1. 长期股权投资的含义

企业进行投资的目的不是为了获取短期利益,而是通过对被投资企业的财务和经营决策施加控制、共同控制或重大影响的权益性投资。

2. 长期股权投资的分类

1) 对子公司的投资

投资企业能够对被投资单位实施控制的权益性投资。控制是指一个企业能够决定另一个企业的财务和经营政策,并能据以从另一个企业的经营活动中获取利益的权力。如果投资企业拥有被投资单位半数以上(直接拥有半数以上、间接拥有半数以上或直接和间接方式合计拥有半数以上)的表决权,说明投资企业对被投资企业形成控制关系,被投资企业的财务经营政策受到投资企业的控制,被投资企业为子公司,投资企业为母公司。投资企业拥有被投资单位半数或以下表决权的,满足以下条件之一的,也视为控制。

(1) 通过与被投资单位其他投资者之间的协议,拥有被投资单位半数以上的表决权。

(2) 根据公司章程或协议,有权决定被投资单位的财务和经营政策,如有权任免董事长和总经理。

(3) 有权任免被投资单位的董事会或类似机构的多数成员。

(4) 在被投资单位的董事会或类似机构占多数表决权。

在确定能否控制被投资单位时要考虑本企业或其他企业的潜在表决权。潜在表决权是指当期可转换的可转换公司债券、当期可执行的认股权证等。

2) 对合营企业投资

投资企业与其他合营方对被投资企业实施共同控制的权益性投资。共同控制是指两方或多方共同决定企业的财务和经营决策,包括共同控制实体、共同控制经营、共同控制财产。

合营企业是指由两个或多个企业或个人共同投资建立的企业,该被投资企业的财务和经营政策必须由投资双方或若干方共同决定,是按合同约定对某项经济活动所共有的控制。合营者对投资企业的经营决策和财务决策具有控制权,虽然这种控制权是共同控制。

3) 对联营企业投资

对联营企业投资是投资企业对被投资企业具有重大影响的权益性投资。联营企业是指投资者对其有重大影响,但不是投资者的子公司或合营企业的企业。投资者对联营企业只具有重大影响,即对被投资企业的经营决策和财务决策只具有参与决策的权利,而不具有控制权。重大影响是投资企业能够对被投资企业的财务和经营决策施加重大影响,但并不能独自决定被投资企业的财务和经营决策。从法律形式看,当某一企业或个人拥有另一企业 20%或以上至 50%表决权资本时,通常被认为对被投资企业具有重大影响,则该被投资企业可视为投资者的联营企业。从经济实质看,投资企业拥有被投资企业表决权股

份20%以下，但满足以下几种情况之一，也视为重大影响。

(1) 在被投资企业的董事会或类似权力机构中派有代表，并享有参与决策的权力。

(2) 参与被投资企业的政策制定过程。

(3) 向被投资企业派出负责被投资企业财务和经营决策的高层管理人员。

(4) 使被投资企业依赖投资企业的技术。

(5) 与被投资企业发生重要交易。

注意，投资企业拥有被投资企业20%～50%(不含50%)比例由表决权的股份，但是已经自愿或被迫放弃对被投资企业施加重大影响的权力；如果被投资企业存在着绝对的控制方企业，则其他企业对被投资企业施加重大影响的权力可能会被削弱甚至消失。在确定能否对被投资单位实施重大影响时要考虑本企业或其他企业的潜在表决权。

4.4.2 长期股权投资的初始投资成本的确定

长期股权投资在取得时的初始计量即初始投资成本的确定。初始投资成本的确定取决于是否属于企业合并形成的长期股权投资，而企业合并形成的长期股权投资又分为同一控制下企业合并形成的长期股权投资和非同一控制下企业合并形成的长期股权投资。

1. 企业合并形成的长期股权投资的初始投资成本的确定

企业合并是指将两个或两个以上单独的企业合并形成一个报告主体的交易或事项。企业合并又分为同一控制下的企业合并和非同一控制下的企业合并。参与合并的企业在合并前后均受同一方或相同的多方最终控制且该控制并非暂时性的，为同一控制下的企业合并。参与合并的各方在合并前后不属于同一或相同的多方最终控制的，为非同一控制下的企业合并。

(1) 同一控制下的企业合并形成的长期股权投资的初始投资成本的确定。

同一控制下的企业合并中，合并方以支付现金、转让非现金资产、承担债务方式或发行权益性证券作为合并对价的，应当在合并日按照取得被合并方所有者权益账面价值的份额作为长期股权投资的初始投资成本。

长期股权投资初始投资成本与支付的现金、转让的非现金资产、所承担债务账面价值以及所发行股份面值总额之间的差额即合并差额，应当调整资本公积；资本公积不足冲减的，调整留存收益，按照发行股份的面值总额作为股本。

为企业合并发生的各项直接相关费用于发生时计入当期损益。

发行债券或承担其他债务支付的手续费、佣金等计入所发行债券或其他债务的初始计量金额；发行权益性证券发生的手续费、佣金等应抵减权益性证券溢价收入，不足冲减的，冲减留存收益；享有被投资单位已宣告但尚未发放的现金股利或利润应作为应收股利单独核算。

(2) 非同一控制下的企业合并形成的长期股权投资的初始投资成本的确定。

非同一控制下的企业合并中，购买方在购买日按企业合并成本作为长期股权投资的初始投资成本。购买方是指在企业合并中取得对另一方或多方控制权的一方。合并成本应以支付对价的公允价值作为计量基础。一次交换交易实现的企业合并，合并成本为购买方在购买日为取得对被购买方的控制权而付出的资产、发生或承担的负债以及发行的权益性证券的公允价值。通过多次交换交易分步实现的企业合并,合并成本为每一单项交易成本之和。为企业合并而付出的资产、发生或承担的债务的公允价值与其账面价值之间的差额计入当其损益。

2. 非企业合并形成的长期股权投资的初始投资成本的确定

非企业合并形成的长期股权投资即除企业合并外形成的长期股权投资,该投资对被投资企业没有形成控制关系。非企业合并形成的长期股权投资的初始投资成本以支付对价的公允价值作为计量基础。除企业合并形成的长期股权投资以外,其他方式取得的长期股权投资,应当按照下列规定确定其初始投资成本。

1) 以支付现金取得的长期股权投资

应当按照实际支付的购买价款作为初始投资成本;初始投资成本包括与取得长期股权投资直接相关的费用、税金及其他必要支出;实际支付的价款中包含的已宣告但尚未领取的现金股利,应作为应收项目单独核算,不构成初始投资成本。

2) 以发行权益性证券取得的长期股权投资

以发行权益性证券取得的长期股权投资,应当按照发行权益性证券的公允价值作为初始投资成本;为发行权益性证券而支付给证券承销商的佣金、手续费等与权益性证券发行直接相关的费用,不构成取得长期股权投资的初始投资成本,而是从发行权益性证券的溢价收入中扣除。发行的权益性证券的公允价值与其面值之间的差额作为资本公积核算;已宣告但尚未领取的现金股利,应作为应收项目单独核算,不构成初始投资成本。

4.4.3 长期股权投资的后续计量—成本法与权益法

长期投资投资后续计量有成本法和权益法,主要取决于投资企业与被投资企业之间的关系。

1. 长期股权投资的后续计量—成本法

成本法是指长期股权投资按投资成本计价的方法,除非追加或收回投资,通常不调整长期股权投资的初始投资成本。主要适用范围一是投资企业能够对被投资单位实施控制的长期股权投资;二是投资企业对被投资单位不具有共同控制或重大影响,并且在活跃市场中没有报价、公允价值不能可靠计量的长期股权投资。

被投资企业宣布当年实现的净利润时,投资企业不需要做任何会计处理;被投资单位宣告分派的现金股利或利润,投资企业确认为当期投资收益(除了取得投资时支付的价款或对价中包含已宣告但尚未支付的现金股利或利润外)。

2. 长期股权投资的后续计量—权益法

权益法是指投资以初始投资成本计量后,在投资持有期间根据投资企业享有被投资单位所有者权益份额的变动对长期股权投资的账面价值进行调整的方法。权益法的适用范围是投资企业对被投资企业具有共同控制或重大影响的长期股权投资,即对合营企业及对联营企业投资,应当采用权益法核算。

权益法下,初始投资或追加投资时,按照初始投资成本或追加投资的成本增加长期股权投资的账面价值;初始投资成本要与投资时应享有被投资单位可辨认净资产公允价值份额比较，从而决定是否调整初始投资成本；投资企业持有投资期间，长期股权投资的账面价值要随着被投资企业所有者权益的变动而变动。

账户设置包括"长期股权投资——成本""长期股权投资——损益调整""长期股权投资——其他权益变动"。

1）长期股权投资初始投资成本的调整

长期股权投资的初始投资成本大于投资时应享有被投资单位可辨认净资产公允价值份额的，不调整长期股权投资的初始投资成本；长期股权投资的初始投资成本小于投资时应享有被投资单位可辨认净资产公允价值份额的，其差额应当计入当期损益，同时调整增加长期股权投资的成本。

2）投资损益的会计核算

投资损益的会计处理即投资企业在持有期间因被投资企业净损益的变动导致的所有者权益变动的会计处理。投资企业取得长期股权投资后，应当按照应享有或应分担的被投资单位实现的净损益的份额，确认投资损益并调整长期股权投资的账面价值。这里的被投资单位实现的净损益是被投资单位实现的账面净损益经过以下调整后的金额。

(1) 被投资单位采用的会计政策及会计期间与投资企业不一致的，应当按照投资企业的会计政策及会计期间对被投资单位的财务报表进行调整，并据以确认投资损益。

(2) 投资企业在确认应享有被投资单位净损益的份额时，应当以取得投资时被投资单位各项可辨认资产、负债等的公允价值为基础，对被投资单位的净利润进行适当调整后确认。

(3) 在确认投资损益时，还应对于投资企业与其联营企业及合营企业之间发生的未实现内部交易损益应予抵销。未实现内部交易损益包括顺流交易和逆流交易的未实现内部交易损益。顺流交易是指投资企业向其联营企业或合营企业出售资产；逆流交易是指联营企业或合营企业向投资企业出售资产。

经过以上调整后的被投资单位实现的净损益属于投资企业享有的份额，投资企业借记"长期股权投资——损益调整"科目，贷记"投资收益"科目，或者做相反的会计分录。

3）投资企业对被投资企业超额亏损的会计核算

权益法下，当被投资企业发生亏损时，投资企业确认被投资单位发生的净亏损，应当以长期股权投资的账面价值以及其他实质上构成对被投资单位净投资的长期权益如长期应收款减记至零为限，投资企业负有承担额外损失的情况除外。具体来讲，投资企业应当按照以下顺序确认应分担的份额。

(1) 冲减长期股权投资的账面价值至零。

(2) 长期股权投资的账面价值冲减至零，如果还有承担的损失，再冲减其他实质上构成对被投资单位净投资的长期权益项目如长期应收款。

(3) 冲减了长期股权投资的账面价值和其他长期权益后，如果还有承担的损失，并且投资合同或协议里约定投资企业仍需承担额外损失义务的，则投资企业应按承担额外义务的金额确认预计负债。

(4) 在账外备查登记。经过上述处理后，如果投资企业仍然存在应分担的被投资企业的亏损，则投资企业需做掌握备查登记，不再账内确认。

4) 投资企业对被投资单位亏损以后实现净利润的会计核算

被投资单位亏损以后又实现净利润的，投资企业在其收益分享额弥补未确认的亏损分担额后，恢复确认收益分享额。具体来讲，按照以下顺序恢复确认收益分享额。

(1) 弥补账外备查登记的未确认投资损失金额。

(2) 弥补账外未确认的损失后，还有分享的收益，则冲减已确认的预计负债。

(3) 冲减已确认的预计负债后，还有分享的收益，则恢复其他长期权益即长期应收款。

(4) 最后，还有收益分享额，则恢复长期股权投资的账面价值。

5) 投资企业取得现金股利或利润的会计核算

权益法下，投资企业按照被投资单位宣告分派的利润或现金股利计算应分得的部分，相应减少长期股权投资的账面价值，同时确认应收股利。借记"应收股利"科目，贷记"长期股权投资——损益调整"科目。如果从被投资企业取得的现金股利超过已经确认的损益调整应作为投资成本的收回，贷记"长期股权投资——成本"科目。收到现金股利时，借记"银行存款"科目，贷记"应收股利"科目。

6) 投资企业对被投资企业除净损益以外其他因素引起所有者权益变动的会计核算

投资企业对于被投资单位除净损益以外所有者权益的其他变动，应当调整长期股权投资的账面价值并计入所有者权益，借记或贷记"长期股权投资——其他权益变动"科目，借记或贷记"资本公积——其他资本公积"科目。

4.4.4 长期股权投资的成本法与权益法相互转换的会计核算

1. 成本法转换为权益法的会计核算

1) 适应范围

(1) 原持有的对被投资单位不具有控制、共同控制或重大影响、在活跃市场中没有报价、公允价值不能可靠计量的长期股权投资，因追加投资等原因能够对被投资单位实施共同控制或重大影响但不构成控制的。

(2) 因处置投资导致对被投资单位的一些能力由控制转为具有重大影响或共同控制的。

2) 因追加投资导致成本法转换为权益法

投资企业因追加投资导致由原来对被投资单位不具有共同控制或重大影响转变成具有共同控制或重大影响，则由成本法转为权益法核算时，应以成本法下长期股权投资的账面价值作为权益法核算的初始投资成本；同时比较该初始投资成本与应享有被投资单位可辨认净资产公允价值的份额，确定是否需要对调整长期股权投资的账面价值，具体来讲：

(1) 对于原持有长期股权投资的部分，其账面余额大于按照原持股比例计算确定应享有原取得投资时被投资单位可辨认净资产公允价值份额，属于通过投资作价体现的商誉部分；原取得投资时因投资成本小于应享有被投资单位可辨认净资产公允价值份额的差额，实质是被投资单位的作价让步，形成留存收益。

(2) 对于新增投资取得的股权部分，应比较新增投资的成本与取得该部分投资时应享有被投资单位可辨认净资产公允价值的份额，如果新增投资成本大于投资时应享有被投资单位可辨认净资产公允价值份额的，形成商誉；如果新增投资成本小于投资时应享有被投资单位可辨认净资产公允价值份额的，形成留存收益。

投资企业要综合考虑①形成的商誉或留存收益要与②产生的商誉或计入当期损益。如果商誉大于留存收益，不处理；如果商誉小于留存收益，差额调整长期股权投资账面价值的同时计入留存收益，同时调整增加长期股权投资的成本，借记"长期股权投资——成本"科目，贷记"营业外收入""盈余公积""利润分配——未分配利润"科目。

原投资与新增投资之间被投资单位可辨认净资产公允价值的变动属于投资企业享有的部分，属于在此期间被投资单位实现的净损益中投资企业按照原持股比例应享有份额的，一方面应调整长期股权投资的账面价值，同时对于原取得投资时至新增投资当期期初按照原持股比例应享有被投资单位实现的净损益，应调整留存收益，对于新增投资当期期初至新增投资交易日之间应享有被投资单位的净损益，应计入当期损益，具体分录为：借记"长期股权投资——损益调整"科目，贷记"盈余公积""利润分配——未分配利润""投资收益"科目。属于经营损益以外其他原因导致的被投资单位可辨认净资产公允价值变动中投资企业应享有的份额，在调整长期股权投资账面价值的同时，应当计入资本公积，具体分录为：借记"长期股权投资——其他权益变动"科目，贷记"资本公积——其他资本公积"科目。

3) 因减少投资导致成本法转换为权益法

投资企业因处置投资导致对被投资单位的一些能力由控制转为具有重大影响或共同控制的，应由成本法转为权益法核算。

按处置或收回投资的比例结转应终止确认的长期股权投资成本；在此基础上，比较剩余的长期股权投资成本大于按照剩余持股比例计算原投资时应享有被投资单位可辨认净资产公允价值的份额，属于投资作价中体现的商誉部分，不调整长期股权投资账面价值；属于投资成本小于应享有被投资单位可辨认净资产公允价值份额的，在调整长期股权投资成本的同时，应调整留存收益。

对于投资企业享有的原投资取得后至转为权益法之间被投资单位可辨认净资产公允价值变动的份额，如果属于投资企业应享有的被投资单位净损益引起的变动额，一方面应调整长期股权投资的账面价值，同时对于投资企业应享有原取得投资时至处置投资当期期初被投资单位实现的净损益(扣除已发放及已宣告发放的现金股利或利润)应调整留存收益，对于处置当期期初至处置投资之日被投资单位实现的净损益中享有的份额，调整当期损益。如果属于被投资单位净损益以外其他原因导致被投资单位所有者权益变动中应享有的份额，在调整长期股权投资账面价值的同时，计入资本公积。

2. 权益法转换为成本法的会计核算

1) 适用范围

(1) 投资企业因减少投资导致不再对被投资企业具有共同控制或重大影响的，从而由权益法转为成本法。

(2) 投资企业因追加投资导致不再对被投资企业具有共同控制或重大影响的，从而由权益法转为成本法。

2) 投资企业因减少投资导致长期股权投资核算由权益法转为成本法

投资企业因减少投资等原因对被投资单位不再具有共同控制或重大影响的，并且在活跃市场中没有报价、公允价值不能可靠计量的长期股权投资，应当改按成本法核算，并以权益法下长期股权投资的账面价值作为按照成本法核算的初始投资成本。

3) 投资企业因增加投资导致长期股权投资核算由权益法转换为成本法

投资企业增加长期股权投资或其他原因使得投资企业由对被投资单位具有共同控制或重大影响转换为具有控制能力，属于多次交易形成企业合并。多次交易形成合并的，企业合并成本为每一单项交换交易的成本之和。由于多次交易具有时间差，每项交易的长期股权投资的账面价值已经发生了变化，不再等于初始投资时点的初始投资成本，所以需要调整。调整如下：达到企业合并前对持有的长期股权投资采用成本法核算的，长期股权投资在购买日的成本应为原账面余额加上购买日为取得进一步的股份新支付对价的公允价值之和；达到企业合并前对长期股权投资采用权益法按已有的账面价值加上新增投资所支付对价的公允价值。

4.4.5 长期股权投资减值的核算

企业应该在每个资产负债表日逐项比较长期股权投资的账面价值与长期股权投资的可收回额，如果由于种种原因导致长期股权投资的可收回额低于长期股权投资的账面价值，则应该按照可收回额低于账面价值的差额，计提减值准备，并记入当期损益，将资产的账面价值减记至可收回金额，并且在以后会计期间该减值准备不可转回。

长期股权投资的账面价值的确定。成本法核算的长期股权投资的账面价值是由"长期股权投资"的净额和"长期股权投资减值准备"账户确定；权益法核算的长期股权投资的账面价值是由"长期股权投资"明细账户，"投资成本""损益调整""其他权益变动""长期股权投资减值准备"账户确定。

长期股权投资可回收额的确定。长期股权投资可回收额是由长期股权投资的预计出售净价即预计售价减去预计的处置费用的净额与长期股权投资预计未来现金流量现值两者当中的较高者。

为了核算长期股权投资减值准备，企业应设置"长期股权投资减值准备"科目，并按被投资单位设置明细账户。计提减值准备时，借记"资产减值损失"科目，贷记"长期股权投资减值准备"科目。终止确认长期股权投资时，结转长期股权投资减值准备。

4.4.6 长期股权投资处置的核算

企业应因各种原因处置长期股权投资时，相应结转与所售股权相对应的长期股权投资的账面价值，其账面价值与实际取得价款的差额，应当计入当期损益。采用权益法核算的长期股权投资，因被投资单位除净损益以外所有者权益的其他变动而计入所有者权益的，处置该项投资时应当将原计入所有者权益的部分按相应比例转入当期损益。

按照处置价款借记"银行存款"等科目，按照所售股权相对应的长期股权投资的账面价值，借记"长期股权投资减值准备"科目，贷记"长期股权投资"等科目，实际取得价款与长期股权投资账面价值的差额借记或贷记"投资收益"科目。采用权益法核算的长期股权投资，处置时还应将原计入资本公积的部分按相应比例借记或贷记"资本公积"科目，借记或贷记"投资收益"科目。

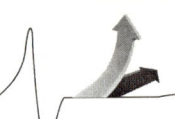

业务操作

任务一：同一控制下企业合并形成的长期股权投资取得时的业务核算

1. 任务描述

2×15 年 1 月 2 日，辉正公司以支付现金为合并对价获得同一集团内宏伟公司的 100% 股权，并于当日能够对宏伟公司实施控制。合并后宏伟公司仍维持独立法人资格继续经营。两公司采用的会计政策相同。辉正公司支付的现金为 1 000 万元，合并后宏伟公司的所有者权益账面余额为 800 万元。

2. 任务要求

(1) 请为辉正公司计算确定长期股权投资初始投资成本、合并对价、合并差额。
(2) 请为辉正公司编制长期股权投资取得时的会计分录。

3. 任务分析

由于辉正公司取得同一集团内宏伟公司 100%股权，因此该投资属于同一控制下企业合并形成的长期股权投资，故长期股权投资初始投资成本应该等于合并日辉正公司享有被投资企业宏伟公司所有者权益的份额即 800 万元(100%股权)。同一控制下的合并对价是辉正公司为了合并宏伟公司所转让的资产的账面价值、承担债务的账面价值或发行股份的面值，即合并对价为支付的现金 1 000 万元。同一控制下的合并差额是辉正公司在合并日享有被投资企业宏伟公司所有者权益的份额 800 万元与合并对价 1 000 万元之间的差额即－200 万元。

为核算长期股权投资业务，辉正公司应设置"长期股权投资"账户。支付现金取得长期股权投资时应借记"长期股权投资"账户 800 万元，贷记"银行存款"账户 1 000 万元，同时合并差额－200 万元应记入"资本公积——股本溢价"账户借方。

4. 任务具体完成过程

(1) 计算长期股权投资初始投资成本、合并对价、合并差额。

长期股权投资初始投资成本＝800×100%＝800(万元)

合并对价＝1 000 万元

合并差额＝800－1 000＝－200(万元)

(2) 为辉正公司编制会计分录。

借：长期股权投资　　　　　　　　　　　　　　　　　　8 000 000
　　资本公积——股本溢价　　　　　　　　　　　　　　2 000 000
　　　贷：银行存款　　　　　　　　　　　　　　　　　　　　10 000 000

任务二：非同一控制下企业合并形成的长期股权投资取得时的业务核算

1. 任务描述

2×15 年 1 月 2 日，辉正公司以其固定资产取得宏伟公司 80%的股权，并将该投资作为长期股权投资核算,该合并属于非同一控制下的企业合并。合并中,辉正公司投出的固定资产账面原价 25 150 万元,已提折旧 2 000 万元,已提减值准备 150 万元,公允价值为 25 000 万元。假设不考虑相关税费。

2. 任务要求

(1) 请为辉正公司确定长期股权投资的初始投资成本。
(2) 请为辉正公司计算确定固定资产转让损益。
(3) 请为辉正公司编制长期股权投资取得时的会计分录。

3. 任务分析

辉正公司取得宏伟公司 80%的股权,并且该投资属于非同一控制下的企业合并形成的长期股权投资。而非同一控制下的企业合并形成的长期股权投资的初始投资成本应该是合并成本,即辉正公司为了取得宏伟公司 80%股权而转让的资产的公允价值、承担债务的公允价值或发行权益性正确的公允价值,所以本任务中的长期股权投资的初始投资成本是辉正公司所转让的固定资产的公允价值 25 000 万元。

辉正公司为实现非同一控制下的企业合并转让的固定资产,应计算确认该固定资产的转让损益。资产转让损益为固定资产的公允价值 25 000 万元与固定资产的账面价值 23 000 万元(25 150-2 000-15)之间的差额。

取得长期股权投资时,辉正公司应借记"长期股权投资"账户 25 000 万元,同时终止确认固定资产的账面价值并将固定资产转让利得 2 000 万元贷记"营业外收入"账户。

4. 任务具体完成过程

(1) 请为辉正公司确定长期股权投资的初始投资成本。
合并成本=25 000 万元
(2) 请为辉正公司计算确定固定资产转让损益。
固定资产的账面价值=25 150-2 000-150=23 000(万元)
固定资产转让利得=25 000-23 000=2 000(万元)
(3) 请为辉正公司编制长期股权投资取得时的会计分录。

借:固定资产清理	230 000 000
累计折旧	20 000 000
固定资产减值准备	1 500 000
贷:固定资产	251 500 000
借:长期股权投资	250 000 000
贷:固定资产清理	250 000 000
借:固定资产清理	20 000 000
贷:营业外收入	20 000 000

任务三:非企业合并以支付现金形成的长期股权投资取得时的业务核算

1. 任务描述

2×15 年 8 月 2 日,辉正公司从证券市场购入阳光公司 10%的股份 10 万股,每股市价

10.5 元(含已宣告但尚未发放的现金股利 0.5 元/股),另支付手续费、佣金等 1 万元。辉正公司将该投资作为长期股权投资核算。

2. 任务要求

(1) 请为辉正公司计算确定长期股权投资的初始投资成本金额;
(2) 请为辉正公司编制长期股权投资取得业务的会计分录。

3. 任务分析

由于辉正公司享有阳光公司 10%的股权,不存在其他特殊情况下,该投资属于非企业合并形成的长期股权投资。非企业合并形成的长期股权投资的初始投资成本为辉正公司取得投资时转让的资产的公允价值、承担债务的公允价值或发行权益性正确的公允价值以及为取得投资所支付的相关税费,再扣除支付的价款中包含已宣告但尚未发放的现金股利。因此,辉正公司该长期股权投资的初始投资成本为 1 010 000(100 000×(10.5－0.5)＋10 000)元,由于支付的价款中包含已宣告但尚未发放的现金股利 50 000 元应单独作为应收股利核算。

取得长期股权投资时,辉正公司应借记"长期股权投资"账户 1 010 000 元,借记"应收股利"账户 50 000 元,贷记"银行存款"账户 1 060 000 元。

4. 任务具体完成过程

(1) 请为辉正公司计算确定长期股权投资的初始投资成本金额。

长期股权投资初始投资成本
＝100 000×(10.5－0.5)＋10 000
＝1 010 000(元)

(2) 请为辉正公司编制长期股权投资取得业务的会计分录。

借:长期股权投资　　　　　　　　　　　　　　　　　　1 010 000
　　应收股利　　　　　　　　　　　　　　　　　　　　　　50 000
　　贷:银行存款　　　　　　　　　　　　　　　　　　　1 060 000

任务四:非企业合并以发行权益性证券形成的长期股权投资取得时的业务核算

1. 任务描述

2×15 年 1 月 2 日,辉正公司发行 500 万股普通股(每股面值 2 元,每股市价 10 元)取得雨露公司 15%的股权,辉正公司为发行股票支付给证券承销商 50 万元的佣金和手续费。辉正公司将该投资作为长期股权投资核算。

2. 任务要求

(1) 请为辉正公司计算确定长期股权投资的初始投资成本金额;
(2) 请为辉正公司编制取得投资业务的会计分录。

3. 任务分析

由于辉正公司取得雨露公司 15%的股权,如果不存在特殊情况,该投资属于非企业合并形成的长期股权投资。根据任务三分析的过程，辉正公司该长期股权投资的初始投资成本应该是为取得雨露公司股权而发行的权益性证券股票的公允价值5 000万元(500×10)，将股票的公允价值5 000万元与其面值1 000万元(500×2)之间的差额作为股本溢价核算。辉正公司为发行股票支付给证券承销商50万元的佣金和手续费应冲减股本溢价。

辉正公司发行股票取得投资时，应借记"长期股权投资"账户5 000 000元，贷记"股本"账户1 000 000元、"资本公积——股本溢价"40 000 000元；佣金和手续费应借记"资本公积——股本溢价"500 000元，贷记"银行存款"500 000元。

4．任务具体完成过程

(1) 请为辉正公司计算确定长期股权投资的初始投资成本金额。

初始投资成本＝500×10＝5 000(万元)

(2) 请为辉正公司编制取得投资业务的会计分录。

股本溢价＝5 000－500×2＝4 000(万元)

借：长期股权投资　　　　　　　　　　　　　　　　50 000 000
　　贷：股本　　　　　　　　　　　　　　　　　　　10 000 000
　　　　资本公积——股本溢价　　　　　　　　　　　40 000 000
借：资本公积——股本溢价　　　　　　　　　　　　　500 000
　　贷：银行存款　　　　　　　　　　　　　　　　　500 000

任务五：成本法下长期股权投资的后续计量业务的核算

1．任务描述

2×15年1月1日，辉正公司以800 000元的价格购买了阳光公司5%的股份，并准备长期持有，作为长期股权投资核算，另支付手续费等直接相关费用40 000元；2×15年阳光公司实现净利润8 500 000元；2×16年5月2日，阳光公司宣布分派2×15年度的现金股利120 000元。2×16年5月21日辉正公司收到阳光公司支付的现金股利。

2．任务要求

(1) 请为辉正公司确定2×15年1月1日取得长期股权投资时初始投资成本金额并编制会计分录；

(2) 请分析2×15年12月31日辉正公司是否应对阳光公司实现净利润做出会计核算；

(3) 请为辉正公司计算2×16年5月2日应享有的现金股利金额并编制会计分录；

(4) 请为辉正公司编制2×16年5月21日收到现金股利的会计分录。

3．任务描述

由于辉正公司取得阳光公司5%的股权，该投资属于非企业合并形成的长期股权投资，根据前面任务的分析，该投资的初始投资成本应该是支付的价款800 000元与支付的相关费用40 000元之和。由于辉正公司享有阳光公司5%的股权，因此对阳光公司不具有控制、共同控制、重大影响，因此辉正公司取得投资后对长期股权投资的会计核算应采用成本法进行后续计量。成本法下，除非追加或减少投资，一般不调整长期股权投资的初始投资成

本，因此辉正公司对被投资企业阳光公司接受投资后实现的净利润不需要进行会计核算。

阳光公司2×16年5月2日宣告分配现金股利120 000元，辉正公司按持股比例应享有5%即6 000元。

取得投资时应借记"长期股权投资"账户840 000元，贷记"银行存款"账户840 000元；阳光公司宣告分配现金股利时，辉正公司应借记"应收股利"账户6 000元，贷记"投资收益"账户6 000元；收到现金股利时，应借记"银行存款"账户6 000元，贷记"应收股利"账户6 000元。

4. 任务具体完成过程

(1) 请为辉正公司确定2×15年1月1日取得长期股权投资时初始投资成本金额并编制会计分录；

长期股权投资初始投资成本金额
=800 000+40 000=840 000(元)

借：长期股权投资　　　　　　　　　　　　　　　　　840 000
　　贷：银行存款　　　　　　　　　　　　　　　　　　840 000

(2) 请分析2×15年12月31日辉正公司是否应对阳光公司实现净利润做出会计核算；

辉正公司不需要对阳光公司实现净利润做出会计核算。

(3) 请为辉正公司计算2×16年5月2日应享有的现金股利金额并编制会计分录；

辉正公司应享有的现金股利金额
=120 000×5%=6 000(元)

借：应收股利　　　　　　　　　　　　　　　　　　　6 000
　　贷：投资收益　　　　　　　　　　　　　　　　　　6 000

(4) 请为辉正公司编制2×16年5月21日收到现金股利的会计分录。

借：银行存款　　　　　　　　　　　　　　　　　　　6 000
　　贷：应收股利　　　　　　　　　　　　　　　　　　6 000

任务六：权益法下长期股权投资初始投资成本调整业务的核算

1. 任务描述

2×15年1月1日，雨露公司以支付1 000万元的价款获得阳光公司40%的股权，从而能够对阳光公司施加重大影响，雨露公司将该投资作为长期股权投资核算。取得投资时阳光公司可辨认净资产账面价值与公允价值相等，为3 000万元。

2. 任务要求

(1) 请为辉正公司编制该投资初始确认的会计分录；
(2) 请为辉正公司判断取得投资时是否调整该长期股权投资初始投资成本；
(3) 如果需要调整初始投资成本，请为辉正公司计算应调整的金额并编制调整会计分录。

3. 任务分析

辉正公司持有雨露公司40%的股权，属于非企业合并形成的长期股权投资，根据前述任务分析,该投资的初始投资成本为1 000万元。因为辉正公司对雨露公司具有重大影响,所以辉正公司应对该长期股权投资后续计量采用权益法核算。投资时按持股比例辉正公司应享有雨露公司可辨认净资产公允价值1 200万元。

权益法下,取得投资时,如果投资企业确认的长期股权投资的初始投资成本大于投资时应享有被投资企业可辨认净资产公允价值,则不调整长期股权投资的初始投资成本,相反,如果投资企业确认的长期股权投资的初始投资成本小于投资时应享有被投资企业可辨认净资产公允价值,则应调整长期股权投资的初始投资成本。显然,本任务中,辉正公司确认的长期股权投资的初始投资成本1 000万元小于投资时享有雨露公司可辨认净资产公允价值1 200万元,故辉正公司应调整该投资的初始投资成本,应调整的金额为二者的差额,同时计入当期损益。

权益法下,辉正公司应设置"长期股权投资——成本"明细账户,取得投资时借记"长期股权投资——成本"账户,贷记"银行存款"账户。调整长期股权投资的初始投资成本时,应借记"长期股权投资——成本"账户,贷记"营业外收入"账户。

4. 任务具体完成过程

(1) 请为辉正公司编制该投资初始确认的会计分录。
借:长期股权投资——成本　　　　　　　　　　　　　　　10 000 000
　　贷:银行存款　　　　　　　　　　　　　　　　　　　　10 000 000

(2) 请为辉正公司判断取得投资时是否调整该长期股权投资初始投资成本。
辉正公司享有雨露公司的可变净资产份额
＝3 000×40%＝1 200(万元)
因为初始投资成本1 000万元＜1 200万元,所以需要调整该长期股权投资初始投资成本。

(3) 如果需要调整初始投资成本,请为辉正公司计算应调整的金额并编制调整会计分录。
应调整的金额＝1 200－1 000＝200(万元)
借:长期股权投资——成本　　　　　　　　　　　　　　　2 000 000
　　贷:营业外收入　　　　　　　　　　　　　　　　　　　2 000 000

任务七:权益法下长期股权投资损益业务的核算

1. 任务描述

2×15年1月2日,辉正公司以10 000 000元的价款取得雨露公司40%的股权,辉正公司能够对其施加重大影响,辉正公司将该投资作为长期股权投资核算。投资时雨露公司可辨认净资产的公允价值与其账面价值相等,两公司所采用的会计政策和会计年度相同。2×15年雨露公司的净利润为5 000 000元,两公司之间未发生任何内部交易。

2. 任务要求

(1) 请为辉正公司计算2×15应享有的投资损益;
(2) 请为辉正公司编制2×15年享有雨露公司的投资收益的会计分录。

3. 任务分析

由于辉正公司持有雨露公司40%的股权,能够对其产生重大影响,所以辉正公司应该对该投资后续计量采用权益法核算。权益法下,投资企业辉正公司的长期股权投资账面价值应随着被投资企业雨露公司实现的经营损益和经营损益以外的其他原因的变动而变动。本任务中,投资时雨露公司可辨认净资产的公允价值与其账面价值相等,两公司所采用的会计政策和会计年度相同,2×15年两公司之间未发生任何内部交易,当被投资企业雨露公司在2×15年实现了净利润5 000 000元时,且辉正公司投资日为2×15年1月2日,所以辉正公司应享有的份额40%即2 000 000元。

权益法下,辉正公司为了核算享有雨露公司的净利润的份额,应设置"长期股权投资——损益调整"明细账户。由于雨露公司盈利,所以辉正公司应借记"长期股权投资——损益调整"账户,同时贷记"投资收益"账户。

4. 任务具体完成过程

(1) 请为辉正公司计算2×15年应享有的投资损益。

5 000 000×40%＝2 000 000(元)

(2) 请为辉正公司编制2×15年享有雨露公司的投资收益的会计分录。

借:长期股权投资——损益调整   2 000 000
  贷:投资收益   2 000 000

任务八:权益法下投资企业对被投资企业超额亏损的会计核算

1. 任务描述

辉正公司持有雨露公司30%的表决权股份并将该投资作为长期股权投资核算,能够对其施加重大影响,取得投资时雨露公司可辨认净资产的公允价值与账面价值相等,两公司所采用的会计政策和会计年度相同。2×14年12月31日,该投资的账面价值为12 000 000元。2×15年雨露公司发生亏损45 000 00元,2×15年两公司之间未发生任何内部交易。辉正公司没有其他实质构成对雨露公司净投资的长期权益,且不需要承担额外损失弥补的义务。

2. 任务要求

(1) 请为辉正公司计算确定2×15年应承担的投资损失。
(2) 请为辉正公司确定2×15年会计上应确认的投资损失。
(3) 请为辉正公司计算2×15年应作为账外备查登记投资损失。
(4) 请为辉正公司编制2×15年应确认投资损失的会计分录。

3. 任务分析

由于辉正公司持有雨露公司30%的股份,所以辉正公司应对该投资后续计量采用权益法核算。权益法下,投资企业辉正公司的长期股权投资账面价值应随着被投资企业雨露公司实现的经营损益和经营损益以外的其他原因的变动而变动。当被投资企业雨露公司发生亏损时,投资企业也应该按持股比例计算确定应承担的亏损额,即投资损失。对于辉正公司应承担的亏损额，会计确认的亏损额首先将长期股权投资账面价值冲减至零，其次，冲减辉正公司其他实质构成对雨露公司净投资的长期权益，辉正公司需要承担雨露公司额外损失弥补义务的，再将这部分义务确认为负债，如果还有承担的亏损额即超额亏损，账上不能确认，只能做账外备查登记处理。

由于辉正公司取得投资时雨露公司可辨认净资产的公允价值与账面价值相等，两公司所采用的会计政策和会计年度相同，2×15 年两公司之间未发生任何内部交易，所以辉正公司 2×15 年应承担的投资损失 30%即 13 500 000 元。因为辉正公司没有其他实质构成对雨露公司净投资的长期权益，也不需要承担额外损失弥补的义务，因此辉正公司 2×15 年确认的投资损失以长期股权投资的账面价值 12 000 000 元为限，2×15 年承担的超额亏损额 1 500 000 元作为账外备查登记。

辉正公司确认亏损时，应贷记"长期股权投资——损益调整"等账户，借记"投资收益"账户。

4. 任务具体完成过程

(1) 请为辉正公司计算确定 2×15 年应承担的投资损失。

辉正公司应承担的投资损失

＝45 000 000×30%＝13 500 000(元)

(2) 请为辉正公司确定 2×15 年会计上应确认的投资损失。

辉正公司会计确认的投资损失＝12 000 000 元

(3) 请为辉正公司计算 2×15 年应作为账外备查登记的投资损失。

账外备查登记的投资损失＝13 500 000－12 000 000＝1 500 000(元)

(4) 请为辉正公司编制 2×15 年应确认投资损失的会计分录。

借：投资收益　　　　　　　　　　　　　　　　　　　　　　12 000 000
　　贷：长期股权投资——损益调整　　　　　　　　　　　　　　12 000 000

任务九：权益法下投资企业对被投资单位亏损以后实现净利润业务的核算

1. 任务描述

假设任务八，2×16 年雨露公司经营情况好转，实现净利润 9 000 000 元，2×16 年两公司之间未发生任何内部交易。

2. 任务要求

(1) 请为辉正公司计算 2×16 年应享有雨露公司的投资收益金额。
(2) 请为辉正公司确定 2×16 年应抵消以前期间账外备查登记的金额。
(3) 请为辉正公司计算 2×16 年会计上应确认的投资收益金额。
(4) 请为辉正公司编制 2×16 年应确认投资收益的会计分录。

3. 任务分析

当被投资企业雨露公司发生超额亏损后又实现了净利润，投资企业辉正公司应按享有的份额计算投资收益，首先，应抵消以前会计未确认而作为账外备查登记的投资损失金额，

中级会计实务

其次,冲减以前因承担额外损失弥补义务而确认的负债,再次恢复长期股权投资的账面价值,同时确认投资收益。本任务中,由于辉正公司取得投资时雨露公司可辨认净资产的公允价值与账面价值相等,两公司所采用的会计政策和会计年度相同,2×16 年两公司之间未发生任何内部交易,所以辉正公司 2×16 年应享有的投资收益 30%即 2 700 000 元。由于辉正公司在 2×15 年账外备查登记的投资损失有 1 500 000 元,以前期间辉正公司没有其他实质构成对雨露公司净投资的长期权益,也没有承担额外损失弥补义务,所以辉正公司 2×16 年会计应确认的投资收益 1 200 000 元。

4. 任务具体完成过程

(1) 请为辉正公司计算 2×16 年应享有雨露公司的投资收益金额。

辉正公司 2×16 年应享有雨露公司的投资收益金额
＝9 000 000×30%＝2 700 000(元)

(2) 请为辉正公司确定 2×16 年应抵消以前期间账外备查登记的金额。

辉正公司 2×16 年应抵消以前期间账外备查登记的金额＝1 500 000 元

(3) 请为辉正公司计算 2×16 年会计上应确认的投资收益金额。

辉正公司 2×16 年会计上应确认的投资收益金额
＝2 700 000－1 500 000＝1 200 000(元)

(4) 请为辉正公司编制 2×16 年应确认投资收益的会计分录。

借:长期股权投资——损益调整　　　　　　　　　　　1 200 000
　　贷:投资收益　　　　　　　　　　　　　　　　　　　　1 200 000

任务十:权益法下投资企业取得现金股利或利润业务的核算

1. 任务描述

承接任务七,雨露公司于 2×16 年 3 月 6 日宣告发放现金股利 800 000 元。3 月 27 日实际收到现金股利。

2. 任务要求

(1) 请为辉正公司计算享有的现金股利。

(2) 请为辉正公司编制 2×16 年 3 月 6 日雨露公司宣告发放现金股利时的会计分录。

(3) 请为辉正公司编制 2×16 年 3 月 27 日实际收到现金股利的会计分录。

3. 任务分析

辉正公司应按持股比例 40%享有雨露公司的现金股利,权益法下,雨露公司宣告发放现金股利时,辉正公司应计入应收股利的同时冲减长期股权投资的账面价值;收到现金股利时应计入银行存款,同时冲减应收股利。

4. 任务具体完成过程

(1) 请为辉正公司计算享有的现金股利。

辉正公司计算享有的现金股利＝800 000×40%＝320 000(元)

(2) 请为辉正公司编制 2×16 年 3 月 6 日雨露公司宣告发放现金股利时的会计分录。
借：应收股利　　　　　　　　　　　　　　　　　　　　　　320 000
　　贷：长期股权投资——损益调整　　　　　　　　　　　　　　320 000
(3) 请为辉正公司编制 2×16 年 3 月 27 日实际收到现金股利的会计分录。
借：银行存款　　　　　　　　　　　　　　　　　　　　　　320 000
　　贷：应收股利　　　　　　　　　　　　　　　　　　　　　320 000

任务十一：权益法下投资企业对被投资企业除净损益以外其他因素引起所有者权益变动业务的核算

1. 任务描述

辉正公司持有雨露公司 40%的股份，将该投资作为长期股权投资核算。2×15 年雨露公司持有的可供出售金融资产公允价值变动计入资本公积金额为 6 500 000 元。

2. 任务要求

(1) 请为辉正公司计算长期股权投资增加额；
(2) 请为辉正公司编制长期股权投资增加的会计分录。

3. 任务分析

由于辉正公司持有雨露公司 40%的股份，辉正公司能够对雨露公司产生重大影响，故应对该长期股权投资后续计量采用权益法核算。雨露公司可供出售金融资产公允价值变动导致其所有权权益增加 6 500 000 元，属于经营损益以外其他原因引起的变动。权益法下，辉正公司长期股权投资账面价值也应随着雨露公司所有者权益增加 6 500 000 元而按持股比例 40%增加 2 600 000 元，借记"长期股权投资——其他权益变动"科目，贷记"资本公积"科目。

4. 任务具体完成过程

(1) 请为辉正公司计算长期股权投资增加额。
长期股权投资增加额＝6 500 000×40%＝2 600 000(元)
(2) 请为辉正公司编制长期股权投资增加的会计分录。
借：长期股权投资——其他权益变动　　　　　　　　　　　　2 600 000
　　贷：资本公积——其他资本公积　　　　　　　　　　　　　2 600 000

任务十二：因追加投资导致成本法转换为权益法业务的核算

1. 任务描述

2×15 年 1 月 1 日，辉正公司支付价款 5 000 000 元取得阳光公司 15%的股份，取得投资时阳光公司可辨认净资产公允价值与其账面价值相同，为 35 000 000 元，辉正公司将该投资作为长期股权投资核算，因辉正公司对阳光公司不具有重大影响，所以采用成本法核算该投资，辉正公司按照净利润的 10%提取盈余公积。2×16 年 5 月 1 日，辉正公司又以 5 200 000 元的价格取得阳光公司 10%的股份，从而能够对阳光公司施加重大影响，因此

对该投资由成本法转为权益法核算,阳光公司当日可辨认净资产公允价值为 48 000 000 元。2×15 年阳光公司实现净利润 10 000 000 元,2×16 年前四个月实现净利润 1 000 000 元。

2. 任务要求

(1) 请为辉正公司编制追加投资的会计分录;
(2) 请为辉正公司计算确定追加投资后长期股权投资的账面价值;
(3) 请为辉正公司判断成本法转换为权益法时原投资和新增投资部分是否调整长期股权投资账面价值,如果调整,编制调整分录;
(4) 请为辉正公司计算确定权益法下原投资与新增投资之间应享有阳光公司可辨认净资产公允价值变动的份额;
(5) 请为辉正公司编制享有阳光公司可辨认净资产公允价值变动的会计分录。

3. 任务分析

追加投资取得阳光公司 10%股份后,辉正公司由原来持阳光公司 15%变为持有 25%的股份,能够对阳光公司产生重大影响,因此对长期股权投资核算由成本法转换为权益法核算。转换日,辉正公司原投资成本法下的账面价值 5 000 000 元作为权益法下的初始投资成本,新增投资额 5 200 000 元为权益法下新增投资的初始投资成本,因此追加投资后权益法下长期股权投资的账面价值为原投资 5 000 000 元与新增投资 5 200 000 元之和。

成本法转换为权益法,意味着从原投资开始就应采用权益法,所以需要把原投资成本法下的会计核算转为权益法下的会计核算。权益法下,原投资日 2×15 年 1 月 1 日,辉正公司应享有阳光公司可辨认净资产公允价值 35 000 000 元的 15%即 5 250 000 元,显然原投资成本 5 000 000 元小于原投资时辉正公司应享有阳光公司可辨认净资产公允价值 5 250 000 元,形成留存收益 250 000 元。新增投资日 2×16 年 5 月 1 日,新增投资成本 5 200 000 元大于辉正公司应享有阳光公司可辨认净资产公允价值 48 000 000 元的 10%即 4 800 000 元,形成商誉 400 000 元。综合考虑原投资和新增投资形成的留存收益和商誉,显然商誉大于留存收益,所以不调整长期股权投资的初始投资成本。

原投资 2×15 年 1 月 1 日与新增投资 2×16 年 5 月 1 日之间,阳光公司可辨认净资产公允价值由 35 000 000 元增加到 48 000 000 元,变动额为 13 000 000 元,其中经营损益引起的变动额为 11 000 000 元,其他原因引起的变动额为 2 000 000 元。辉正公司应按原持股比例 15%计算确定应享有阳光公司可辨认净资产公允价值变动的份额 1 950 000 元,调整长期股权投资账面价值,同时,其中,属于 2×15 年 1 月 1 日与 2×16 年 1 月 1 日之间经营损益引起的变动 1 500 000 元,应计入留存收益,属于 2×16 年 1 月 1 日与新增投资 2×16 年 5 月 1 日之间经营损益引起的变动为 150 000 元,计入投资收益,属于原投资 2×15 年 1 月 1 日与新增投资 2×16 年 5 月 1 日之间非经营损益引起的变动 300 000 元。

4. 任务具体完成过程

(1) 请为辉正公司编制追加投资的会计分录。

借:长期股权投资——投资成本　　　　　　　　　　　　　　　5 200 000
　　贷:银行存款　　　　　　　　　　　　　　　　　　　　　　5 200 000

(2) 请为辉正公司计算确定追加投资后长期股权投资的初始投资成本。

5 000 000＋5 200 000＝1 020 000(元)

(3) 请为辉正公司判断成本法转换为权益法时原投资和新增投资部分是否调整长期股权投资账面价值，如果调整，编制调整分录。

辉正公司按新增投资持部分应享有阳光公司可辨认净资产公允价值

＝48 000 000×10%＝4 800 000(元)

由于新增投资成本 5 200 000 元大于 4 800 000 元，所以

商誉＝5 200 000－4 800 000＝400 000(元)

辉正公司按原投资持部分应享有阳光公司可辨认净资产公允价值

＝35 000 000×15%＝5 250 000(元)

由于原投资成本 5 000 000 元小于 5 250 000 元，所以

形成留存收益＝5 250 000－5 000 000＝250 000(元)

显然 400 000 元大于 250 000 元，所以综合考虑商誉和留存收益后，辉正公司不调整长期股权投资账面价值。

(4) 请为辉正公司计算确定权益法下原投资与新增投资之间应享有阳光公司可辨认净资产公允价值变动的份额。

辉正公司享有阳光公司可辨认净资产公允价值变动的份额

＝(48 000 000－35 000 000)×15%＝1 950 000(元)

其中：

辉正公司享有阳光公司净利润引起的可辨认净资产公允价值的变动额

＝(10 000 000＋1 000 000)×15%＝1 650 000(元)，其中

属于 2×15 年 1 月 1 日至 2×15 年 12 月 31 日之间享有的净损益

＝10 000 000×15%＝1 500 000(元)

属于 2×16 年 1 月 1 日至 2×16 年 5 月 1 日之间享有的净损益

＝1 000 000×15%＝150 000(元)

享有其他原因引起可辨认净资产公允价值的变动额

＝1 950 000－1 650 000＝300 000(元)

(5) 请为辉正公司编制享有阳光公司可辨认净资产公允价值变动的会计分录。

借：长期股权投资——损益调整　　　　　　　　　　　1 650 000
　　　　　　　　——其他权益变动　　　　　　　　　　300 000
　　贷：盈余公积　　　　　　　　　　　　　　　　　　　150 000
　　　　利润分配——未分配利润　　　　　　　　　　　1 350 000
　　　　投资收益　　　　　　　　　　　　　　　　　　　150 000
　　　　资本公积——其他资本公积　　　　　　　　　　　300 000

任务十三：因减少投资导致成本法转换为权益法

1. 任务描述

辉正公司持有雨露公司 60% 的股份，并作为长期股权投资核算。2×15 年 1 月 2 日，

辉正公司将持有的雨露公司一半的股份出售,出售价款为 3 000 万元,出售日该投资账面余额为 5 000 万元,当日雨露公司可辨认净资产公允价值为 15 000 万元。辉正公司原取得 60%股份时,雨露公司可辨认净资产公允价值为 9 000 万元。自取得投资至处置投资前,雨露公司实现的净利润为 4 500 万元,假设雨露公司未进行利润分配,辉正公司按净利润的 10%提取盈余公积。

2. 任务要求

(1) 请为辉正公司计算确定减少投资后长期股权投资的账面价值;

(2) 请为辉正公司判断成本法转换为权益法时剩余投资部分是否调整长期股权投资账面价值,如果调整,编制调整分录;

(3) 请为辉正公司计算确定权益法下原投资与减少投资之间应享有雨露公司可辨认净资产公允价值变动的份额;

(4) 请为辉正公司编制享有雨露公司可辨认净资产公允价值变动的会计分录。

3. 任务分析

辉正公司持有雨露公司 60%股份时,应采用成本法核算长期股权投资。当辉正公司出售该投资一半后,仅持有 30%的股份,满足权益法核算的条件,因此应将成本法转换为权益法核算。转换日,辉正公司应把成本法下剩余投资账面价值作为权益法下的初始投资成本即 2 500 万元,同时应判断是否调整初始投资成本。转换日,假设辉正公司剩余投资在原投资时即采用权益法核算,故辉正公司按剩余持股比例计算原投资时享有雨露公司可辨认净资产公允价值 2 700 万元。显然辉正公司长期股权投资初始投资成本 2 500 万元小于享有雨露公司可辨认净资产公允价值 2 700 万元,因此需要调整初始投资成本,调整额为二者的差额,由于原投资是在以前年度发生的,故增加长期股权投资的账面价值的同时计入留存收益。

原投资时至减少投资时点雨露公司可辨认净资产公允价值变动额 6 000 万元,权益法下,辉正公司应按剩余持股比例计算享有雨露公司可辨认净资产公允价值变动 1 800 万元,其中享有雨露公司经营损益引起的变动额 1 350 万元,这部分变动时在减少投资之前实现的,调整长期股权投资账面价值的同时记入留存收益,享有经营损益以外的原因引起的变动 450 万元,调整长期股权投资账面价值的同时记入资本公积。

4. 任务具体完成过程

(1) 请为辉正公司计算确定减少投资后长期股权投资的账面价值。

长期股权投资剩余账面价值=5 000×50%=2 500(万元)

(2) 请为辉正公司判断成本法转换为权益法时剩余投资部分是否调整长期股权投资账面价值,如果调整,编制调整分录。

剩余投资成本 2 500 万元作为权益法下长期股权投资的初始投资成本。

原投资时按剩余持股比例应享有可辨认净资产公允价值=9 000×30%=2 700(万元)

因为 2 500 万元<2 700 万元,所以调整长期股权投资账面价值。

2 500－2 700=－200(万元)

第4章 投资业务的核算

调整分录如下:
借:长期股权投资——成本　　　　　　　　　　　　　　　　2 000 000
　　贷:盈余公积　　　　　　　　　　　　　　　　　　　　　200 000
　　　　利润分配——未分配利润　　　　　　　　　　　　　1 800 000

(3) 请为辉正公司计算确定权益法下原投资与减少投资之间应享有雨露公司可辨认净资产公允价值变动的份额。

自取得投资至处置投资前雨露公司的净资产公允价值变动额＝15 000－9 000＝6 000(万元)

辉正公司应享有的净资产公允价值变动额＝6 000×30%＝1 800(万元)

其中:

享有净损益引起的变动额＝4 500×30%＝1 350(万元)

享有其他原因导致的变动额＝(6 000－4 500)×30%＝450(万元)

(4) 请为辉正公司编制享有雨露公司可辨认净资产公允价值变动的会计分录。
借:长期股权投资——损益调整　　　　　　　　　　　　　13 500 000
　　　　　　　　　——其他权益变动　　　　　　　　　　　4 500 000
　　贷:盈余公积　　　　　　　　　　　　　　　　　　　　1 350 000
　　　　利润分配——未分配利润　　　　　　　　　　　　12 150 000
　　　　资本公积——其他资本公积　　　　　　　　　　　　4 500 000

任务十四:投资企业因减少投资导致长期股权投资核算由权益法转为成本法业务的核算

1. 任务描述

辉正公司持有雨露公司40%的股份并采用权益法核算长期股权投资。截至2×14年12月31日,辉正公司该长期股权投资的账面价值为560万元,其中,投资成本500万元,损益调整120万元,减值准备为60万元。2×15年1月5日,辉正公司将持有雨露公司股份的60%出售。

2. 任务要求

(1) 请为辉正公司计算确定出售投资后剩余账面价值;

(2) 请为辉正公司编制由权益法转为成本法的会计分录。

3. 任务分析

辉正公司持有雨露公司40%的股份,由于将持有雨露公司股份的60%出售,所以剩余持股比例为16%,不符合权益法核算的范围,应在2×15年1月5日将权益法转换为成本法核算。转换日,辉正公司需将当日权益法下剩余投资的账面价值作为成本法下的初始投资成本。

4. 任务具体完成过程

剩余投资账面价值＝560×(1－60%)＝224(万元)

其中：

投资成本＝500×(1－60%)＝200(万元)

损益调整＝120×(1－60%)＝48(万元)

减值准备＝60×(1－60%)＝24(万元)

借：长期股权投资　　　　　　　　　　　　　　　　2 240 000

　　长期股权投资减值准备　　　　　　　　　　　　　240 000

　　贷：长期股权投资——投资成本　　　　　　　　　　2 000 000

　　　　　　　　　　——损益调整　　　　　　　　　　　480 000

任务十五：投资企业因增加投资导致长期股权投资核算由权益法转换为成本法业务的核算

1. 任务描述

辉正公司2×15年1月1日支付价款1 000万元取得雨露公司40%的股权，能够对其产生重大影响，辉正公司将该投资作为长期股权投资并采用权益法核算，投资时辉正公司没有对长期股权投资初始投资成本进行调整，雨露公司可辨认净资产的公允价值与其账面价值相等。2×15年雨露公司净资产的变化如下：实现净利润800万元，其他原因导致净资产变化的金额为200万元。2×16年1月1日又支付价款1 500万元取得雨露公司40%的股权，从而取得对雨露公司的控制权。

2. 任务要求

(1) 请为辉正公司编制新增投资的会计分录；

(2) 请为辉正公司确定转换日权益法下长期股权投资账面价值；

(3) 请为辉正公司编制由权益法转为成本法的会计分录。

3. 任务分析

由于原投资使辉正公司持有雨露公司40%的股权，辉正公司对该投资采用权益法核算。原投资时辉正公司没有对长期股权投资初始投资成本进行调整，所以原投资时长期股权投资账面价值为1 000万元。权益法下，辉正公司长期股权投资账面价值随着雨露公司净资产的变动而变动。2×15年雨露公司实现净利润800万元，辉正公司应享有320万元，其他原因导致净资产变化的金额为200万元，辉正公司应享有80万元，二者使辉正公司长期股权投资增加400万元，从而使2×15年12月31日长期股权投资的账面价值变为1 400万元。

2×16年1月1日辉正公司又支付价款1 500万元取得雨露公司40%的股权，从而取得对雨露公司的控制权，辉正公司对长期股权投资核算应有权益法转换为成本法核算。转换日长期股权投资权益法下的账面价值作为成本法下的初始投资成本，辉正公司需要将权益法下长期股权投资账面价值结转。

4. 任务具体完成过程

(1) 请为辉正公司编制新增投资的会计分录。

借：长期股权投资　　　　　　　　　　　　　　　　15 000 000

　　贷：银行存款　　　　　　　　　　　　　　　　　15 000 000

(2) 请为辉正公司确定转换日权益法下长期股权投资账面价值。
2×15年辉正公司应享有雨露公司净利润额＝800×40%＝320(万元)
2×15年辉正公司应享有雨露公司其他原因净资产变动额＝200×40%＝80(万元)
转换日权益法下长期股权投资账面价值＝1 000＋320＋80＝1 400(万元)
(3) 请为辉正公司编制由权益法转为成本法的会计分录。
借：长期股权投资   14 000 000
    贷：长期股权投资——成本   10 000 000
            ——损益调整   3 200 000
            ——其他权益变动   800 000

任务十六：长期股权投资减值业务的核算

1. 任务描述

2×15年12月31日，辉正公司对雨露公司长期股权投资的账面价值为1 000万元，有迹象表明该投资已经发生了减值。经减值测试，该项长期股权投资在该日预计未来现金流量的可收回金额为820万元。

2. 任务要求

(1) 请为辉正公司计算确定长期股权投资减值额；
(2) 请为辉正公司编制长期股权投资减值的会计分录。

3. 任务分析

由于有迹象表明长期股权投资已经发生了减值，并且该项长期股权投资预计未来现金流量的可收回金额为820万元，小于长期股权投资的账面价值1 000万元，减值额为二者的差额。

为核算长期股权投资减值，辉正公司需设置"长期股权投资减值准备"账户。

4. 任务具体完成过程

(1) 请为辉正公司计算确定长期股权投资减值额。
长期股权投资减值准备＝1 000－820＝180(万元)
(2) 请为辉正公司编制长期股权投资减值的会计分录。
借：资产减值损失   1 800 000
    贷：长期股权投资减值准备   1 800 000

任务十七：长期股权投资处置业务的核算

1. 任务描述

辉正公司持有雨露公司80%的股份，对其具有重大影响，采用权益法核算该长期股权投资。辉正公司出售所持雨露公司股份的20%，出售价款为360万元，出售时该项长期股权投资的账面价值为1 500万元，其中：投资成本1 000万元，损益调整300万元，其他权益变动200万元。

2. 任务要求

(1) 请为辉正公司计算出售的长期股权投资账面价值；

(2) 请为辉正公司计算长期股权投资处置损益；

(3) 请为辉正公司编制处置长期股权投资的会计分录。

3. 任务分析

由于辉正公司将所持雨露公司股份的20%出售，所以长期股权投资的账面价值也应终止确认20%，即300万元。长期股权投资处置损益为处置价款与其账面价值之间的差额。

长期股权投资各明显账户应从贷方转出，处置损益计入"投资收益"科目，处置利得记入其贷方，处置损失记入其借方。

4. 任务具体完成过程

(1) 请为辉正公司计算出售的长期股权投资账面价值。

出售的长期股权投资账面价值＝1 500×20%＝300(万元)

(2) 请为辉正公司计算长期股权投资处置损益。

处置损益＝360－300＝60(万元)

(3) 请为辉正公司编制处置长期股权投资的会计分录。

借：银行存款　　　　　　　　　　　　　　　　　　　　　　3 600 000
　　贷：长期股权投资——投资成本　　　　　　　　　　　　2 000 000
　　　　　　　　　　——损益调整　　　　　　　　　　　　　600 000
　　　　　　　　　　——其他权益变动　　　　　　　　　　　400 000
　　　　投资收益　　　　　　　　　　　　　　　　　　　　　600 000

同时，按相应比例转出原计入资本公积的部分：

借：资本公积——其他资本公积　　　　　　　　　　　　　　400 000
　　贷：投资收益　　　　　　　　　　　　　　　　　　　　　400 000

本章小结

1. 教学内容

(1) 交易性金融资产业务的核算。

(2) 持有至到期投资业务的核算。

(3) 可供出售金融资产业务的核算。

(4) 长期股权投资业务的核算。

2. 教学重点

(1) 各种投资初始确认业务的核算。

(2) 持有至到期投资后续计量与重分类。

(3) 长期股权投资后续计量方法。

3. 教学难点

实际利率法的运用　持有至到期投资减值　长期股权投资初始投资成本的确定　权益法　成本法与权益法相互转换

第4章 投资业务的核算

> 4. 教学建议
> (1) 通过向学生解读现行企业会计准则——金融工具确认与计量准则、金融资产转移准则和长期股权投资准则关于金融资产和长期股权投资的规定使学生了解金融资产和长期股权投资产生、后续计量和期末余终止确认的要求。
> (2) 通过课件演示和讲解企业各种投资核算的全过程,让学生理解投资的初始计量、实际利率法的运用、权益法和成本法以及两种方法相互转换、投资减值和终止确认的核算。
> (3) 技能掌握及巩固:通过例题讲解及学生讨论、交流,熟练掌握投资业务的核算,再通过习题巩固对投资核算方法的运用。
> (4) 根据学生掌握的情况,引导学生思考实际利率法、成本法和权益法核算的基本理念。

训 练 题

一、单项选择题

1. 交易性金融资产的相关交易费用计入当期损益"投资收益"的(　　)。
   A. 借方　　　　　　　　　　B. 贷方
   C. 借贷方均可　　　　　　　D. 以上答案均不正确

2. 交易性金融资产处置时售价与账面价值的差额计入(　　)。
   A. 公允价值变动损益　　　　B. 资本公积
   C. 盈余公积　　　　　　　　D. 投资收益

3. 交易性金融资产出售时的投资收益金额为(　　)。
   A. 出售总价减去取得时成本　B. 出售净价减去取得时成本
   C. 出售总价　　　　　　　　D. 出售净价

4. 企业2×15年1月1日购入A公司发行的3年期公司债券作为持有至到期投资。支付价款为51 950万元,另支付相关费用50万元,债券面值50 000万元,每半年付息一次,到期还本,该债券票面年利率6%,年实际利率4%。采用实际利率法摊销,则甲公司2×15年12月31日"持有至到期投资——利息调整"科目的余额为(　　)万元。
   A. 982.8　　　　　　　　　　B. 1 555.94
   C. 1 070.8　　　　　　　　　D. 2 000

5. 企业购入分期付息的持有至到期投资,期末确认尚未收到的利息时,应借记的科目是(　　)。
   A. 持有至到期投资——应计利息　B. 应收利息
   C. 持有至到期投资——面值　　　D. 投资收益

6. 采用实际利率法进行到期一次还本分期付息的持有至到期投资的利息调整借差摊销时,摊销额(　　)。
   A. 逐期递增　　　　　　　　B. 逐期递减
   C. 保持不变　　　　　　　　D. 变化不能确定

7. 企业购入股票时,如果支付的价款中含有已宣告发放但尚未领取的现金股利,应将这部分股利记入的账户是"(　　)"。

A．短期投资 B．财务费用
C．其他应收款 D．应收股利

8．在权益法下，当被投资单位资本公积增加时，投资企业应贷记的会计科目是"(   )"。

A．投资收益 B．营业外收入
C．资本公积 D．盈余公积

9．下列金融资产中，应作为可供出售金融资产核算的是(   )。

A．企业购入的有意图和能力持有至到期的公司债券
B．企业购入的有公开报价但不准备随时变现的 M 公司股票，具有重大影响
C．企业购入的没有公开报价且不准备随时变现的 M 公司 5%的股权
D．企业购入的准备随时出售的基金投资

10．下列关于可供出售金融资产的表述中，正确的是(   )。

A．期末公允价值大于账面价值的差额，应计入投资收益
B．期末公允价值小于账面价值的差额．计入资产减值损失
C．处置时，应将持有期间因公允价值变动计入所有者权益的金额转入公允价值变动损益
D．可供出售债务工具可以按照摊余成本与实际利率计算确认利息收入

二、多项选择题

1．下列各项属于交易性金融资产的有(   )。

A．短期出售的股票
B．短期出售的债券
C．短期出售的基金
D．直接指定为以公允价值计量且其变动计入当期损益的金融资产
E．衍生金融工具

2．在对交易性金融资产的整个处理过程中，可能涉及的一级科目有(   )。

A．交易性金融资产 B．公允价值变动损益
C．应收股利 D．应收利息
E．投资收益

3．下列各项中，影响持有至到期投资摊余成本的有(   )。

A．已计提的减值准备 B．分期收回的本金
C．利息调整的累计摊销额 D．到期一次还本付息债券确认的票面利息
E．债券投资在活跃市场上的报价

4．下列各项中，应计入分期付息持有至到期投资购入成本的有(   )。

A．债券面值 B．债券溢价
C．债券折价 D．债券手续费
E．发行日至购买日的利息

5．企业处置长期股权投资时，正确的处理方法有(   )。

A．处置长期股权投资，其账面价值与实际取得价款的差额，应当计入营业外收入

B．处置长期股权投资，其账面价值与实际取得价款的差额，应当计入投资收益

C．采用权益法核算的长期股权投资，因被投资单位除净损益以外所有者权益的其他变动而计入所有者权益的，全部处置该项投资时应当将原计入所有者权益的部分转入投资收益

D．采用权益法核算的长期股权投资，因被投资单位除净损益以外所有者权益的其他变动而计入所有者权益的，处置该项投资时应当将原计入所有者权益的部分全部转入营业外收入

6．长期股权投资权益法的适用范围包括( )。

A．投资企业能够对被投资企业实施控制的长期股权投资

B．投资企业对被投资企业具有共同控制的长期股权投资

C．投资企业对被投资企业具有重大影响的长期股权投资

D．投资企业对被投资企业不具有共同控制或重大影响，但在活跃市场中有报价、公允价值能够可靠计量的长期股权投资

7．下列有关可供出售金融资产会计处理的说法中，正确的有( )。

A．初始确认时，应按公允价值和相关交易费用之和作为初始确认金额

B．资产负债表日，应按公允价值进行后续计量

C．资产负债表日，确认的可供出售金融资产公允价值变动应计入当期损益

D．可供出售金融资产持有期间取得的利息或现金股利，应当计入投资收益

E．可供出售金融资产发生的减值损失应计入当期损益

8．下列关于可供出售金融资产的表述中，正确的有( )。

A．可供出售金融资产发生的减值损失应计入当期损益

B．可供出售金融资产的公允价值变动应计入当期损益

C．取得可供出售金融资产发生的交易费用应直接计入资本公积

D．处置可供出售金融资产时，以前期间因公允价值变动计入所有者权益的金额应转出

9．对于同一控制下的企业合并，合并方以发行权益性证券作为合并对价的，下列说法中不正确的有( )。

A．应当在合并日按照取得被合并方所有者权益公允价值的份额作为长期股权投资的初始投资成本，按照发行股份的面值总额作为股本

B．应当在合并日按照取得被合并方可辨认净资产公允价值的份额作为长期股权投资的初始投资成本，按照发行股份的面值总额作为股本

C．应当在合并日按照取得被合并方所有者权益账面价值的份额作为长期股权投资的初始投资成本，按照发行股份的面值总额作为股本

D．应当在合并日按照取得被合并方所有者权益账面价值的份额作为长期股权投资的初始投资成本，按照发行股份的面值总额作为股本，长期股权投资初始投资成本与所发行股份面值总额之间的差额，应当计入当期损益

10．下列各项支付的价款中，不应计入投资成本的有( )。

A．购入持有至到期投资实付价款中包含的相关税金

B．购入持有至到期投资实付价款中包含的相关手续费

C．购入一次付息的持有至到期投资实付价款中包含的应计利息

D．购入分期付息的持有至到期投资实付价款中包含的未到期利息

E．购入股票实付价款中包含的已宣告发放但尚未支取的股利

三、判断题

1．在终止确认可供出售金融资产时，应将原来计入资本公积中的金额转出至公允价值变动损益科目。　　　　　　　　　　　　　　　　　　　　　　　　　（　）

2．交易性金融资产取得时的相关交易费用计入当期损益。　　　　　（　）

3．交易性金融资产实际支付的价款中包含的已宣告但尚未发放的现金股利应当确认为应收项目。　　　　　　　　　　　　　　　　　　　　　　　　　　　（　）

4．交易性金融资产实际支付的价款中包含的已到付息期但尚未领取的利息应当确认为应收项目。　　　　　　　　　　　　　　　　　　　　　　　　　　　（　）

5．当债券票面利率高于金融市场利率时，可能导致债券溢价发行。　（　）

6．债券折价差额属于债券发行者给予债券投资者的利息补偿。　　　（　）

7．企业购入的持有至到期投资实际支付的价款中，相关税费直接计入当期损益，不作为投资成本入账。　　　　　　　　　　　　　　　　　　　　　　　　（　）

8．可供出售金融资产应当按取得该金融资产的公允价值和相关交易费用之和作为初始确认金额。　　　　　　　　　　　　　　　　　　　　　　　　　　　（　）

9．长期股权投资期末应按历史成本计量，不计提减值准备。　　　　（　）

10．采用权益法核算的长期股权投资的初始投资成本大于投资时应享有被投资单位可辨认净资产公允价值份额的，其差额不调整长期股权投资的成本。　　　（　）

第5章 资金业务的核算

职业能力目标

- **专业能力目标**
  - 能掌握相关资金业务的初始确认与计量业务。
  - 能掌握相关资金业务的后续计量业务。
  - 能掌握相关资金业务的终止确认业务。
- **教学能力目标**
  - 熟悉资金业务的会计核算。
  - 结合专业知识和学情进行个性化专业教学设计。
  - 营造良好的项目、选择合适的教学方法进行专业教学实施。
  - 选择恰当的方式开展专业教学评价。
- **社会能力目标**
  - 具备一定的沟通协调能力,处理好个人与同事关系,处理好企业内外相关部门的关系。
  - 能利用现代信息技术获取并甄别相关信息,分析准则的修订和完善对负债和所有者权益业务核算的影响。
  - 了解企业资金业务核算现状。

工作任务分析

- 计算确定短期借款和长期负债的初始确认金额并入账。
- 采用实际利率法计算确定各种长期负债存续期间利息费用、摊余成本并编制会计分录。

- 终止确认短期借款和长期负债。
- 核算企业接受各种投资业务。
- 核算资本公积和盈余公积转增资本。
- 核算利润分配与结转。

5.1 负债融资业务的核算

辉正公司向金融机构借入短期借款和长期借款，或者在深交所、上交所发行债券，辉正公司如何确定该短期借款、长期借款、应付债券的初始计量金额？借款费用如何处理？借款的后续计量采用什么方法计算实际利息费用？每个期末以什么价值计量这些负债？如何核算这些负债的终止确认业务？如果产生或有负债，辉正公司是否要确认或有负债？

5.1.1 流动负债的核算

1. 流动负债的含义

负债是会计中最基本的要素之一，它代表了企业资产总额中属于债权人的那部分权益。会计中的负债通常是指企业所承担的、由于过去或现在已发生的经济业务所引起的、能以货币计量、将来需要用资产或劳务予以偿还的各种债务。负债根据其偿还期限的长短，可以划分为流动负债和长期负债；根据其偿还方式的不同，可以划分为货币性负债和非货币性负债。

流动负债是相对于长期负债而言的。根据我国《企业会计准则》，流动负债是指将在一年或者超过一年的一个营业周期内，用流动资产或举借新的负债来偿还的债务。主要有短期借款、应付票据、应付账款、预收账款、应交税费、应付职工薪酬、其他应付款等。

2. 流动负债的分类

流动负债根据其应付金额是否肯定，可以分为以下四类。

1) 应付金额确定的流动负债

这类负债在责任或义务产生时，一般可以根据合同、契约或根据法律的规定，具有明确的偿还金额，明确的付款人和付款日期。如短期借款、应付账款、应付票据、应付股利等。

2) 应付金额视经营情况而定的流动负债

这类负债一般要等到会计期末，在确定了企业该期的经营情况后才能确定负债的金额，而在会计期间内无法确切知道其金额大小。如应交所得税等，必须在会计期间结束计算出经营成果后，才能确定其金额大小。

3) 应付金额须予估计的流动负债

这类负债虽然也是由过去的经济业务引起的现存义务，但是并无确切的应付金额，甚至其偿还日期和受款人都无法确定。如产品质量担保负债、应付财产税等，需要根据以往的经验或专门的调查研究资料，估计确定其应负责任。

4) 或有负债

这类负债是指其负债是否成立目前尚难确定，其发生与不发生应视将来某种事项是否发生而定的债务。如未决诉讼、应收票据贴现等。

3. 流动负债的计价

我国《企业会计准则》对流动负债的计价明确规定为："各种流动负债应当按照实际发生数额记账。负债已发生而数额需要预计确定的，应当合理预计，待实际数额确定后，进行调整。"

4. 短期借款的核算

企业日常经营所产生的应付票据、应付账款、预收账款、应交税费、应付职工薪酬、其他应付款等流动负债已经在往来款项业务中阐述，这里不再赘述。

短期借款是指企业为了弥补流动资金的不足，向银行或其他金融机构、其他单位或个人借入的期限在一年以下的各种借款，包括短期银行借款和短期融资债券等。短期借款的目的一般是为了维持企业正常的生产经营所需的资金，或是为抵偿某项债务。这些借款方式下的会计处理方法是一致的，主要包括借入时、利息提取及支付、偿还本金三个环节的处理。

对企业所发生的短期借款业务，应设置"短期借款"科目。该科目的贷方登记取得的借款本金，借方登记借款本金的偿还，期末贷方余额表示期末尚未偿还的借款本金，列示在资产负债表负债方的流动负债项目下面。该科目应按照债权人和短期借款的种类设置明细科目，进行明细分类核算。

对短期借款利息，应设置"财务费用"科目。该科目借方登记利息费用的发生，贷方登记期末结转至"本年利润"科目的金额。

1) 取得短期借款时的会计处理

企业借入短期借款时，一方面企业的银行存款增加，另一方面企业的一项负债增加，应确认和计量此项流动负债。根据借款金额，应编制会计分录如下：

借：银行存款
    贷：短期借款

2) 短期借款利息的会计处理

短期银行借款的目的一般是为了弥补企业自有流动资金的不足，属于企业流动负债，因此，其利息应作为财务费用处理。如果企业的短期银行借款利息是按月支付的，或者短期借款的利息数额不大时，根据会计上的重要性原则，可以于实际支付时，或者收到银行的计息通知时，直接计入"财务费用"科目，即：

借：财务费用
    贷：银行存款

如果短期银行借款利息是按季支付的,或者是在借款到期时连本金一起归还,并且利息数额较大的,为了正确计算各期盈亏,按照预提的方法,按月预提计入损益。

(1) 预提时:

借:财务费用
　　贷:应付利息

(2) 支付利息时:

借:应付利息
　　贷:银行存款

3) 归还短期借款时的会计处理

企业归还短期借款时,一方面企业的银行存款减少,另一方面企业的一项负债减少,应冲减此项流动负债。根据还款金额,应编制会计分录如下:

借:短期借款
　　贷:银行存款

5.1.2 长期负债的核算

1. 长期负债的概念、特点

长期负债是指流动负债以外的负债,企业不是为交易目的而持有、预计将在一个营业周期以上偿还的债务,属于非流动负债。

长期负债的特点是偿还期限长、债务金额较大、偿还方式多种(分期偿还本息、分期付息到期一次还本、到期一次还本付息)。

2. 长期负债的分类

根据筹措方式的不同,分为长期借款、应付债券、长期应付款、预计负债等。根据偿还方式的不同,分为定期偿还和分期偿还的长期负债。根据有无担保的不同,分为担保和信用长期负债。由于长期应付款已经在相关章节如固定资产中已经涉及,这里主要学习长期借款、应付债券、预计负债。

3. 长期借款业务核算

1) 长期借款的定义

长期借款是指企业向银行或其他金融机构借入的期限在一年以上(不含一年)或超过一年的一个营业周期以上的各项借款。长期借款按有无担保分为担保借款(保证借款、抵押借款、质押借款)和信用借款;按币种分为人民币借款、外汇借款;按偿还方式分为定期偿还借款和分期偿还借款。企业借入长期借款主要用于长期资产的购建、改扩建或大修理工程。

2) 长期借款的会计核算

为了核算长期借款业务,企业应设置"长期借款"总账科目,并设置"本金""应计利息""利息调整"明细科目。企业借入长期借款时,按实际收到的金额借记"银行存款"科目,贷记"长期借款——本金"科目,按发生的交易费用,借记"长期借款——利息调整"科目。

在每个资产负债表日,企业应按摊余成本和实际利率计算确定的长期借款的利息费用,借记"财务费用""在建工程""制造费用""研发支出"科目,贷记"应付利息"或"长期借款——应计利息",差额贷记"长期借款——利息调整"科目。如果实际利率与合同约定的名义利率差异不大的,也可以采用合同约定的名义利率计算确定利息费用。偿还利息时,借记"应付利息"或"长期借款——应计利息"科目,贷记"银行存款"科目。

企业归还长期借款本金时,借记"长期借款——本金"科目,贷记"银行存款"科目。同时,应转销该项长期借款的利息调整余额,借记"在建工程""制造费用""财务费用""研发支出"科目,贷记"长期借款——利息调整"科目。"长期借款"科目期末贷方余额,反映企业尚未偿还的长期借款的摊余成本。

4. 应付债券业务核算

1) 应付债券的定义和特点

债券是举债的公司为筹措长期资金,按照法定程序报经批准,向社会大众发行的,约定在一定日期或分期偿还本金,并按期支付利息的一种书面承诺,是企业融通长期资金的一种重要方式。应付债券是指企业由发行债券而形成的偿还期限在一年以上的非流动负债,应付债券相对于信贷融资而言,发行债券所筹集的资金期限较长,筹资金额大,资金使用比较自由,但发行成本高、发行周期较长,没有信贷融资迅速快捷。

2) 债券的种类

债券按期限长短分为短期(1年或1年以内)债券、中期(1至5年以内)债券、长期债券(5年以上);按担保情况分为担保债券和信用债券;按付息方式分为普通债券、零息债券和浮动利率债券、收益债券或收入债券、参与债券(全部参与和有限参与);按记名与否分为记名债券、无记名债券;按还本方式分为定期还本债券、分期还本债券;按特殊偿还方式分为可赎回债券、可转换债券、以商品偿付的债券。

3) 应付债券业务的核算

应付债券的核算包括债券发行的账务处理、应付债券计息和利息调整的摊销以及偿还债券的核算。为了进行应付债券的核算,企业应设置"应付债券"总账科目,并设置"面值""利息调整""应计利息"明细科目。

(1) 债券发行时的核算。

发行债券首先要确定发行价格。根据债券发行价格与面值之间的关系,债券发行有平价(面值)发行、折价发行、溢价发行。不考虑其他因素影响的情况下,债券的发行价格取决于债券的票面利率和市场利率之间的关系。债券的票面利率高于同期银行存款利率时,可按超过债券面值的价格发行,称为溢价发行。溢价是企业以后各期多付利息而事先得到的补偿。如果债券的票面利率低于同期银行存款利率,可按低于债券面值的价格发行,称为折价发行。折价是企业以后各期少付利息而预先给投资者的补偿。如果债券的票面利率与同期银行存款利率相同,可按票面价格发行,称为面值发行。债券溢价与折价是发行债券企业在债券存续期间对债券利息费用的调整。

企业发行债券时,应付债券初始计量应以公允价值作为计量基础。应按实际收到的款项,借记"银行存款""库存现金"等科目,按债券票面价值,贷记"应付债券——面值"科目,按实际收到的款项与票面价值之间的差额,贷记或借记"应付债券——利息调整"科目。

同时,企业还应计算实际利率,实际利率是指将应付债券的未来现金流量折现为初始计量金额所使用的利率。

(2) 应付债券存续期间的会计核算。

应付债券存续期间,企业应当采用实际利率法,按摊余成本对应付债券进行后续计量。实际利率法又称"实际利息法",是指每期的利息费用按期初债券账面价值乘以实际利率计算,按实际利率计算的利息费用与按票面利率计算的应计利息的差额,即为本期摊销的利息调整。

面值发行债券应计提的利息,按摊余成本和实际利率计算的利息,借记"财务费用""在建工程""研发支出"科目,贷记"应付债券——应计利息"或"应付利息"科目。

溢价发行债券,按摊余成本和实际利率计算的利息,借记"财务费用""在建工程""研发支出"等科目,按面值和债券票面利率计算的利息,贷记"应付债券——应计利息"或"应付利息"科目,按应摊销的利息调整金额,借记"应付债券——利息调整"科目。

折价发行债券,按摊余成本和实际利率计算的利息,借记"财务费用""在建工程""研发支出"等科目,按面值和债券票面利率计算的利息,贷记"应付债券——应计利息"或"应付利息"科目,按应摊销的利息调整金额,贷记"应付债券——利息调整"科目。

(3) 应付债券偿还的核算。

企业发行债券到期时应当予以偿还。如果是分期付息、到期还本债券,由于利息已经支付了,所以到期时只需偿还债券本金,借记"应付债券——面值"科目,贷记"银行存款"科目。对于到期一次还本付息债券,到期时偿还本金和利息,借记"应付债券——面值""应付债券——应计利息"等科目,贷记"银行存款"科目。

(4) 可转换公司债券的核算。

① 可转换公司债券概念和特征。

若债券发行合同规定债券持有者可以在一定期间之后,按规定的转换比率或转换价格,将持有的债券转换成发行公司的股票,这种债券称为可转换公司债券。可转换公司债券兼具债权和期权的特征,是一种可以在特定时间、按特定条件转换为普通股票的特殊企业债券。

可转换公司债券可保证债权人的利益的同时又可享受股东的权益。由于可能享受股东的权益,所以这种债券的利率一般较低。如果发行公司利润不多,股票市价疲软,债权人不得不将债券一直持有至到期还本,这样会损失一定的利息收入。对债券发行企业来讲,因为利率较低,所以发行债券的代价相对于普通债券较低,可保证资金供应。

② 可转换公司债券的核算。

发行时的核算。公司发行可转换公司债券并进行初始确认时,要将其包含的负债和权益成分进行分拆——负债成分确认为"应付债券——可转换公司债券",权益成分确认为"资本公积——其他资本公积",以后转换时在将其转入资本溢价。在分拆时,应该对负债成分的未来现金流量进行折现确定为负债成分的初始确认金额;再按发行价格总额扣除负债成分初始确认金额后的价值为权益成分初始确认金额。可转公司债券的发行费用应该在负债成分和权益成分之间按照各自相对公允价值进行分摊。

在转股前,可转公司债券负债成分应按照一般公司债券进行相同的会计处理,即根据债券摊余成本乘上实际利率确定利息费用计入"财务费用"或相关资产科目,根据债券面值乘上票面利率确定实际应支付的利息计入"应付债券——可转换公司债券(应计利息)"或者"应付利息"科目,二者之间的差额作为利息调整进行摊销,计入"应付债券——可转换公司债券(利息调整)"科目。

投资人到期行使债券的转换权,债权发行方应按合同约定的条件计算转换的股份数,确定股本的金额,计入"股本"科目,同时结转债券账面价值,二者之间的差额计入"资本公积——股本溢价"科目;此外,还要把可转换公司债券初始核算分拆确认的"资本公积——其他资本公积"金额一同转入"资本公积——股本溢价"科目。

5. 预计负债业务的核算

1) 预计负债的概念及确认的条件

预计负债是因或有事项可能产生的负债。根据或有事项准则的规定,与或有事项相关的义务同时符合以下三个条件的,企业应将其确认为预计负债:

(1) 该义务是企业承担的现时义务;

(2) 该义务的履行很可能导致经济利益流出企业,这里的"很可能"指发生的可能性为大于50%,但小于或等于90%;

(3) 该义务的金额能够可靠地计量。

2) 预计负债业务的核算

(1) 预计负债的账务处理。

要核算预计负债,应设置"预计负债"科目。企业根据或有事项准则确认的由对外提供担保、未决诉讼、重组义务产生的预计负债,应按确定的金额,借记"营业外支出"科目,贷记"预计负债"科目(预计担保损失、预计未决诉讼损失、预计重组损失)。

根据或有事项准则确认的由产品质量保证产生的预计负债,应按确定的金额,借记"销售费用"科目,贷记"预计负债"科目(预计产品质量保证损失)。

根据固定资产准则或石油天然气开采准则确认的由弃置义务产生的预计负债,应按确定的金额,借记"固定资产"或"油气资产"科目,贷记"预计负债"科目(预计弃置费用)。在固定资产或油气资产的使用寿命内,按弃置费用计算确定各期应负担的利息费用,借记"财务费用"科目,贷记"预计负债"科目(预计弃置费用)。

投资合同或协议中约定在被投资单位出现超额亏损,投资企业需要承担额外损失的,企业应在"长期股权投资"科目以及其他实质上构成投资的长期权益账面价值均减记至零的情况下,对于按照投资合同或协议规定仍然需要承担的损失金额,借记"投资收益"科目,贷记"预计负债"科目。

企业实际清偿预计负债时,借记"预计负债"科目,贷记"银行存款""原材料"等科目。

企业根据确凿证据需要对已确认的预计负债进行调整的,调整增加的预计负债,借记有关科目,贷记"预计负债"科目;调整减少的预计负债,做相反的会计分录。

预计负债金额的确定。如果企业在估计赔偿金额时,所需支出存在一个连续范围,且该范围内各种结果发生的可能性相同的,最佳估计数应当按照该范围内的中间值确定;如果所需支出不存在一个连续范围,或虽然存在一个连续范围,但该范围内各种结果发生的可能性不相同,或有事项涉及单个项目的,则最佳估计数按照最可能发生金额确定,或有事项涉及多个项目的,按照各种可能结果及相关概率计算确定。

(2) 未决诉讼或未决仲裁。

未决诉讼或未决仲裁是指企业涉及尚未判决的诉讼案件、原告提出有赔偿要求的待决事项。如果企业胜诉,将不负有任何责任;但若企业败诉,则负有支付原告提出的赔偿要求的责任。即一旦有待决的对方提出的索赔事项时,企业即应视为一项或有负债。在未决诉讼中,对被告可能会形成一项或有负债,或有负债一旦符合确认的条件,企业应当将其确认为预计负债。

(3) 债务担保。

债务担保在企业中是较为普遍的现象。作为提供担保的一方,在被担保方无法履行合同的情况下,常常承担连带责任。从保护投资者、债权人的利益出发,客观、充分地反映企业因担保义务而承担的潜在风险是十分必要的。

(4) 产品质量保证。

产品质量保证,通常指销售商或制造商在销售产品或提供劳务后,对客户提供服务的一种承诺。在约定期内(或终身保修),若产品或劳务在正常使用过程中出现质量或与之相关的其他属于正常范围的问题,企业负有更换产品、免费或只收成本价进行修理等责任。为此,企业应当在符合确认条件的情况下,于销售成立时确认预计负债。

(5) 亏损合同。

亏损合同,是指履行合同义务不可避免发生的成本超过预期经济利益的合同。企业与其他企业签订的商品销售合同、劳务提供合同、租赁合同等,均可能变为亏损合同。亏损合同产生的义务满足预计负债的确认条件的,应当确认为预计负债。亏损合同的预计金额应当按照履行合同发生的损失与不履行合同支付的违约金两者中的较低者确定。

业务操作

任务一:短期借款的核算

1. 任务描述

辉正公司 2×15 年 7 月 1 日向银行借入 6 个月短期借款 200 000 元,年利率 6%。借款利息每季度末按季支付。

2. 任务要求

为辉正公司编制该业务的全部相关会计分录。

3. 任务分析

短期借款的核算区分本金和利息。其中,本金通过"短期借款"科目核算,包括借入和归还两个环节;利息如果按月支付或者虽然不按月支付但数额不大时,可以在支付时一次性计入当期损益,如果不按月支付且数额较大,应按月计算应付利息。

短期借款的利息一般计入财务费用,应付的短期借款利息通过"应付利息"科目核算。

4. 任务具体完成过程

(1) 取得借款时：
借：银行存款　　　　　　　　　　　　　　　　　　　　　　　200 000
　　贷：短期借款　　　　　　　　　　　　　　　　　　　　　　200 000

(2) 7月末、8月末每月预提当月利息费用＝200 000×6%÷12＝1 000(元)
每月末会计分录为：
借：财务费用　　　　　　　　　　　　　　　　　　　　　　　　1 000
　　贷：应付利息　　　　　　　　　　　　　　　　　　　　　　1 000

(3) 9月份收到银行通知，支付本季度利息 3 000元。
借：财务费用　　　　　　　　　　　　　　　　　　　　　　　　1 000
　　应付利息　　　　　　　　　　　　　　　　　　　　　　　　2 000
　　贷：银行存款　　　　　　　　　　　　　　　　　　　　　　3 000

第四季度利息的核算同(2)、(3)。

(4) 2×16年1月1日，偿还短期借款200 000元。
借：短期借款　　　　　　　　　　　　　　　　　　　　　　　200 000
　　贷：银行存款　　　　　　　　　　　　　　　　　　　　　　200 000

任务二：长期借款业务核算

1. 任务描述

2×15年1月1日，辉正公司为建造厂房而向银行借入期限2年的长期借款5 000 000元，款项已存入银行，该借款利率为5%，按年付息、到期一次还本。2×15年1月5日，公司支付工程款2 000 000元，2×16年1月2日，支付第二笔工程款2 500 000元，2×16年8月2日，该工程完工，达到预定可适用状态。

2. 任务要求

(1) 请为辉正公司编制借款业务的会计分录；
(2) 请为辉正公司编制支付工程款业务的会计分录；
(3) 请为辉正公司计算2×15年利息金额并编制会计分录；
(4) 请为辉正公司计算2×16年借款利息并编制会计分录；
(5) 请为辉正公司计算确定工程完工厂房的成本金额；
(6) 请为辉正公司编制工程完工的会计分录；
(7) 请为辉正公司编制借款到期偿还的会计分录。
注：计算结果保留整数。

3. 任务分析

由于借款期限是2年，因此辉正公司应将该借款作为长期借款核算，长期借款的初始确认金额应该是借款本金和借款费用，即5 000 000元。辉正公司用该借款建造厂房，因此所支付工程款2 000 000元、2 500 000元应记入"在建工程"科目；借款利息为每期期初的摊余成本与实际利率的乘积,本任务初始确认金额与本金相同,所以实际利率为借款利率;建造期间所发生的借款利息应由该工程承担,应记入"在建工程"科目,工程完工后的借款利息应记入当期损益即"财务费用"科目。工程完工厂房的成本金额为所支付的工程价款与工程建造期间承担的利息之和。工程完工,由"在建工程"科目转入"固定资产"科目。

4. 任务具体完成过程

(1) 请为辉正公司编制借款业务的会计分录。

2×15年1月1日:

借:银行存款	5 000 000
贷:长期借款——本金	5 000 000

(2) 请为辉正公司编制支付工程款业务的会计分录。

2×15年1月5日支付工程款:

借:在建工程	2 000 000
贷:银行存款	2 000 000

2×16年1月2日支付工程款:

借:在建工程	2 500 000
贷:银行存款	2 500 000

(3) 请为辉正公司计算2×15年利息金额并编制会计分录。

2×15年12月31日:

2×15年利息金额=5 000 000×5%=250 000(元)

借:在建工程	250 000
贷:银行存款	250 000

(4) 请为辉正公司计算2×16年借款利息并编制会计分录。

2×16年利息金额=5 000 000×5%=250 000(元)

2×16年8月2日:

7个月的利息金额=250 000×7÷12=145 833(元)

借:在建工程	145 833
贷:应付利息	145 833

2×16年12月31日:

5个月的利息金额=250 000-145 833=104 167(元)

借:财务费用	104 167
贷:应付利息	104 167

(5) 请为辉正公司计算确定工程完工厂房的成本金额。

工程完工厂房的成本金额
=2 000 000+2 500 000+250 000+145 833
=4 895 833(元)

(6) 请为辉正公司编制工程完工的会计分录。

2×16年8月2日:

借：固定资产 4 895 833
　　贷：在建工程 4 895 833

(7) 请为辉正公司编制借款到期偿还的会计分录。

2×16 年 12 月 31 日：

借：长期借款——本金 5 000 000
　　应付利息 250 000
　　贷：银行存款 5 250 000

任务三：应付债券业务核算

1. 任务描述

20×4 年 1 月 1 日，辉正公司经批准发行按年支付利息、本金到期支付的债券，共发行 1 000 张，该债券每张面值 1 000 元，5 年期，票面利率 5%，发行债券时的市场利率 3%。假设不考虑相关费用。

$$(P/S, 3\%, 5)=0.862\ 6;\ (P/A, 3\%, 5)=4.579\ 7$$

2. 任务要求

(1) 请为辉正公司计算确定债券发行价格、初始确认金额、利息调整金额。
(2) 请为辉正公司计算确定实际利率。
(3) 请为辉正公司编制应付债券初始确认的会计分录。
(4) 请为辉正公司编制债券利息调整摊销表。
(5) 请为辉正公司编制利息费用确认与利息调整摊销的会计分录。
(6) 请为辉正公司编制终止确认应付债券的会计分录。

3. 任务分析

债券的发行价格为该债券未来现金流量的现值，折算现值采用的是利率，是市场利率。辉正公司应把未来每年偿付债券的利息和到期支付的本金即面值用市场利率折算至 20×4 年 1 月 1 日的现值作为发行价格。应付债券的初始确认金额为债券的发行价格与相关费用之和，由于不考虑发行费用，因此应付债券的初始确认金额即为发行价格。应付债券初始确认金额与债券面值之间的差额即为利息调整额。由于实际利率是辉正公司将债券未来现金流量折现值等于初始确认金额所采用的折现率，而这里初始确认金额即为发行价格，发行价格就是债券未来现金流量采用市场利率折算的现值，从而实际利率即为市场利率。

债务期间，辉正公司应采用实际利率法计算确认实际利息费用并摊销利息调整额。每期实际利息费用等于应付债券每期期初的摊余成本与实际利率的乘积，现金利息即票面利息为债券的面值与票面利率的乘积，实际利息费用与现金利息之间的差额为每期利息调整摊销额。应付债券摊余成本等于初始确认金额扣除偿还的本金、加/减累计利息调整摊销额。

为了核算发行债券产生的负债，辉正公司应设置"应付债券"科目，并设置明细账户"应付债券——面值""应付债券——利息调整"。初始确认时，应贷记"应付债券——面值"科目，本任务债券的初始确认金额大于面值，二者的差额应贷记"应付债券——利息调整"科目。每个资产负债表日，当期现金利息贷记"银行存款"科目，当期利息调整摊销额借记"应付债券——利息调整"科目,实际利息借记"财务费用"科目。终止确认时,应借记"应付债券——面值"科目,贷记"银行存款"科目。

4. 任务具体完成过程

(1) 请为辉正公司计算确定债券发行价格、初始确认金额、利息调整金额。

债券发行价格 = 1 000 000(P/S, 3%, 5) + 1 000 000×5%(P/A, 3%, 5)
　　　　　　= 1 000 000×0.862 6 + 50 000×4.579 7
　　　　　　= 1 091 585(元)

根据任务分析,应付债券初始确认金额 = 1 091 585 元

应付债券的面值 = 1 000×1 000 = 1 000 000(元)

利息调整额 = 1 091 585 - 1 000 000 = 91 585(元)

(2) 请为辉正公司计算确定实际利率。

根据任务,应付债券的实际利率即为市场利率3%。

(3) 请为辉正公司编制应付债券初始确认的会计分录。

20×4 年 1 月 1 日:

借:银行存款　　　　　　　　　　　　　　　　　　1 091 585
　　贷:应付债券——面值　　　　　　　　　　　　　　1 000 000
　　　　　　　——利息调整　　　　　　　　　　　　　　91 585

(4) 请为辉正公司编制债券利息调整摊销表(表5-1)。

表 5-1　债券利息调整摊销表

单位:元

日　　期	票面利息(1)=1 000 000×5%	利息费用(2)=期初(4)×3%	利息调整摊销额(3)=(1)-(2)	摊余成本(4)=期初(4)-(3)
20×4 年 1 月 1 日				1 091 585
20×4 年 12 月 31 日	50 000	32 747.55	17 252.45	1 074 332.55
20×5 年 12 月 31 日	50 000	32 229.98	17 770.02	1 056 562.53
20×6 年 12 月 31 日	50 000	31 696.88	18 303.12	1 038 259.41
20×7 年 12 月 31 日	50 000	31 147.78	18 852.22	1 019 407.19
20×8 年 12 月 31 日	50 000	30 592.81*	19 407.19*	1 000 000
合计	250 000	158 415	91 585	

*含尾差调整。

(5) 请为辉正公司编制利息费用确认与利息调整摊销的会计分录。

辉正公司在每个资产负债表日的会计分录如下:

20×4 年 12 月 31 日

借:应付债券——利息调整　　　　　　　　　　　　　17 252.45
　　财务费用　　　　　　　　　　　　　　　　　　　32 747.55
　　贷:银行存款　　　　　　　　　　　　　　　　　　50 000

20×5年12月31日

借：应付债券——利息调整　　　　　　　　　　　　　　　　17 770.02
　　财务费用　　　　　　　　　　　　　　　　　　　　　　32 229.98
　　　贷：银行存款　　　　　　　　　　　　　　　　　　　　　　50 000

20×6年12月31日

借：应付债券——利息调整　　　　　　　　　　　　　　　　18 303.12
　　财务费用　　　　　　　　　　　　　　　　　　　　　　31 696.88
　　　贷：银行存款　　　　　　　　　　　　　　　　　　　　　　50 000

20×7年12月31日

借：应付债券——利息调整　　　　　　　　　　　　　　　　18 852.22
　　财务费用　　　　　　　　　　　　　　　　　　　　　　31 147.78
　　　贷：银行存款　　　　　　　　　　　　　　　　　　　　　　50 000

20×8年12月31日

借：应付债券——利息调整　　　　　　　　　　　　　　　　19 407.19
　　财务费用　　　　　　　　　　　　　　　　　　　　　　30 592.81
　　　贷：银行存款　　　　　　　　　　　　　　　　　　　　　　50 000

(6) 请为辉正公司编制终止确认应付债券的会计分录。

20×8年12月31日

借：应付债券——面值　　　　　　　　　　　　　　　　　1 000 000
　　　贷：银行存款　　　　　　　　　　　　　　　　　　　　　1 000 000

任务四：可转换公司债券业务的核算

1. 任务描述

2×15年1月1日，辉正公司经批准发行每张面值1 000元的可转换公司债券40万张，发行价格为41 000万元。该债券期限为4年，票面利率为4%，利息按年支付；债券持有者可在债券发行1年后转换为辉正公司的股份，转换条件为每1 000元面值的债券转换400股该公司普通股，每股面值1元。该公司发行该债券时不含转股权的债券的市场利率为6%。假设债券持有人于2×16年1月2日行使了转换权。假设不考虑其他相关费用。

$$(P/S, 6\%, 4) = 0.792\ 1;\quad (P/A, 6\%, 4) = 3.465\ 1$$

2. 任务要求

(1) 请为辉正公司计算确定债券负债成分的初始确认金额、权益成分应确认的金额。

(2) 请为辉正公司编制可转换公司债券初始确认会计分录。

(3) 请为辉正公司计算2×15年12月31日实际利息费用、票面利息和利息调整摊销额以及摊余成本。

(4) 请为辉正公司编制2×15年12月31日利息确认与利息调整摊销的会计分录。

(5) 请为辉正公司计算确定债券转换日应确认的股东权益金额。

(6) 请为辉正公司编制可转换债券转换为股东权益的会计分录。

注：计算与会计分录的金额单位为万元。

3. 任务分析

辉正公司初始确认可转换债券时,应将可转换债券区分为负债成分和权益成分。负债成分初始确认金额与一般的应付债券计算方法相同,即可转换债券未来现金流量采用市场利率折算的现值 37 228.16 万元。可转换债券的发行价格 41 000 万元与负债成分初始确认金额之间的差额即为权益成分金额 3 771.84 万元,辉正公司在债券持有人行使转换权时需将该权益成分转出并作为股东权益。由于不考虑其他相关费用,因此可转换公司债券的实际利率即为市场利率。

负债成分每期实际利息为期初摊余成本与实际利率的乘积,票面利息即为债券面值与票面利率之间的乘积,二者的差额即为利息调整摊销额。债券持有人行使转换权时,辉正公司应将行使转换权日可转换债券的摊余成本与初始确认的权益成分之和作为股东权益金额。

4. 任务具体完成过程

(1) 请为辉正公司计算确定债券负债成分的初始确认金额、权益成分应确认的金额。

2×15 年 1 月 1 日:

负债成分应确认的金额

$= 40\,000 \times 4\% \times (P/A, 6\%, 4) + 40\,000 \times (P/S, 6\%, 4)$

$= 37\,228.16$(万元)

利息调整额 $= 37\,228.16 - 40 \times 1\,000 = -2\,771.84$(万元)

权益成分应确认的金额

$= 41\,000 - 37\,228.16 = 3\,771.84$(万元)

(2) 请为辉正公司编制可转换公司债券初始确认会计分录。

借:银行存款　　　　　　　　　　　　　　　　　　　　　　　　41 000
　　应付债券——可转换公司债券(利息调整)　　　　　　　　　　 2 771.84
　　贷:应付债券——可转换公司债券(面值)　　　　　　　　　　　40 000
　　　　资本公积——其他资本公积　　　　　　　　　　　　　　　3 771.84

(3) 请为辉正公司计算 2×15 年 12 月 31 日实际利息费用、票面利息和利息调整摊销额以及摊余成本。

2×15 年 12 月 31 日:

应付利息 $= 40\,000 \times 4\% = 1\,600$(万元)

利息费用 $= 37\,228.16 \times 6\% = 2\,233.69$(万元)

利息调整摊销额 $= 2\,233.69 - 1\,600 = 633.69$(万元)

摊余成本 $= 37\,228.16 + 633.69 = 37\,861.85$(万元)

(4) 请为辉正公司编制 2×15 年 12 月 31 日利息确认与利息调整摊销的会计分录。

借:财务费用　　　　　　　　　　　　　　　　　　　　　　　　2 233.69
　　贷:银行存款　　　　　　　　　　　　　　　　　　　　　　　1 600
　　　　应付债券——可转换公司债券(利息调整)　　　　　　　　　633.69

(5) 请为辉正公司计算确定债券转换日应确认的股东权益金额。

转换日应确认的股东权益金额
＝37 861.85＋3 771.84＝41 633.69(万元)

其中：

股本＝400×40×1＝16 000(万元)

股本溢价＝41 633.69－16 000

＝25 633.69(万元)

(6) 请为辉正公司编制可转换债券转换为股东权益的会计分录。

借：应付债券——可转换公司债券(面值)　　　　　　　　　40 000
　　资本公积——其他资本公积　　　　　　　　　　　　　3 771.84
　　贷：应付债券——可转换公司债券(利息调整)　　　　　　2 138.15
　　　　股本　　　　　　　　　　　　　　　　　　　　　16 000
　　　　资本公积——股本溢价　　　　　　　　　　　　　25 633.69

任务五：未决诉讼或未决仲裁业务核算

1. 任务描述

2×15 年 12 月 3 日，辉正公司因合同违约而被宏伟公司起诉。2×15 年 12 月 31 日，公司尚未接到法院的判决。在咨询了公司的法律顾问后，辉正公司认为最终的法律判决很可能对公司不利，辉正公司预计如果败诉将要支付的赔偿金额、诉讼费等费用为 600 000～1 000 000 元之间的某一金额，而且这个区间内每个金额的可能性都大致相同，其中诉讼费为 15 000 元。

2. 任务要求

(1) 请为辉正公司判断是否应确认或有负债以及应确认的金额。

(2) 请为宏伟公司编制预计负债确认的会计分录。

3. 任务分析

如果企业在估计赔偿金额时，所需支出存在一个连续范围，且该范围内各种结果发生的可能性相同的，最佳估计数应当按照该范围内的中间值确定。首先，由于辉正公司在咨询了公司的法律顾问后认为最终的法律判决很可能对公司不利，即预计负债发生的可能性很大；其次，由于未来败诉支付的金额介于 600 000～1 000 000 元之间且每个金额的可能性大致相同，因此预计负债的金额为 600 000～1 000 000 元的中间值即 800 000 元。或有负债发生的可能性很大且金额能够合理确定，所以应确认预计负债 800 000 元，同时诉讼费用 15 000 元记入当期营业外支出，剩余 785 000 元记入管理费用。

4. 任务具体完成过程

(1) 请为辉正公司计算预计负债的金额。

应确认预计负债

＝(600 000＋1 000 000)÷2

＝800 000(元)

(2) 请为辉正公司编制预计负债确认的会计分录。

800 000－15 000＝785 000(元)

借：管理费用——诉讼费　　　　　　　　　　　　　　　　　　15 000
　　营业外支出　　　　　　　　　　　　　　　　　　　　　　785 000
　　贷：预计负债——未决诉讼　　　　　　　　　　　　　　　　　　800 000

任务六：债务担保业务核算

1. 任务描述

2×15年10月，宏伟公司从银行贷款人民币20 000元，期限2年，由辉正公司全额担保。截至2×17年12月31日，宏伟公司贷款逾期未还，银行已起诉宏伟公司和辉正公司要求偿还贷款，案件还在审理中。辉正公司咨询了律师认为贷款银行很可能胜诉，辉正公司很可能承担连带赔偿责任，预计偿还金额为15 000元的可能性为70%，偿还金额为17 000元的可能性为40%，偿还金额为20 000元的可能性为20%。

2. 任务要求

(1) 请为辉正公司判断是否应确认或有负债以及应确认的金额；

(2) 请为辉正公司编制预计负债的会计分录。

3. 任务分析

如果所需支出不存在一个连续范围，或虽然存在一个连续范围，但该范围内各种结果发生的可能性不相同，或有事项涉及单个项目的，则最佳估计数按照最可能发生金额确定。首先，辉正公司咨询了律师认为公司很可能承担连带责任赔偿责任，即债务很可能发生；其次，未来支出金额是一个不连续范围，所以预计负债最佳估计数为最可能发生金额为15 000元。或有负债很可能发生且金额能够合理确定，所以辉正公司应确认预计负债，同时记入"营业外支出"科目。

4. 任务具体完成过程

(1) 请为辉正公司判断是否应确认或有负债以及应确认的金额。

根据任务分析，辉正公司应确认或有负债，确认金额为15 000元。

(2) 请为辉正公司编制预计负债的会计分录。

借：营业外支出　　　　　　　　　　　　　　　　　　　　　　15 000
　　贷：预计负债——未决诉讼　　　　　　　　　　　　　　　　　　15 000

任务七：产品质量保证业务核算

1. 任务描述

2×15年5月辉正公司销售商品收入1 000 000元，一年内保修。较小质量和较大质量问题发生的维修费分别为销售收入的1%和2%；发生质量问题概率：80%不会发生质量问题，15%可能发生较小质量问题，5%可能发生较大质量问题。当月实际发生的维修费2 300元。

2. 任务要求

(1) 请为辉正公司计算确定预计负债金额。
(2) 请为辉正公司编制预计负债确认的会计分录。
(3) 请为辉正公司编制实际发生维修费的会计分录。

3. 任务分析

或有事项涉及多个项目的,按照各种可能结果及相关概率计算确定,本任务属于该情况。因此辉正公司应按各种情况发生的概率与相应的维修费率计算确定预计负债金额。确认预计负债的同时记入销售费用。

4. 任务具体完成过程

(1) 请为辉正公司计算确定预计负债金额。
1 000 000×(0×80%+1%×15%+2%×5%)=2 500(元)
(2) 请为辉正公司编制预计负债确认的会计分录。
借:销售费用　　　　　　　　　　　　　　　　　　2 500
　　贷:预计负债——产品质量保证　　　　　　　　　　　2 500
(3) 请为辉正公司编制实际发生维修费的会计分录。
借:预计负债——产品质量保证　　　　　　　　　　　2 300
　　贷:银行存款或原材料等　　　　　　　　　　　　　　2 300

任务八:亏损合同业务核算

1. 任务描述

辉正公司 2×15 年 3 月与雨露公司签订了一项不可撤销的产品销售合同,约定在 2×15 年 5 月 25 日前以 150 元/件的价格向雨露公司提供 1 000 件甲产品,若未按期交货,辉正公司需支付违约金 45 000 元。签订合同时尚未开始生产,但企业开始筹备原材料以生产该批产品时,原材料价格突然上涨,预计生产每件产品的成本升到 160 元。

2. 任务要求

(1) 请为辉正公司计算确定履行合同损失。
(2) 请为辉正公司编制预计负债的会计分录。

3. 任务分析

如果辉正公司继续履行合同,带来的损失为 10 000 元,如果不履行合同需支付违约金 45 000 元,因此公司应继续履行合同。由于材料价格已经上涨,损失不可避免,辉正公司应确认预计负债 10 000 元,同时记入营业外支出。

4. 任务具体完成过程

(1) 请为辉正公司计算确定履行合同损失。
履行合同发生的损失
=(160-150)×1 000=10 000(元)<45 000(元)

(2) 请为辉正公司编制预计负债的会计分录。

借：营业外支出　　　　　　　　　　　　　　　　　　　　　　　10 000
　　贷：预计负债　　　　　　　　　　　　　　　　　　　　　　　　10 000

5.2　所有者权益业务的核算

情境引例

辉正公司拟和阳光公司、雨露公司共同出资创办一个公司，在出资上有何要求？对于各自的出资，会计上又该如何处理？假定辉正公司等三家公司各出资了 500 万元，注册资本为 1 500 万元。两年后，公司的净资产上升到 2 100 万元，增值部分全部来自于盈利。此时公司为了扩大生产经营规模，决定增资。假设宏伟公司有意加入，但要求与辉正等三家公司持有相同比例的股权，而辉正等三家公司不追加资本投入。那么宏伟公司至少应出资多少，辉正等三家公司才愿意接受？宏伟公司在注册资本中所占的份额是多少？

公司成立以后，公司的所有者权益会发生哪些变化呢？

知识准备

所有者权益是指所有者(股权资本的投资者)对企业净资产的要求权，企业净资产等于企业的全部资产减去全部负债后的余额。因此，所有者权益是一种剩余权益，即指所有者对企业的资产总值抵减全部负债后的剩余资产的要求权，体现所有者所拥有的企业净值。

企业的所有者权益，包括实收资本、资本公积和留存收益等。其中，资本公积包括资本溢价、其他资本公积等；留存收益包括法定盈余公积金、任意盈余公积金和未分配利润等。

5.2.1　实收资本的核算

1. 实收资本的含义

在我国，投资者创办企业必须先投入资本。实收资本是所有者投入企业的法定资本金。所有者投入企业的资本金通常无需偿还，企业可以长期使用。实收资本的构成比例，即投资者的出资比例或股东的股份比例，通常是确定所有者在企业所有者权益中所占的份额和参与企业经营管理决策的依据，也是企业进行利润分配或股利分配的依据，同时还是企业清算时确定所有者对净资产的要求权的依据。

所有者投入企业资本时可以以现金出资，也可以以实物资产或无形资产出资。

2. 实收资本取得的核算

企业需要设置"实收资本"会计科目。股份有限公司是通过发行股票筹资实收资本的，其以"股本"科目核算企业实际收到的股本金。

企业在实际收到所有者投资时，记入"实收资本"科目的贷方：收到投资人投入的现金，应在实际收到或者存入企业开户银行时，按实际收到的金额，借记"银行存款"科目，以实物资产投资的，应在办理实物产权转移手续时，借记有关资产科目，以无形资产投资的，应按照合同、协议或公司章程规定移交有关凭证时，借记"无形资产"科目，按投入资本在注册资本或股本中所占份额，贷记"实收资本"科目，按其差额，贷记"资本公积——资本溢价"等科目。

股份有限公司发行股票时，按实际发行收入借记"银行存款"科目，按所发行股票的总面值贷记"股本"科目，实际发行收入超过股票面值的部分贷记"资本公积——股本溢价"科目。

3．以公积金转增实收资本或股本的核算

企业为了扩大股本规模，经常以资本公积或盈余公积转增股本。这种业务不会引起所有者权益总额的变动，所有者在企业中拥有的股权百分比也不会发生变化，但会引起所有者权益结构的变动。

以公积金转增股本时，应按原所有者所持股份等比例地增加各所有者的股权。对每一个所有者来讲，虽然持有股票的数量增加了，但他在企业所占的所有权份额仍然没变。在账务处理上，则将反映出所有者权益结构的变化。

根据公司法的规定，公积金转增实收资本或股本后，留存的该项公积金不得低于转增前注册资本的25%。

5.2.2 资本公积的核算

1．资本公积的含义及内容

资本公积是指直接由资本原因形成的公积金。它主要包括资本溢价(企业收到投资者出资额超过其企业注册资本或股本中所占份额的那一部分投资额)、其他资本公积(包括直接计入所有者权益的利得或损失等)。

资本公积与实收资本虽然都属所有者权益，但两者有区别。实收资本是所有者投入企业的资本金，它体现为法定资本；而资本公积具有特定来源，由全部所有者共同享有，并且有一些资本公积金并不来源于所有者投入，也并不一定需要谋求投资回报。因此，在会计核算上，必须正确反映和监督各项资本公积的增减变动情况，并按规定用途正确使用资本公积，保护所有者的利益。

2．应设置的会计科目

为了总括反映和监督企业形成的资本公积以及对资本公积的运用，在会计核算上应设置"资本公积"科目，核算企业资本公积的增减变动。"资本公积"科目的贷方登记所形成的各项资本公积，借方登记按规定用途转出的资本公积，期末贷方余额表示企业结余的资本公积金。企业应在"资本公积"科目下，按照资本公积形成的类别设置明细账，进行明细分类核算。

3．资本公积的核算方法

1) 资本公积形成的核算

(1) 资本溢价或股本溢价。

资本溢价是指企业的投资者向企业投入的资金数额超过其在企业注册资本金中所占份

额的那一部分。新设立的企业一般不会有资本溢价，但在企业发展过程中追加投资时往往就会出现资本溢价。

在股份有限公司中，由于所有者是按照其持有的股份享受权利和承担义务的，为了便于计算每个所有者所持股份在企业总股本中所占的比例，公司的总股本是按照股票面值乘以股份总数来确定的。公司的实收总股本应等于注册资本。因此，公司所发行股票的面值代表每股股票在总股本中所占的份额，即在注册资本中所占的份额。也就是说，如果公司按面值发行股票，则股东缴入的认股款全部构成股本，记入"股本"科目。如果企业溢价发行股票，所有者实际缴入的认股款就会超过股票的面值，在这种情况下，只能将相当于股票面值的部分作为股本处理，通过"股本"科目核算，而对于超过面值部分的溢价金额，应在抵扣掉相关发行费用以后，作为股本溢价，通过"资本公积"科目核算。

(2) 其他资本公积。

其他资本公积是指直接计入所有者权益的利得和损失。其他资本公积一般源于特定资产的计价，因此，当特定资产处置时即同时结转，不能用于转增资本或股本。其他资本公积主要包括以下几项。

① 采用权益法核算的长期股权投资。

长期股权投资采用权益法核算的，在持股比例不变的情况下，被投资单位除净损益以外所有者权益的其他变动，企业按持股比例计算应享有的份额，如果是利得，应当增加长期股权投资的账面价值，同时增加资本公积(其他资本公积)；如果是损失应当作相反的会计分录。当处置采用权益法核算的长期股权投资时，应当将原记入资本公积的相关金额转入投资收益。

② 以权益结算的股份支付。

以权益结算的股份支付换取职工或其他方提供服务的，应按照确定的金额记入资本公积(其他资本公积)。在行权日，应按实际行权的权益工具数量计算确定的金额进行结转。

③ 存货或自用房地产转换为投资性房地产。

企业将作为存货的房地产转换为采用公允价值模式计量的投资性房地产时，该项房地产如果转换日的公允价值大于账面价值的，其大于账面价值的部分应记入资本公积(其他资本公积)。即在转换日，应按该项房地产在转换日的公允价值，借记"投资性房地产——成本"科目，按原账面价值(包括账面余额和已计提减值准备)转销原减值准备科目及所记资产科目。如果转换日的公允价值小于其账面价值的，则小于的差额记入"公允价值变动损益"科目；如果转换日的公允价值大于其账面价值的，则大于的差额记入"资本公积——其他资本公积"科目；待该项投资性房地产处置时，因转换记入资本公积的部分应转入当期损益。

④ 可供出售金融资产公允价值的变动。

可供出售金融资产公允价值出现变动，除减值损失和外币货币性金融资产形成的汇兑差额外，其公允价值变动的差额记入资本公积(其他资本公积)，其中利得记入资本公积(其他资本公积)的贷方，反之记入借方。

2) 资本公积转增股本的核算

资本公积中的资本溢价可以用于转增股本。资本公积不能用来弥补亏损，更不能用来发放股利。根据公司法的规定，企业的公积金转增资本后，留存的资本公积金不得低于转增前注册资本的25%。

以资本公积金转增注册资本时,应借记"资本公积——资本(或股本)溢价"科目,贷记"实收资本(或股本)"科目。

5.2.3 盈余公积的核算

1. 盈余公积的含义

企业的所有者权益除了所有者投入的资本以外,还有一部分是通过企业的生产经营活动而形成的,即经营所得净收益的积累,它包括企业的盈余公积和未分配利润。

所有者投入企业的资本金,通过企业的生产经营活动,不仅要保持原有投资的完整,而且要力求有所增值,即盈利。企业实现的净利润可以按规定分配给所有者;也可以为了扩充企业实力而追加投资;或出于以盈补亏,以丰补歉的考虑;或将其中一部分留下不作分配,这部分留在企业的净利润也属于企业的所有者权益,我们称之为留存利润。

盈余公积是指企业按照规定从净利润中提取的各种积累资金。盈余公积包括法定盈余公积和任意盈余公积。

1) 法定盈余公积金

法定盈余公积按照企业净利润的 10%提取。若法定盈余公积的累计额已达到股本的50%,可以不再提取。如果公司以前年度有积累的未弥补亏损,在计提时应将该未弥补亏损从计提基数中扣除;如果公司以前年度有积累的未分配利润,不将该未分配利润计入计提基数。

2) 任意盈余公积金

任意盈余公积金按照企业章程的规定或股东大会决议提取。

法定盈余公积和任意盈余公积的用途主要有以下几个方面。

(1) 用于弥补亏损。

企业若发生亏损,应自行予以弥补。企业弥补年度亏损的途径主要有以下三个:①用以后年度实现的税前利润弥补。按照有关规定,企业发生的年度亏损,可以在连续 5 年内用税前利润予以弥补。②用以后年度实现的税后利润弥补。③经企业董事会提议,并经所有者大会批准,用提取的盈余公积弥补。

(2) 用于转增股本。

经所有者大会批准,企业可以将盈余公积转增股本。实际转增股本时,应按所有者原有持股比例结转。盈余公积转增股本时,转增后盈余公积的结余数额不得低于转增前注册资本的 25%。

企业提取形成的盈余公积,一般情况下不得用于向所有者分配股利。

2. 应设置的科目

为了反映和监督企业盈余公积的提取和使用,应设置"盈余公积"科目。该科目贷方登记企业按规定提取的盈余公积,借方登记盈余公积的使用情况,期末贷方余额表示企业结余的盈余公积金。该科目应设置"法定盈余公积""任意盈余公积"等明细科目进行明细分类核算。

3. 盈余公积的核算方法

1) 提取盈余公积的核算

企业按规定提取盈余公积时，应编制会计分录如下：

借：利润分配——提取法定(或任意)盈余公积
　　贷：盈余公积——法定(或任意)盈余公积

2) 弥补亏损的核算

企业按规定用盈余公积弥补亏损时，应编制会计分录如下：

借：盈余公积——法定(或任意)盈余公积
　　贷：利润分配——盈余公积转入

3) 转增资本/股本的核算

企业用提取的盈余公积转增资本/股本，应当按照批准的转增资本/股本的数额，编制会计分录如下：

借：盈余公积——法定(或任意)盈余公积
　　贷：实收资本/股本

4. 所有者权益在资产负债表中的列示

在资产负债表中，企业的所有者权益应按照股本、资本公积、盈余公积和未分配利润等项目分项列示，其中法定公益金应在盈余公积项下单独列示。

5.2.4 未分配利润核算

1. 未分配利润的含义

未分配利润是企业实现的利润中尚未进行分配而可以留待以后年度进行分配的那部分利润，也是企业所有者权益的组成部分。与所有者权益的其他组成部分相比，企业未来在未分配利润的分配使用上灵活性较强。未分配利润是一个累计数概念，在数量上是期初未分配利润加上本期实现的净利润减去提取的各种盈余公积和分出利润后的余额。

2. 应设置的科目

在会计核算上，未分配利润是通过"利润分配"科目进行核算的，企业在"利润分配"科目下设置"未分配利润"明细科目进行核算。

企业应当在年终时将本年度实现的净利润或发生的净亏损由"本年利润"科目转入"利润分配——未分配利润"科目，结转后"本年利润"科目无余额；将利润分配的结果由"利润分配"其他明细科目转入"利润分配——未分配利润"科目，结转后"利润分配"其他明细科目均无余额。结转的借贷方差额就是本年度的未分配利润，而结转后"利润分配——未分配利润"科目的余额就是历年累积的未分配利润或未弥补亏损的数额。

3. 未分配利润的核算方法

1) 结转本年利润的核算

企业年终结转本年利润时，应编制会计分录如下：

借：本年利润

贷：利润分配——未分配利润

如果本年利润是亏损，则编制相反的会计分录。

2) 结转本年利润分配的核算

企业年终结转已分配利润时，应编制会计分录如下：

借：利润分配——未分配利润
  贷：利润分配——提取法定盈余公积
      ——提取任意盈余公积

业务操作

任务一：实收资本的核算

1. 任务描述

A、B、C 共同出资设立有限责任公司甲公司，注册资本为 50 000 000 元，A、B、C 持股比例分别为 50%、30%和 20%。2×15 年 1 月 5 日，甲公司如期收到各投资者一次性缴足的款项。

2. 任务要求

为甲公司编制该业务的全部相关会计分录。

3. 任务分析

实收资本是实际收到的资本金，因此企业在接受投资者投资时，应在实际收到投资者出资额时，记入"实收资本"科目，并按投资者应拥有的份额记入相应的明细科目。

其中，实收资本科目按照投资出资额在注册资本中所占份额记，如果投资实际出资额超过注册资本中所占份额，超过部分记作资本公积。

4. 任务具体完成过程

借：银行存款   50 000 000
  贷：实收资本——A   25 000 000
      ——B   15 000 000
      ——C   10 000 000

任务二：按面值发行股票的核算

1. 任务描述

某股份有限公司公开发行普通股 3 000 万股，每股面值 1 元，按面值发行，股本金已全部到位。

2. 任务要求

为该股份有限公司编制发行股票业务的会计分录。

3. 任务分析

股份有限公司发行股票时，应按面值记入股本科目。

发行股票是股份有限公司的专利。股票有普通股与优先股之分，公司一般仅发行普通股。股票的面值代表注册资本，每股普通股的面值都是相等的，因此股票面值是注册资本的等额划分。发行股票时，可以按高于面值的价格发行，称为溢价发行；也可以按面值发行，但不能按低于面值的价格发行。

如果按面值发行股票，则发行价格等于发行股票的注册资本份额。股份有限公司的实收注册资本通常称为股本，因此，只需直接记入"股本"科目即可。

4. 任务具体完成过程

借：银行存款　　　　　　　　　　　　　　　　　　　　　　　30 000 000
　　贷：股本　　　　　　　　　　　　　　　　　　　　　　　30 000 000

任务三：溢价发行股票的核算

1. 任务描述

某股份有限公司公开发行普通股 5 000 万股，每股面值 1 元，每股发行价 2.90 元，发行手续费率为 3%，直接由证券商从发行收入中抵扣，发行净收入为 14 065 万元，资金已全部到位。

2. 任务要求

为该股份有限公司编制发行股票业务的会计分录。

3. 任务分析

股份有限公司如果溢价发行股票，意味着发行价格超过了发行股票所代表的注册资本份额。超过部分属于资本溢价。因此，在溢价发行股票的情况下，应按股票面值部分计入"股本"科目，发行价高于面值的溢价部分，在扣除发行费用后计入资本公积科目。

4. 任务具体完成过程

借：银行存款　　　　　　　　　　　　　　　　　　　　　　　140 650 000
　　贷：股本　　　　　　　　　　　　　　　　　　　　　　　50 000 000
　　　　资本公积——股本溢价　　　　　　　　　　　　　　　90 650 000

任务四：公积金转增股本的核算

1. 任务描述

某股份有限公司现有股份总数为 7 000 万股，每股面值为 1 元。企业决定以资本公积 1 500 万元和盈余公积 2 000 万元转增股本，即每 10 股转增 5 股。

2. 任务要求

为该股份有限公司编制发行股票业务的会计分录。

3. 任务分析

股份有限公司资本公积中的资本溢价可以用于转增资本,盈余公积也可以用于转增资本。转增资本,意味着该项公积金减少,相应的股本增加了。我国会计准则规定,公积金转增资本时,按股票面值结转。

4. 任务具体完成过程

借：资本公积——股本溢价　　　　　　　　　　　　　　　　　15 000 000
　　盈余公积　　　　　　　　　　　　　　　　　　　　　　　20 000 000
　　贷：股本　　　　　　　　　　　　　　　　　　　　　　　　35 000 000

任务五：未分配利润的核算

1. 任务描述

某股份有限公司的股本为 300 000 000 元,每股面值 1 元。2×15 年年初未分配利润为贷方 240 000 000 元,2×15 年实现净利润 150 000 000 元。

假定公司按照 2×15 年实现净利润的 10%提取法定盈余公积,10%提取任意盈余公积。

2. 任务要求

为该股份公司编制相关会计分录。

3. 任务分析

股份有限公司提取盈余公积属于利润分配,其中法定盈余公积是依据公司法的规定提取的,盈余公积的计提依据是当年实现的净利润减去以前年度积累的尚未弥补的亏损(如有),只有累积的盈余公积达到注册资本 50%以上才可以不再提取。任意盈余公积是公司根据发展的需要提取的,提或不提、提取比例都是企业自行确定的。

提取盈余公积意味着可分配利润的减少,通过"利润分配"科目的借方核算。

年终时,应将实现的净利润从"本年利润"科目转入"利润分配——未分配利润"科目;将已分配的利润从"利润分配"其他明细科目转入"利润分配——未分配利润"科目。

4. 任务具体完成过程

(1) 将本年利润转入未分配利润。

借：本年利润　　　　　　　　　　　　　　　　　　　　　　　150 000 000
　　贷：利润分配——未分配利润　　　　　　　　　　　　　　　150 000 000

(2) 提取盈余公积。

借：利润分配——提取法定盈余公积　　　　　　　　　　　　　15 000 000
　　　　　　——提取任意盈余公积　　　　　　　　　　　　　15 000 000
　　贷：盈余公积——法定盈余公积　　　　　　　　　　　　　　15 000 000
　　　　　　　　——任意盈余公积　　　　　　　　　　　　　　15 000 000

(3) 将已分配利润转入未分配利润。

借：利润分配——未分配利润　　　　　　　　　　　　　　　　30 000 000
　　贷：利润分配——提取法定盈余公积　　　　　　　　　　　　15 000 000
　　　　　　　　——提取任意盈余公积　　　　　　　　　　　　15 000 000

 **知识拓展**

所有者权益和负债都是对企业资产的要求权，在资产负债表中通常置于右边，它们的合计数等于资产总额。企业的总权益也就由所有者权益和债权人权益(负债)构成，但负债与所有者权益之间又存在着明显区别。

(1) 负债是企业对债权人承担的经济责任；所有者权益是企业对所有者承担的经济责任。

(2) 负债是企业在业务经营或其他事项中产生的债务，是企业债权人对其债务的权利；所有者权益是股权投资人对投入的资本及其盈余(或亏损)的权利。

(3) 负债必须在规定日期偿还；而所有者投入企业的资本，在企业持续经营的情况下，一般不需偿还。而如果企业破产清算，其破产财产在偿付了破产费用后，首先要归还债权人的债务，如果还有剩余财产，才能按比例还给所有者。

(4) 债权人享受的权利限于到期收回债务本金以及按期取得固定的利息，无权参与企业经营管理，也不能参与剩余收益的分配；所有者可以参与企业经营管理，其收益与企业获利状况有关，是不固定的。

 本章小结

1. 教学内容
(1) 短期借款核算。
(2) 长期借款的核算。
(3) 应付债券的核算。
(4) 预计负债的核算。
(5) 所有者权益的核算。

2. 教学重点
(1) 负债业务的初始计量。
(2) 负债后续计量方法。
(3) 负债的终止确认。
(4) 实收资本的核算。

3. 教学难点
应付债券初始计量金额的确定、后续计量在实际利率法下摊余成本和实际利息的计算。

4. 教学建议
(1) 通过向学生解读现行企业会计准则——金融工具确认与计量准则关于负债和所有者权益的核算使学生了解负债和所有者权益的产生、后续计量和期末终止确认的要求。
(2) 课件演示企业资金业务核算的全过程，让学生理解短期借款、长期负债产生时的计量金额的确定、实际利率法的运用以及偿还、所有者权益的核算。
(3) 技能掌握及巩固：通过例题讲解及讨论、交流、习题，熟练掌握资金业务的核算。
(4) 根据学生掌握的情况，引导学生思考除了教材中所列举的实际利率法计算融资费用外，是否还有其他方法。

第 5 章 资金业务的核算

训 练 题

一、单项选择题

1. 短期借款的应付利息通过"( )"科目核算。
   A. 短期借款 B. 其他应付款
   C. 预提费用 D. 应付利息

2. 企业以折价方式发行债券时,每期实际负担的利息费用是( )。
   A. 按票面利率计算的应计利息
   B. 按实际利率计算的应计利息
   C. 按实际利率计算的应计利息与按票面利率计算的应计利息之差
   D. 按实际利率计算的应计利息与按票面利率计算的应计利息之和

3. 若公司债券溢价发行,溢价按实际利率法摊销,随着利息费用的调整(溢价的摊销),各期计入财务费用的金额( )。
   A. 会逐渐减少 B. 会逐渐增加
   C. 保持不变   D. 无规律可循

4. 就发行债券的企业而言,所获债券溢价收入实质是( )。
   A. 为以后少付利息而付出的代价 B. 为以后多付利息而得到的补偿
   C. 本期利息收入   D. 以后期间的利息收入

5. 有关长期借款的说法,正确的是( )。
   A. 长期借款利息费用在资产负债表日按照合同利率进行核算
   B. 对于一次到期还本付息的长期借款,计算的计息计入长期借款——应计利息
   C. 筹建期间的借款利息计入长期待摊费用
   D. 生产经营期间的借款利息计入财务费用

6. 企业长期借款的利息费用,不可能涉及的科目有( )。
   A. 在建工程 B. 管理费用
   C. 财务费用 D. 固定资产

7. 某股份有限公司于 2×16 年 1 月 1 日溢价发行 4 年期,到期一次还本付息的公司债券,债券面值为 100 万元,发行价格为 90 万元。债券折价采用实际利率法摊销,假定实际利率是 7.5%。该债券 2×16 年度发生的利息费用为( )万元。
   A. 6.5   B. 10
   C. 6.75   D. 7.5

8. 目前,我国公司制企业的法定盈余公积一般是按照净利润的( )提取的。
   A. 5%   B. 10%
   C. 15%   D. 20%

9. 企业接受现金捐赠时应编制的会计分录是借记"银行存款"科目,贷记"( )"科目。
   A. 资本公积 B. 实收资本
   C. 营业外收入 D. 盈余公积

10. 企业用盈余公积或资本公积转增资本，会(   )。
    A．导致所有者权益的增加
    B．导致所有者权益减少
    C．不会引起所有者权益总额及其结构的变化
    D．不会引起所有者权益总额的变化，但会导致其结构的变动

二、多项选择题

1. 长期负债包括的内容有(   )。
    A．长期借款   B．应付债券
    C．应付补偿贸易引进设备款   D．应付融资租赁款
2. "应付债券"账户应设置的明细账户包括(   )。
    A．面值   B．利息调整
    C．应计利息   D．可转换公司债券
    E．应付利息
3. "应付债券"账户的贷方反映的内容有(   )。
    A．因溢价发行债券而产生的利息调整
    B．因折价发行债券而产生的利息调整
    C．期末计提应付债券利息
    D．溢价发行产生的利息调整的摊销
    E．折价发行产生的利息调整的摊销
4. 预计负债应具备的条件包括(   )。
    A．该义务是企业承担的现时义务
    B．该义务是企业承担的潜在义务
    C．该义务的履行很可能导致经济利益流出企业
    D．该义务的履行不是很可能导致经济利益流出企业
    E．该义务的金额能够可靠地计量
5. 影响债券发行价格的因素有(   )。
    A．债券面值   B．债券利率
    C．债券费用   D．债券期限
    E．市场利率
6. 所有者权益和负债之间存在着明显的区别，主要的区别有(   )。
    A．性质不同   B．负担经济责任的对象不同
    C．偿还的期限不同   D．产生的效益的不同
7. 企业的所有者权益由(   )构成。
    A．投入资本   B．未分配利润
    C．资本公积   D．盈余公积
8. 法定盈余公积和任意盈余公积的用途主要有(   )。
    A．弥补亏损   B．发放股利
    C．转增资本   D．用于职工集体福利

9．留存收益包括( )。
   A．未分配利润   B．资本公积
   C．盈余公积   D．应付股利
10．股份有限公司在公开发行股票时，可以按( )发行。
   A．股票的面值   B．高于股票面值的价格(即溢价)
   C．低于股票面值的价格(即折价)   D．任意价格
   E．股票的面值减去发行费用

三、判断题

1．短期借款的应付利息在预提或实际支付时均应通过"短期借款"科目核算。
                                                    (   )
2．"长期借款"科目的贷方既核算本金又可以核算利息。   (   )
3．企业将于一年内到期的长期负债，应在资产负债表中作为流动负债反映。(   )
4．在溢价发行债券的情况下，债券账面价值逐期减少，溢价的摊销(利息调整)也逐期减少。
                                                    (   )
5．在折价发行债券的情况下，债券账面价值逐期增加，折价的摊销(利息调整)也逐期增加。
                                                    (   )
6．计提的长期借款利息均应计入财务费用中。   (   )
7．股份有限公司的股本总额应按股票的面值与股份总数的乘积计算。实收股本总额应与注册资本相等。
                                                    (   )
8．法定盈余公积金达到注册资本的50%时，不应再提取。   (   )
9．所有者向企业投入的资本，在一般情况下不需偿还，并可长期周转使用。(   )
10．所有者权益在数量上等于企业的资产总额减去负债总额后的余额。(   )

第 6 章 经营成果业务的核算

职业能力目标

- **专业能力目标**
  - ➢ 能掌握相关收入业务的核算。
  - ➢ 能掌握相关费用业务的核算。
  - ➢ 能掌握相关利润业务的核算。
- **教学能力目标**
  - ➢ 熟悉经营成果业务的会计核算。
  - ➢ 结合专业知识和学情进行个性化专业教学设计。
  - ➢ 营造良好的项目、选择合适的教学方法进行专业教学实施。
  - ➢ 选择恰当的方式开展专业教学评价。
- **社会能力目标**
  - ➢ 具备一定的沟通协调能力,处理好个人与他人关系,处理好企业内外相关部门的关系。
  - ➢ 能利用现代信息技术获取并甄别相关信息,分析准则的修订和完善对经营成果业务核算的影响。
  - ➢ 了解企业经营成果业务核算现状。

工作任务分析

- ➢ 判断企业哪些经济利益流入属于收入,收入有哪些种类;判断企业发生的支出属于哪种费用;了解利润的构成。
- ➢ 运用各种收入确认的条件判断什么情况下才能确认收入。

➢ 判断采用完工百分比法的条件，运用完工百分比法对提供劳务收入进行劳务收入、费用的核算。
➢ 运用账结法和表结法结转本年利润。
➢ 计算营业利润、利润总额、净利润。

6.1 收入业务的核算

情境引例

企业收到货款就能确认收入吗？企业发出商品并收到货款可以确认收入吗？企业委托其他单位代销商品何时可以确认收入？企业提供劳务时何时确认收入？运用完工百分比法计算提供劳务收入的条件是什么？

知识准备

6.1.1 收入的定义与构成

1. 收入的定义与特征

收入是指企业在日常活动中形成的、会导致所有者权益增加的、与所有者投资资本无关的经济利益的总流入。收入是除所有者权益本身的变动以外的净资产的增加，它具体表现为资产的流入或负债的清偿，或二者兼而有之。收入是影响企业利润的重要因素，是企业经营活动中的重要指标，它具有以下特征。

(1) 收入是从企业的日常活动中产生，而不是从偶发的交易或事项中产生。日常活动是企业为完成其经营目标所从事的经常性活动以及与之相关的活动。比如，工业企业制造并销售产品、商品流通企业销售商品、保险公司签发保单、咨询公司提供咨询服务、软件企业为客户开发软件、安装公司提供安装服务、商业银行对外贷款、租赁公司出租资产等，均属于企业为完成经营目标所从事的经常性活动，由此产生的经济利益的总流入构成收入。而工业企业转让无形资产使用权、出售不需用原材料等，虽然不是企业的经常性活动，但属于与经常性活动相关的活动，由此产生的经济利益的总流入也构成收入。至于企业处置固定资产、无形资产等活动，不是企业为完成其经营目标所从事的经常性活动，也不属于与经常性活动相关的活动，由此产生的经济利益的总流入不构成收入，应当确认为营业外收入。

(2) 收入是与所有者投入资本无关的经济利益总流入。投资者投入资本也会导致经济利益流入，但该经济利益的流入不能作为收入，而是企业投资者的投入资本，是直接增加企业的所有者权益。收入是企业经营活动中取得的与投资者投入资本无关的经济利益的流入。

(3) 收入必然能导致企业所有者权益的增加。企业获得所有者投入的资本进行生产经营，生产经营取得的收入必然最终归所有者所有，收入增加所有者权益。

(4) 收入企业经济利益的总流入。收入会导致经济利益的流入，从而导致资产的增加或负债的减少。

2. 收入的构成

按照企业从事日常活动的性质，可以将收入分为销售商品收入、提供劳务收入、过渡资产使用权收入。销售商品收入是指企业销售商品实现的收入，如工业企业将自产的产品销售实现的收入、商品流通企业自购自销商品的销售收入等。提供劳务收入是指企业通过提供劳务实现的收入，如咨询公司提供咨询服务、软件开发企业为客户开发软件、安装公司提供安装服务等实现的收入。让渡资产使用权收入是指企业通过让渡资产的使用权而实现的收入，主要包括利息收入、使用费收入、出租资产收取的租金、进行债券投资取得的利息、进行股权投资取得的现金股利收入等。

按照企业从事日常活动在企业的重要性，可将收入分为主营业务收入、其他业务收入。主营业务收入是指企业为完成经营目标企业经常性的、主要业务所产生的基本收入，如制造业的销售产品的收入、商品流通企业的销售商品收入、旅游服务业的门票收入、客户收入、餐饮收入等。其他业务收入是指企业从事除主营业务以外的其他业务活动所取得的收入，具有不经常发生，每笔业务金额一般较小，占收入的比重较低等特点，如材料物资及包装物销售、出租无形资产使用权、固定资产出租、包装物出租、运输、废旧物资出售收入等。

6.1.2 销售商品收入业务的核算

1. 销售商品收入的确认条件

商品包括企业为销售而生产的产品、为转售而购进的商品，如工业企业生产的产品、商业企业购进的商品等，企业销售的其他存货，如原材料、包装物等也视同企业的商品。销售商品收入同时满足下列条件的，才能予以确认。

(1) 企业已将商品所有权上的主要风险和报酬转移给购货方。

企业已将商品所有权上的主要风险和报酬转移给购货方，是指与商品所有权有关的主要风险和报酬同时转移给了购货方。与商品所有权有关的风险主要指商品所有者承担该商品价值发生损失的可能性，比如，该商品的价值发生减值、商品发生损毁的可能性。与商品所有权有关的报酬主要指商品所有者预期可获得的商品中包含的未来经济利益，具体表现为商品价值的增加以及商品的使用所形成的经济利益等。

商品所有权上的主要风险和报酬是否已转移的判断必须是主要风险和报酬同时转移，而不是其中某一(风险或报酬)转移，否则不能视为商品所有权上的主要风险和报酬已转移。在实务中，判断商品所有权上的主要风险和报酬是否已转移，需要关注每项交易的实质而不只是形式，同时要考虑所有权凭证的转移和实物的交付。如果与商品所有权有关的任何损失均不需要销货方承担，与商品所有权有关的任何经济利益也不归销货方所有，则意味着商品所有权上的主要风险和报酬转移给了购货方。通常情况下，转移商品所有权凭证并交付实物后，商品所有权上的使用风险和报酬随之转移，如大多数零售商品、预收款销售商品、订货销售商品、托收承付方式销售商品等。

在某些情况下，转移商品所有权凭证但未交付实物，商品所有权上的主要风险和报酬

第6章 经营成果业务的核算

随之转移，企业只保留商品所有权上的次要风险和报酬，如交款提货方式销售商品、视同买断方式委托代销的商品等。在这些情况下，应当视同商品所有权上的主要风险和报酬已经转移给了买方。

某些情况下，转移商品所有权凭证或交付实物后，商品所有权上的主要风险和报酬并未随之转移。如卖方销售的商品在质量、品种、规格等方面不符合合同或协议要求，又未根据正常的保证条款予以弥补，卖方未完成合同重要组成部分的安装或检验工作，合同中有退货条款且无法确定退货可能性，企业销售商品的收入是否能够取得，取决于购买方是否已将商品销售出去，如采用支付手续费方式委托代销商品等。

(2) 企业既没有保留通常与所有权相联系的继续管理权，也没有对已售出的商品实施有效控制。

企业将商品所有权上的主要风险和报酬转移给买方后，如仍然保留通常与所有权相联系的继续管理权，或仍然对售出的商品可以实施控制，则说明此项销售商品交易没有完成，销售不能成立，不能确认相应的销售收入，如售后回购、售后租回。但是，如果企业对售出的商品保留了与所有权无关的管理权，则不受本条件的限制，如开发商售出住宅小区后，接受业主委托代售住宅小区商品房并管理小区物业，这种管理与住宅小区的所有权无关，是另一项提供劳务的交易；软件开发公司销售软件后，接受客户委托对该成套软件进行日常有偿维护管理，这种管理与软件的所有权无关，是另一项提供劳务的交易。

(3) 收入的金额能够可靠计量。

收入的金额能够可靠计量是指收入的金额能够合理地估计。通常情况下，企业在销售商品时商品销售价格已经确定，企业应当按照从购货方已收货应收的合同或协议价款确定收入金额。如果销售商品涉及现金折扣、商业折扣、销售折让等因素，还应当在考虑这些因素后确定销售商品收入金额。如果企业从购货方应收的合同或协议价款延期收取具有融资性质，企业应按应收的合同或协议价款的公允价值确定销售商品收入金额。企业从购货方已收或应收的合同协议价款不公允的，企业应按公允的交易价格确定收入金额，不公允的价款不应确定为收入金额。如附有销售退回条件的商品销售，如果企业不能合理估计退货的可能性，则无法确定销售商品价格，也就不能合理地估计收入的金额，不应再发出商品时确认收入，而应当在售出商品退货期满、销售商品价格能够可靠计量时确认收入。

收入能否可靠计量，是确认收入的基本前提。企业在销售商品时，售价通常已经确定。但销售过程中由于某种不确定因素，也可能出现售价变动的情况，则新的售价未确定前也不应确认收入。

(4) 相关经济利益很可能流入企业。

相关经济利益很可能流入企业是指销售商品价款收回的可能性大于不能收回的可能性，即销售商品价款收回的可能性超过50%。在销售商品的交易中，与交易相关的经济利益即为销售商品的价款。销售商品的价款能否有把握收回，是收入确认的一个重要条件。

企业在判断价款收回的可能性时，应进行定性分析，企业在确定销售商品价款收回的可能性时，应结合以前和买方交往的直接经验、政府有关政策、其他方面取得信息等因素进行分析。当确定价款收回的可能性大于不能收回的可能性时，即认为价款能够收回。一般情况下，企业售出的商品符合合同或协议规定的要求，并已将发票账单交付买方，买方也承诺付款，即表明销售商品的价款能够收回。企业在销售商品时，如果估计价款收回的可能性不大，即使收入确认的其他条件均已满足，也不应当确认收入。

如果根据以前与买方交往的直接经验判断买方信誉较差，或销售时得知买方在另一项交易中发生了巨额亏损，资金周转十分困难，或在出口商品时不能肯定进口企业所在国家政府是否允许将款项汇出等，就可能出现与销售商品相关的经济利益不能流入企业的情况，不应确认收入。如果企业判断销售商品收入满足确认条件确认了一笔应收债权，以后由于购货方资金周转困难无法收回该债权时，不应调整原确认的收入，而应对该债权计提坏账准备、确认坏账损失。

(5) 相关的已发生的或将发生的成本能够可靠计量。

根据收入与费用配比原则，与同一项销售有关的收入和成本应在同一会计期间予以确认。因此，成本不能可靠计量，相关的收入不能确认。

通常情况下，销售商品相关的已发生或将发生的成本能够合理地估计，如库存商品的成本、商品运输费用等。如果库存商品是本企业生产的，其生产成本能够可靠计量；如果是外购的，购买成本能够可靠计量。有时，销售商品相关的已发生或将发生的成本不能够合理地估计，此时企业不应确认收入，已收到的价款应确认为负债。

2. 销售商品收入业务的核算

销售商品收入的确认要确定何时确认、确认的金额。

1) 符合销售商品收入确认条件的核算

符合销售商品收入确认条件的是指企业发出商品时就满足收入确认的条件，比如一些现销业务、托收承付结算方式销售业务、预收货款后发出商品的销售业务等。要核算商品销售收入，企业需设置"主营业务收入""其他业务收入"总账科目。企业销售商品符合收入确认条件时，根据实际收到或应收的金额，借记"银行存款""应收账款""应收票据"等科目，贷记"主营业务收入""其他业务收入""应交税费——应交增值税(销项税额)"科目。

2) 发出商品时不符合商品销售收入确认条件的核算

如果商品发出且办妥托收手续，但由于各种原因与发出商品所有权有关的风险和报酬没有转移的，企业不能确认收入，如购买方资金周转困难，但为了减少存货积压或为了维持与购货方长期建立的商业关系，仍将商品发往购货方并办理托收手续。企业只有在满足收入确认的条件时才能确认收入，如购买方财务困难解除，销售方预计能收到货款，这时就可以确认收入实现。

发出商品不符合收入条件的，企业应借记"发出商品"科目，贷记"库存商品"科目，同时根据增值税专用发票上注明的增值税税额，借记"应收账款"科目，贷记"应交税费——应交增值税(销项税额)"科目。以后如果满足销售收入确认条件时，再借记"应收账款"科目，贷记"主营业务收入"等科目，并借记"主营业务成本"等科目，贷记"发出商品"科目；收到货款时，借记"银行存款"科目，贷记"应收账款"科目。

3) 销售商品涉及现金折扣的核算

企业为了增加销售往往会采取一些特殊、灵活的销售方式，以此扩大销售额，占领市场。比如采用现金折扣、商业折扣这两种比较常见的销售方式。

现金折扣是指债权人为了鼓励债务人在规定的期限内付款，而向债务人提供的债务扣除。现金折扣通常发生在以赊销方式销售货物及提供劳务的交易之中,企业为了鼓励客户提前偿付货款,通常与债务人达成协议,债务人在不同的期限内可以享受不同比例的折扣。现金折扣一般用符号"折扣率/付款日期"表示。例如,2/10 表示买方在 10 日内付款,可以享受售价的 2%的折扣;1/20 表示买方在 20 日内付款,可以按售价享受 1%的折扣;n/30 表示这笔交易额付款期限为 30 日之内,若 20 日之后 30 日之内付款,不享受任何的折扣。

现金折扣的会计处理方式有总价法与净价法两种。我国会计实务处理中通常采用总价法。总价法,是在销售业务发生时,应收账款和销售收入按未扣减现金折扣前的实际发生的现金折扣作为对购货方提前付款的鼓励性支出。详见案例应收账款核算部分。

4) 销售商品涉及商业折扣的核算

商业折扣,又称"折扣销售",是指实际销售商品或提供劳务时根据价目单中所列售价给购买方一个折扣。商业折扣通常以百分数明列出来的,如 5%、10%的形式表示出来,买方只需按照标明价格的百分比付款即可。

销售商品涉及商业折扣的,应该遵照扣除商业折扣后的金额肯定销售商品收入金额。在商业折扣的状况下,企业销售收入入账金额应按扣除销售折扣以后的实际销售金额加以确认,即以不含税的销售净额贷记"主营业务收入"等科目,以含税的销售净额借记"应收账款"或"银行贷款"科目,增值税额贷记"应交税费——应交增值税(销项税额)"科目。

5) 销售商品涉及销售折让的核算

销售折让是指由于商品的质量、规格等不符合要求,销售单位同意在商品价格上给予的减让。企业已确认销售商品收入的售出商品发生销售折让的,应当在实际发生时冲减当期销售商品收入,但销售折让属于资产负债表日后事项的,应当按照资产负债表日后事项的处理方法进行处理,即通过调整以前年度损益的方法进行处理。

企业发生销售折让时,按照确定的销售折让额,借记"主营业务收入""应交税费——应交增值税(销项税额)"科目,贷记"应收账款"或"银行存款"科目。

6) 销售商品涉及销售退回的核算

销售退回是指由于商品的质量、规格等不符合要求而发生的退货。销售退回应当在实际发生时直接冲减退回当期的销售收入和销售成本等。属于资产负债表日后事项涉及的销售退回,作为资产负债表日后调整事项,通过调整以前年度损益的方法进行处理。非资产负债表日后期间发生的销售退回可分两种情况进行会计处理:收入确认前退回,此时发生销售退回,只需将发出商品成本转回库存商品即可,即借记"库存商品"科目,贷记"发出商品"科目;收入确认后退回,对于已确认收入的售出商品发生退回的,应冲减当期销售商品收入,同时冲减当期销售成本,借记"主营业务收入""应交税费——应交增值税(销项税额)"科目,贷记"应收账款"或"银行存款"科目,同时借记"库存商品"科目,贷记"主营业务成本"科目;涉及现金折扣,退回时一并调整。

7) 委托代销商品的核算

(1) 视同买断方式委托代销商品的核算。

视同买断方式委托代销商品是指由委托方和受托方签订协议,委托方按协议价格收取委托代销商品的货款,实际售价可由受托方自定,实际售价与协议价之间的差额归受托方所有的销售方式。

如果委托方和受托方之间的协议明确标明,将来受托方没有将商品售出时可以将商品

退回给委托方,或受托方因代销商品出现亏损时可以要求委托方补偿,那么,委托方在交付商品时不确认收入,应借记"委托代销商品"科目,贷记"库存商品"科目。受托方也不做购进商品处理,受托方将商品销售后,按实际售价确认销售收入,并向委托方开具代销清单,委托方收到代销清单时,再确认本企业的销售收入。

如果委托方和受托方之间的协议明确规定,受托方在取得代销商品后,无论是否能够卖出、是否获利,均与委托方无关,那么,委托方和受托方之间的代销商品交易,与委托方直接销售商品给受托方没有实质区别,在符合销售商品收入确认条件时,委托方应确认相关销售商品收入。委托方发出商品时应借记"应收账款"科目,贷记"主营业务收入""应交税费——应交增值税(销项税额)"科目。

(2) 收取手续费方式委托代销商品的核算。

收取手续费方式是指委托方根据受托方代销商品的销售数量向其支付手续费的销售方式。在这种销售方式下,委托方在发出商品时通常不应确认销售商品收入,委托方应在收到受托方代销清单时确认销售收入;受托方应在商品售出后,按双方约定的方法确定的手续费确认收入。受托方应在商品销售后,按合同或协议约定的方法计算确定的手续费确认收入。

8) 具有融资性质的分期收款销售商品的核算

具有融资性质的分期收款销售商品是指企业销售商品发出商品后,采用分期收取货款,即商品已经交付,货款分期收回,收取货款的时间超过正常信用期。如果延期收款具有融资性质,其实质是企业向购货方提供信贷,企业在符合收入确认条件时,按照应收的合同或协议价款的公允价值确定收入金额。应收的合同或协议价款的公允价值通常为该应收款的未来现金流量现值或商品现销价格。应收的合同或协议价款与其公允价值之间的差额为未实现融资收益,应当在合同或协议期间内,按照应收款项的摊余成本和实际利率计算确定的金额进行摊销,确认为融资收益,即冲减财务费用。实际利率是指具有类似信用等级的企业发行类似工具的现时利率,或将应收的合同或协议价款折现为商品现销价格的折现率等。

企业分期收款销售商品具有融资性质时,按整个收款期间应收合同金额借记"长期应收款"科目,按分期收款合同金额的公允价值或现销价格贷记"主营业务收入"科目,按两者的差额贷记"未实现融资收益"科目。企业每期收到款项时,按实际收到的金额借记"银行存款"科目,贷记"长期应收款"科目。同时,按应摊销的未实现融资收益,借记"未实现融资收益"科目,贷记"财务费用"科目。

6.1.3 提供劳务收入业务的核算

提供劳务的种类很多,如旅游、运输(包括交通运输、民航运输等)、饮食、广告、理发、照相、洗染、咨询、代理、培训、产品安装等。由于提供劳务的内容不同,完成劳务的时间也不等,有的劳务一次就能完成,且一般均为现金交易,如饮食、理发、照相等;有的劳务需要花较长一段时间才能完成,如安装、旅游、培训、远洋运输等。对于一次就能完成的劳务收入,其确认方法比较简单,在劳务完成时即确认收入。而对于需要较长的时间才能完成的劳务,可能会存在跨越一个会计年度的情况。对于提供劳务的收入核算,为了准确确定每一会计年度的收入及相关的成本费用,在每个资产负债表日,分为提供劳

第6章 经营成果业务的核算

务的交易结果可靠计量和提供劳务的交易结果不能可靠计量进行会计核算。

1. 提供劳务交易结果能够可靠估计的核算

如果企业在资产负债表日提供劳务交易的结果能够可靠估计的，应当按照完工百分比法确认提供劳务收入。提供劳务交易的结果能够可靠估计，是指同时具备以下条件。

(1) 收入的金额能够可靠计量。收入的金额能够可靠计量是指提供劳务收入的总额能够合理地估计。企业应当按照从接受劳务方已收或应收的合同或协议价款确定提供劳务收入总额。随着劳务的不断提供，可能会根据实际情况增加或减少已收或应收的合同或协议价款，此时，企业应及时调整提供劳务收入总额。

(2) 相关的经济利益很可能流入企业，是指提供劳务收入总额收回的可能性大于不能收回的可能性。企业在确定提供劳务收入总额能否收回时，应当结合接受劳务方的信誉、以前的经验以及就结算方式和期限达成的合同或协议条款等因素，综合进行判断。一般情况下，企业提供的劳务符合合同或协议要求，接受劳务方承诺付款，就表明提供劳务收入总额收回的可能性大于不能收回的可能性。如果企业判断提供劳务收入总额流入企业的可能性不大，应当提供确凿证据。

(3) 交易的完工进度能够可靠确定，是指交易的完工进度能够合理地估计。企业确定提供劳务交易的完工进度，可以选用下列方法。

① 已完工作的测量：比较专业的测量方法，由专业测量师对已经提供的劳务进行测量，并按一定方法计算确定提供劳务交易的完工进度。

② 已经提供的劳务占应提供的劳务总量的比例：以劳务量为标准确定提供劳务交易的完工进度。

③ 已发生的成本占估计总成本的比例：主要以成本为标准确定提供劳务交易的完工进度。只有反映已提供劳务的成本才能包括在已经发生的成本中，只有反映已提供或将提供劳务的成本才能包括在估计总成本中。

(4) 交易中已发生的和将发生的成本能够可靠计量，是指交易中已经发生和将要发生的成本能够合理地估计。企业应当建立完善的内部成本核算制度和有效的内部财务预算及报告制度，准确地提供每期发生的成本，并对完成剩余劳务将要发生的成本做出科学合理的估计。同时应随着劳务的不断提供或外部情况的不断变化，随时对将要发生的成本进行修订。

如果提供劳务交易同时满足上述条件，则表明在资产负债表日能对该项交易的结果做出可靠估计，企业就可以采用完工百分比法对劳务收入进行核算。但是，具体运用时，劳务收入应分别下列情况进行确认和计量：在同一会计年度内开始并完成的劳务收入的确认，应在劳务完成时确认收入，确认的金额为合同或协议总金额，确认方法可参照商品销售收入的确认原则。但如一项劳务的开始和结束分属不同会计年度，则在资产负债表日采用完工百分比法确认当期应确认的收入和费用。这样可能会出现同一项劳务由于所处的期间不同，所采用的方法也不同，例如，同一项产品安装工程，工期为6个月，一种情况下工期是从2月至7月，另一种情况下是从11月至次年4月，如果提供该项劳务的交易结果能够可靠地估计，前者在劳务完成时确认收入，而后者则采用完工百分比法确认收入。

完工百分比法，是指按照提供劳务交易的完工进度确认收入与费用的方法。企业应当

在资产负债表日按照提供劳务收入总额乘以完工进度扣除以前会计期间累计已确认提供劳务收入后的金额,确认当期提供劳务收入;同时,按照提供劳务估计总成本乘以完工进度扣除以前会计期间累计已确认劳务成本后的金额,结转当期劳务成本。具体公式:

本期确认的收入＝劳务总收入×本期末止劳务的完工进度－以前期间已确认的收入

本期确认的费用＝劳务总成本×本期末止劳务的完工进度－以前期间已确认的成本

本期末止劳务的完工进度＝本期末止完成的工作量、劳务量或成本÷总工作量、劳务量或成本

2. 提供劳务交易结果不能够可靠估计的核算

如资产负债表日不能对交易的结果做出可靠估计,即不满足上述四个条件的任何一个条件,企业在资产负债表日不能按完工百分比法确认收入。企业应正确预计已经收回或将要收回的款项能弥补多少已经发生的成本,并按以下方法处理。

(1) 如果已经发生的劳务成本预计能够得到补偿,应按已经发生的劳务成本金额确认收入,并按相同金额结转成本。

(2) 如果已经发生的劳务成本预计不能全部得到补偿,应按能够得到补偿的劳务成本金额确认收入,并按已经发生的劳务成本结转成本,确认的金额小于已经发生的劳务成本的差额,确认当期损失。

如果已经发生的劳务成本预计全部不能得到补偿,应将已经发生的劳务成本确认为当期损失,不确认收入。

6.1.4 让渡资产使用权收入业务的核算

1. 让渡资产使用权收入的内容

让渡资产使用权收入包括以下几项。

(1) 利息收入,因他人使用本企业现金而收取的利息收入。主要是指金融企业对外贷款形成的利息收入,以及同业之间发生往来形成的利息收入等。

(2) 使用费收入,因他人使用本企业的无形资产等而形成的使用费收入。主要是指企业转让无形资产(如商标权、专利权、专营权、软件、版权)等资产的使用权形成的使用费收入。

(3) 企业对外出租资产(他人使用本企业的固定资产)收取的租金收入、进行债权投资收取的利息、进行股权投资取得的现金股利,也构成让渡资产使用权收入,这些在其他相关内容中学习。

2. 让渡资产使用权收入的确认条件

让渡资产使用权收入同时满足下列条件的,才能予以确认。

1) 相关的经济利益很可能流入企业

相关的经济利益很可能流入企业,是指让渡资产使用权收入金额收回的可能性大于不能收回的可能性。企业在确定让渡资产使用权收入金额能否收回时,应当根据对方企业的信誉和生产经营情况、双方就结算方式和期限等达成的合同或协议条款等因素,综合进行判断。如果企业估计让渡资产使用权收入金额收回的可能性不大,就不应确认收入。

2) 收入的金额能够可靠地计量

收入的金额能够可靠地计量,是指让渡资产使用权收入的金额能够合理地估计。如果让渡资产使用权收入的金额不能够合理地估计,则不应确认收入。

3. 让渡资产使用权收入的计量

1) 利息收入

企业应在资产负债表日,按照他人使用本企业货币资金的时间和实际利率计算确定利息收入金额。按计算确定的利息收入金额,借记"应收利息""银行存款"等科目,贷记"利息收入""其他业务收入"等科目。

2) 使用费收入

使用费收入应当按照有关合同或协议约定的收费时间和方法计算确定。不同的使用费收入,收费时间和方法各不相同。有一次性收取一笔固定金额的,如一次收取10年的场地使用费;有在合同或协议规定的有效期内分期等额收取的,如合同或协议规定在使用期内每期收取一笔固定的金额;也有分期不等额收取的,如合同或协议规定按资产使用方每期销售额的百分比收取使用费等。

如果合同或协议规定一次性收取使用费,且不提供后续服务的,应当视同销售该项资产一次性确认收入;提供后续服务的,应在合同或协议规定的有效期内分期确认收入。

如果合同或协议规定分期收取使用费的,应按合同或协议规定的收款时间和金额或规定的收费方法计算确定的金额分期确认收入。

业务操作

任务一:现销业务的核算

1. 任务描述

辉正公司根据合同于2×15年2月5日向宏伟公司销售商品1 000件,售价为每件10元,辉正公司开出的增值税专用发票上注明的增值税税额为1 700元。商品已发出,并收到宏伟公司支付的货款。该商品的成本为每件8元。

2. 任务要求

(1) 请为辉正公司计算确定销售收入金额和产品销售成本金额。
(2) 请为辉正公司计算确定收款金额。
(3) 请为辉正公司编制销售业务与成本结转的会计分录。

3. 任务分析

辉正公司发出商品并同时收到货款,属于现销业务即交款提货方式销售商品,此销售业务属于现销业务,辉正公司销售并发出商品,商品所有权已经转移给宏伟公司,商品所有权上的主要风险和报酬转移给宏伟公司,辉正公司没有保留通常与所有权相联系的继续管理权,也没有对已售出的商品实施有效控制,收入的金额能够可靠计量,款项收到,相关经济利益已经流入企业,相关的已发生的成本能够可靠计量,因此该销售业务满足收入

确认的条件,所以辉正公司发出商品收到款项时就可以确认收入并结转产品销售成本。

销售收入为销售数量与销售单价的乘积,销售成本为销售数量与产品单位成本的乘积,收款金额为销售收入与增值税之和。

为核算销售收入,辉正公司应设置"主营业务收入"科目和"主营业务成本"科目。

4. 任务具体完成过程

(1) 请为辉正公司计算确定销售收入金额和产品销售成本金额。

销售收入金额=1 000×10=10 000(元)

产品销售成本金额=1 000×8=8 000(元)

(2) 请为辉正公司计算确定收款金额。

收款金额=10 000+1 700=11 700(元)

(3) 请为辉正公司编制销售业务与成本结转的会计分录。

借:银行存款　　　　　　　　　　　　　　　　　　　　　11 700
　　贷:主营业务收入　　　　　　　　　　　　　　　　　　10 000
　　　　应交税费——应交增值税(销项税额)　　　　　　　　1 700

同时,
借:主营业务成本　　　　　　　　　　　　　　　　　　　　8 000
　　贷:库存商品　　　　　　　　　　　　　　　　　　　　8 000

任务二:托收承付结算方式销售业务的核算

1. 任务描述

辉正公司根据合同于2×15年2月5日向异地宏伟公司销售商品5 000件,售价为每件20元,开出增值税专用发票上注明增值税税额为17 000元。辉正公司根据合同发货并向银行办妥托收手续,款项还未收到,辉正公司代垫运杂费500元。该商品的成本为每件15元。

2. 任务要求

(1) 请为辉正公司计算确定销售收入金额和产品销售成本金额。

(2) 请为辉正公司计算确定应收账款金额。

(3) 请为辉正公司编制销售业务与成本结转的会计分录。

3. 任务分析

辉正公司采用托收承付结算方式销售商品。托收承付结算方式销售是指企业根据合同发货后,委托银行向异地付款单位收取款项,由购货方向银行承诺付款的销售方式。一般在这种销售方式下,商品发出并办妥托收手续,与商品所有权有关的主要风险和报酬已经转移给了购货方,且满足收入确认的其他条件,企业就可以在发出商品且办妥托收手续时确认收入。

销售收入为销售数量与销售单价的乘积,销售成本为销售数量与产品单位成本的乘积,应收账款金额为销售收入、代垫运杂费与增值税之和。

第6章 经营成果业务的核算

为核算销售收入,辉正公司除了设置"主营业务收入"科目和"主营业务成本"科目外,还应设置"应收账款"科目。

4. 任务具体完成过程

(1) 请为辉正公司计算确定销售收入金额和产品销售成本金额。

销售收入金额＝5 000×20＝100 000(元)

产品销售成本金额＝5 000×15＝75 000(元)

(2) 请为辉正公司计算确定应收账款金额。

应收账款金额＝100 000＋17 000＋500＝117 500(元)

(3) 请为辉正公司编制销售业务与成本结转的会计分录。

借：应收账款　　　　　　　　　　　　　　　　　　　　　117 500
　　贷：主营业务收入　　　　　　　　　　　　　　　　　　100 000
　　　　应交税费——应交增值税(销项税额)　　　　　　　　 17 000
　　　　银行存款　　　　　　　　　　　　　　　　　　　　　　500
借：主营业务成本　　　　　　　　　　　　　　　　　　　 75 000
　　贷：库存商品　　　　　　　　　　　　　　　　　　　　 75 000

任务三：预收款销售方式业务的核算

1. 任务描述

辉正公司采用预收款销售方式向雨露公司销售商品。根据购销合同约定,该商品的售价为1 000 000元,增值税税额170 000元,雨露公司应于2×15年5月8日向辉正公司支付预付商品款600 000元,剩余款项将于2×15年7月8日全部付清。辉正公司收到雨露公司的全部款项后向雨露公司交付商品,商品成本为900 000元。购销双方都如期履行合同条款。

2. 任务要求

(1) 请为辉正公司编制预收款的会计分录。
(2) 请为辉正公司计算应收货款总额。
(3) 请为辉正公司计算2×15年7月8日收到的款项。
(4) 请为辉正公司编制销售业务和产品成本结转的会计分录。

3. 任务分析

辉正公司采用预收款方式销售商品,预收货款时,商品还未交付,与商品所有权有关的主要风险和报酬未转移给雨露公司,尽管款项收到但不满足收入的确认条件,因此不能确认收入,而是确认为负债,等到辉正公司收到全部货款、发出商品并满足收入确认的条件才能收入并结转成本。

为核算预收款,辉正公司应设置"预收账款"科目,收到款项时贷记该账户,借记"银行存款"科目,公司发出商品时再冲减"预收账款"科目。辉正公司应收货款总额为售价与增

值税之和,所以,2×15 年 7 月 8 日收款金额为货款总额与 2×15 年 5 月 8 日预收款 600 000 元之差。

4. 任务具体完成过程

(1) 请为辉正公司编制预收款的会计分录。

2×15 年 5 月 8 日:

借:银行存款　　　　　　　　　　　　　　　　　　　600 000
　　贷:预收账款——雨露公司　　　　　　　　　　　　　　600 000

(2) 请为辉正公司计算应收货款总额。

应收货款总额=1 000 000+170 000=1 170 000(元)

(3) 请为辉正公司计算 2×15 年 7 月 8 日收到的款项并编制会计分录。

2×15 年 7 月 8 日:

收到的款项=1 170 000-600 000=570 000(元)

借:银行存款　　　　　　　　　　　　　　　　　　　570 000
　　贷:预收账款——雨露公司　　　　　　　　　　　　　　570 000

(4) 请为辉正公司编制交付商品业务和产品成本结转的会计分录。

借:预收账款　　　　　　　　　　　　　　　　　　　1 170 000
　　贷:主营业务收入　　　　　　　　　　　　　　　　　1 000 000
　　　　应交税费——应交增值税(销售税额)　　　　　　　　170 000
借:主营业务成本　　　　　　　　　　　　　　　　　　900 000
　　贷:库存商品　　　　　　　　　　　　　　　　　　　900 000

任务四:发出商品时不符合商品销售收入确认条件的核算

1. 任务描述

2×15 年 3 月 2 日,尽管辉正公司在销售时已知宏伟公司资金周转困难,但为了减少存货积压,同时也为了维护与宏伟公司长期建立的商业关系,辉正公司仍将商品发给宏伟公司并办妥托收手续。开出的增值税专用发票上注明的售价 9 000 元,增值税税额为 1 530 元,款未收到。商品成本为 8 600 元。2×15 年 7 月 9 日,辉正公司得知宏伟公司经营情况好转,宏伟公司承诺近期付款。2×15 年 9 月 5 日,辉正公司收到货款。

2. 任务要求

(1) 请为辉正公司判断发出商品时是否应确认收入。
(2) 请为辉正公司编制发出商品的会计分录。
(3) 请为辉正公司编制宏伟公司承诺付款的会计分录。
(4) 请为辉正公司编制收到货款的会计分录。

3. 任务分析

辉正公司发出商品时,与商品所有权有关的所以相关经济利益很可能流入辉正公司这个条件不满足,尽管商品所有权上的主要风险和报酬转移给宏伟公司,辉正公司没有保留通常与所有权相联系的继续管理权,没有对已售出的商品实施有效控制,收入的金额也能够可靠计量,相关的已发生的成本能够可靠计量,但是已知宏伟公司资金周转困难,所以相关经济利益很可能流入企业这个条件不满足,因此该销售业务不满足收入确认的条件,所以辉正公司发出商品时不可以确认收入。2×15年7月9日,辉正公司得知宏伟公司经营情况好转,宏伟公司承诺近期付款,判断相关经济利益很可能流入企业,这时可以确认收入。

4. 任务具体完成过程

(1) 请为辉正公司判断发出商品时是否应确认收入。

根据任务分析,2×15年3月2日发出商品时不满足收入确认的条件,因此不能确认收入。

(2) 请为辉正公司编制发出商品的会计分录。

2×15年3月2日:

尽管商品已经发出,但不满足收入确认的条件,所以,

借:发出商品　　　　　　　　　　　　　　　　　　　8 600
　　贷:库存商品　　　　　　　　　　　　　　　　　　8 600
借:应收账款——宏伟公司　　　　　　　　　　　　　1 530
　　贷:应交税费——应交增值税(销项税额)　　　　　1 530

(3) 请为辉正公司编制宏伟公司承诺付款的会计分录。

2×15年7月9日:

由于宏伟公司经营情况好转并承诺付款,满足收入确认的条件,所以,

借:应收账款——宏伟公司　　　　　　　　　　　　　9 000
　　贷:主营业务收入　　　　　　　　　　　　　　　　9 000
借:主营业务成本　　　　　　　　　　　　　　　　　8 600
　　贷:发出商品　　　　　　　　　　　　　　　　　　8 600

(4) 请为辉正公司编制收到货款的会计分录。

2×15年9月5日收款时:

借:银行存款　　　　　　　　　　　　　　　　　　　10 530
　　贷:应收账款——宏伟公司　　　　　　　　　　　　10 530

任务五:销售商品涉及现金折扣业务的核算

1. 任务描述

2×15年10月2日,辉正公司销售产品10 000元,规定的现金折扣条件为2/10,n/20,适用增值税税率为17%,产品交付并办妥托收手续。假设计算现金折扣时不考虑增值税额。

2. 任务要求

(1) 请为辉正公司计算确定增值税额。

(2) 请为辉正公司计算确定销售时的应收账款金额并编制会计分录。

(3) 请为辉正公司计算10天内收款给予的现金折扣和收款金额。

(4) 请为辉正公司编制 10 天内收款的会计分录。

(5) 请为辉正公司编制 20 天内收款的会计分录。

3. 任务分析

辉正公司采用总价法核算现金折扣，即销售时不扣除现金折扣作为收入和应收账款的入账金额。辉正公司销售商品，满足收入确认的条件，因此销售时应确认收入，同时记入应收账款，应收账款金额为销售收入和增值税额之和。如果客户在 10 天付款给辉正公司，客户应享有 2%的现金折扣即 200 元，因此辉正公司收取的货款是 11 500 元。如果客户超过 20 天付款，辉正公司将不给予现金折扣，从而全额收取应收账款金额。辉正公司给予的现金折扣应记入财务费用。

4. 任务具体完成过程

(1) 请为辉正公司计算确定增值税额。

增值税额＝10 000×17%＝1 700(元)

(2) 请为辉正公司计算确定销售时的应收账款金额并编制会计分录。

2×15 年 10 月 2 日：

应收账款金额＝10 000＋1 700＝11 700(元)

借：应收账款	11 700
贷：主营业务收入	10 000
应交税费——应交增值税(销项税额)	1 700

(3) 请为辉正公司计算 10 天内收款给予的现金折扣和收款金额。

现金折扣＝10 000×2%＝200(元)

收款金额＝11 700－200＝11 500(元)

(4) 请为辉正公司编制 10 天内收款的会计分录。

借：银行存款	11 500
财务费用	200
贷：应收账款	11 700

(5) 请为辉正公司编制 20 天内收款的会计分录。

如超过了现金折扣的最后期限，则

借：银行存款	11 700
贷：应收账款	11 700

任务六：销售商品涉及商业折扣业务的核算

1. 任务描述

辉正公司于 2×15 年 5 月 6 日向阳光公司销售产品 200 件，商品标价每件 10 元，为了促销，辉正公司给予 10%的价格扣除。增值税税率为 17%。款已收到。

2. 任务要求

(1) 请为辉正公司计算给予的商业折扣金额、收入金额、增值税额、收款金额；

(2) 请为辉正公司编制销售业务的会计分录。

3. 任务分析

由于辉正公司促销给予 10%的商业折扣,所以销售收入为商品标价的 90%。满足收入确认的条件,所以应按扣除商业折扣后售价记入收入。

4. 任务具体完成过程

(1) 请为辉正公司计算给予的商业折扣金额、收入金额、增值税额、收款金额。
商业折扣金额=10×10%×200=200(元)
收入金额=10×200-200=1 800(元)
增值税额=1 800×17%=306(元)
收款金额=1 800+306=2 106(元)
(2) 请为辉正公司编制销售业务的会计分录。

借:银行存款	2 106
贷:主营业务收入	1 800
应交税费——应交增值税(销项税额)	306

任务七:销售商品涉及销售折让业务的核算

1. 任务描述

2×15 年 6 月 2 日,辉正公司向雨露公司销售产品,开出的增值税专用发票上注明的售价为 10 000 元,增值税税额为 1 700 元。6 月 25 日,雨露公司在验收过程中发现产品质量不合格,要求在价格上给予 10%的折让,辉正公司同意给予折让并开具红色增值税专用发票。款未收到。

2. 任务要求

(1) 请为辉正公司 2×15 年 6 月 2 日销售业务的会计分录;
(2) 请为辉正公司计算销售折让金额;
(3) 请为辉正公司编制销售折让的会计分录。

3. 任务分析

销售商品时满足收入的条件,辉正公司应确认销售收入,同时计入应收账款。由于商品质量、规格等不符合客户的要求,客户尽管继续保留商品但要求辉正公司给予销售折让。由于是当年销售当年发生的折让,辉正公司同意则应冲减收入、销项税额和应收账款。

4. 任务具体完成过程

(1) 请为辉正公司 2×15 年 6 月 2 日销售业务的会计分录。

借:应收账款——雨露公司	11 700
贷:主营业务收入	10 000
应交税费——应交增值税(销项税额)	1 700

(2) 请为辉正公司计算销售折让金额。

11 700×10%＝1 170(元)

(3) 请为辉正公司编制销售折让的会计分录。

2×15年6月25日：

借：主营业务收入　　　　　　　　　　　　　　　　　　　　　　　　1 000

　　应交税费——应交增值税(销项税额)　　　　　　　　　　　　　　170

　　贷：应收账款——雨露公司　　　　　　　　　　　　　　　　　　1 170

任务八：销售商品涉及销售退回业务的核算

1. 任务描述

辉正公司于2×15年4月8日向雨露公司销售产品，开出的增值税专用发票上注明的售价为100 000元，增值税税额为17 000元，该产品成本为70 000元，款未收。雨露公司于4月17日支付货款。2×15年5月5日，该商品因质量问题被雨露公司退回，辉正公司开具红色增值税专用发票并支付有关款项。

2. 任务要求

(1) 请为辉正公司编制收入确认与成本结转业务的会计分录。

(2) 请为辉正公司编制收款业务的会计分录。

(3) 请为辉正公司编制销售退回业务的会计分录。

3. 任务分析

辉正公司销售商品时满足收入确认的条件，所以发出商品是就应该确认收入，同时由于款未收则增加应收账款，收款款项时减少应收账款。销售的商品由于发生质量原因而不能满足客户的需求而导致客户退货，辉正公司收到退回的商品时，如果是当年销售当年退回则应冲减当年的收入，同时增加库存商品并冲减销售成本。

4. 任务具体完成过程

(1) 请为辉正公司编制收入确认与成本结转业务的会计分录。

2×15年4月8日：

借：应收账款——雨露公司　　　　　　　　　　　　　　　　　　　117 000

　　贷：主营业务收入　　　　　　　　　　　　　　　　　　　　　100 000

　　　　应交税费——应交增值税(销项税额)　　　　　　　　　　　17 000

借：主营业务成本　　　　　　　　　　　　　　　　　　　　　　　　70 000

　　贷：库存商品　　　　　　　　　　　　　　　　　　　　　　　70 000

(2) 请为辉正公司编制收款业务的会计分录。

2×15年4月17日：

借：银行存款　　　　　　　　　　　　　　　　　　　　　　　　　117 000

　　贷：应收账款——雨露公司　　　　　　　　　　　　　　　　　117 000

(3) 请为辉正公司编制销售退回业务的会计分录。

2×15 年 5 月 5 日：

借：主营业务收入　　　　　　　　　　　　　　　　　　　　100 000
　　应交税费——应交增值税(销项税额)　　　　　　　　　　 17 000
　　　贷：银行存款　　　　　　　　　　　　　　　　　　　117 000
借：库存商品　　　　　　　　　　　　　　　　　　　　　　 70 000
　　　贷：主营业务成本　　　　　　　　　　　　　　　　　 70 000

任务九：视同买断方式委托代销商品业务的核算

1. 任务描述

辉正公司委托雨露公司销售商品 800 件，协议价为每件 65 元，成本为每件 40 元。代销协议规定，雨露公司在取得代销商品后，无论是否能够卖出，是否获利，均与辉正公司无关。商品已经发出，货款尚未收到，辉正公司开出的增值税专用发票上注明的增值税税额为 8 840 元。雨露公司以每件 75 元对外销售。

2. 任务要求

(1) 请为辉正公司确定何时确认收入。
(2) 请为辉正公司计算确定销售收入金额、应收账款金额、销售成本金额。
(3) 请为辉正公司编制委托代销商品的会计分录。

3. 任务分析

由于代销协议规定，雨露公司在取得代销商品后，无论是否能够卖出，是否获利，均与辉正公司无关，所以属于视同买断方式委托代销商品业务，满足收入确认的条件，辉正公司应该在发出商品后即确认收入。

4. 任务具体完成过程

(1) 请为辉正公司确定何时确认收入。

根据任务分析，辉正公司发出商品后即可确认收入。

(2) 请为辉正公司计算确定销售收入金额、应收账款金额、销售成本金额。

销售收入金额＝800×65＝52 000(元)

应收账款金额＝52 000＋8 840＝ 60 840(元)

销售成本金额＝800×40＝32 000(元)

(3) 请为辉正公司编制委托代销商品的会计分录。

借：应收账款　　　　　　　　　　　　　　　　　　　　　　60 840
　　　贷：主营业务收入　　　　　　　　　　　　　　　　　 52 000
　　　　　应交税费——应交增值税(销项税额)　　　　　　　　8 840
借：主营业务成本　　　　　　　　　　　　　　　　　　　　 32 000
　　　贷：库存商品　　　　　　　　　　　　　　　　　　　 32 000

任务十：收取手续费方式委托代销商品业务的核算

1. 任务描述

辉正公司委托向阳公司销售商品 900 件，商品已经发出，每件成本为 20 元，合同约定向阳公司应按每件 35 元对外销售，辉正公司按售价的 10%向阳公司支付手续费。向阳公司对外实际销售 400 件，开出的增值税专用发票上注明的销售价款为 14 000 元，增值税税额为 2 380 元，款项已经收到。辉正公司收到向阳公司开具的代销清单时，向向阳公司开具一张相同金额的增值税专用发票。

2. 任务要求

(1) 请为辉正公司判断发出商品时是否确认收入；
(2) 请为辉正公司编制发出商品时的会计分录；
(3) 请为辉正公司计算确定代销手续费金额、收款金额；
(4) 请为辉正公司编制收到代销清单的会计分录。

3. 任务分析

辉正公司与向阳公司签订的代销合同规定向阳公司应按每件 35 元对外销售，辉正公司按售价的 10%向向阳公司支付手续费，属于收取手续费方式委托代销商品业务，不满足收入确认的相关条件，因此辉正公司发出商品时不能确认收入，只有在收到代销清单满足收入确认的条件时才能确认收入。

为了核算收取手续费方式委托代销商品业务，辉正公司需设置"发出商品"科目，发出商品时借记该账户，贷记"库存商品"科目。收到代销清单时，确认收入的同时确认手续费，借记"销售费用"科目，金额为代销清单上的收入 14 000 元的 10%，并结转销售商品成本。

4. 任务具体完成过程

(1) 请为辉正公司判断发出商品时是否确认收入。
收到代销清单时才能确认收入。
(2) 请为辉正公司编制发出商品时的会计分录。
20×900＝18 000(元)

借：委托代销商品　　　　　　　　　　　　　　　　　　　　　　18 000
　　贷：库存商品　　　　　　　　　　　　　　　　　　　　　　　　18 000

(3) 请为辉正公司计算确定代销手续费金额、收款金额。
收到代销清单时：
手续费金额＝14 000×10%＝1 400(元)
收款金额＝14 000＋2 380－1 400＝14 980(元)
(4) 请为辉正公司编制收到代销清单的会计分录。

借：应收账款——向阳公司　　　　　　　　　　　　　　　　　　16 380
　　贷：主营业务收入　　　　　　　　　　　　　　　　　　　　　　14 000
　　　　应交税费——应交增值税(销项税额)　　　　　　　　　　　　2 380

```
借：主营业务成本                                    8 000
    贷：委托代销商品                                        8 000
借：销售费用                                        1 400
    贷：应收账款——向阳公司                                1 400
收到向阳公司支付的货款时：
借：银行存款                                       14 980
    贷：应收账款——向阳公司                               14 980
```

任务十一：具有融资性质分期收款销售商品业务的核算

1. 任务描述

2×08年1月1日，辉正公司采用分期收款方式向宏伟公司销售商品，合同约定的售价为5 000万元，分5年于每年年末等额收取。该商品成本为4 000万元，现销价格为4 200万元。增值税税率为17%，辉正公司发出商品时发生纳税义务并收到宏伟公司支付的增值税额850万元。

2. 任务要求

(1) 请为辉正公司计算确定长期应收款金额、收入金额、未实现融资收益金额和每期收款额。

(2) 请为辉正公司计算实际利率。

(3) 请为辉正公司编制未实现融资收益分摊表。

(4) 请为辉正公司编制销售商品的会计分录。

(5) 请为辉正公司编制每期收到长期应收款和分摊未实现融资收益的会计分录。

$(P/A, 6\%, 5)=4.212\ 4$；$(P/A, 7\%, 5)=4.100\ 2$

3. 任务分析

辉正公司采用分期收款销售商品，此销售对于客户来讲具有融资性质，因此辉正公司发出商品时满足收入确认的条件即可确认收入即现销价格4 200万元，同时确认长期应收款5 000万元，二者的差额即为未实现融资收益800万元。未实现融资收益的分摊应采用实际利率法，实际利率为辉正公司未来收款折算为现值采用的折现率。

为核算分期收款销售商品，辉正公司需设置"长期应收款"科目、"未实现融资收益"科目。销售时，借记"长期应收款"科目，贷记"主营业务收入"科目，同时贷记"未实现融资收益"科目；收到款项时贷记"长期应收款"科目，借记"银行存款"科目，分摊未实现融资收益时，借记"未实现融资收益"科目，贷记"财务费用"科目。

4. 任务具体完成过程

(1) 请为辉正公司计算确定长期应收款金额、收入金额、未实现融资收益金额和每期收款额。

长期应收款金额=5 000万元

收入金额=4 200万元

未实现融资收益金额＝5 000－4 200＝800(万元)

每期收款额＝5 000÷5＝1 000(万元)

(2) 请为辉正公司计算实际利率。

1 000×(P/A, R, 5)＋850＝4 200 ＋850

(P/A, R, 5)＝4.2

采用插入法计算 R，R＝6.11%

(3) 请为辉正公司编制未实现融资收益分摊表(表 6-1)。

表 6-1 未实现融资收益分摊计算表

单位：元

时 间	收现金额(1)	利息收入(2)＝×6.11%	本金减少额(3)	本金余额(4)＝期初(4)－(3)
2×08 年 1 月 1 日				42 000 000
2×08 年 12 月 31 日	10 000 000	2 566 200	7 433 800	34 566 200
2×09 年 12 月 31 日	10 000 000	2 111 994.82	7 888 005.18	26 678 194.82
2×10 年 12 月 31 日	10 000 000	1 630 037.70	8 369 962.30	18 308 232.52
2×11 年 12 月 31 日	10 000 000	1 118 633.01	8 881 366.99	9 426 865.53
2×12 年 12 月 31 日	10 000 000	573 134.47	9 426 865.53	0
合计	50 000 000	8 000 000	42 000 000	

(4) 请为辉正公司编制销售商品的会计分录。

2×08 年 1 月 1 日，辉正公司向宏伟公司销售商品时：

借：长期应收款　　　　　　　　　　　　　　　　50 000 000
　　银行存款　　　　　　　　　　　　　　　　　　8 500 000
　　贷：主营业务收入　　　　　　　　　　　　　　42 000 000
　　　　应交税费——应交增值税(销项税额)　　　　8 500 000
　　　　未实现融资收益　　　　　　　　　　　　　8 000 000

同时，

借：主营业务成本　　　　　　　　　　　　　　　40 000 000
　　贷：库存商品　　　　　　　　　　　　　　　　40 000 000

(5) 请为辉正公司编制每期收到长期应收款和分摊未实现融资收益的会计分录。

2×08 年 12 月 31 日，辉正公司向宏伟公司收取分期货款时：

借：银行存款　　　　　　　　　　　　　　　　　10 000 000
　　贷：长期应收款　　　　　　　　　　　　　　　10 000 000

同时，确认实现的利息收入：

借：未实现融资收益　　　　　　　　　　　　　　2 566 200
　　贷：财务费用　　　　　　　　　　　　　　　　2 566 200

以后年度的会计分录可以比照 2×08 年 12 月 31 日的会计分录，只是未实现融资收益分摊额或确认的利息收入的金额不同。

任务十二：提供劳务交易业务的核算

1. 任务描述

2×15年11月1日，辉正公司接受了一项设备安装项目，安装期限为3个月，收到预付款50 000元，合同总收入为80 000元。预计总成本为60 000元。2×15年11月至12月实际发生安装人员工资费用54 000元。辉正公司在安装结束收到剩余款项。辉正公司按已发生的成本占估计总成本的比例确定完工进度。

2. 任务要求

(1) 请为辉正公司编制收到预付款的会计分录；
(2) 请为辉正公司编制2×15年发生的劳务成本的会计分录；
(3) 请为辉正公司计算2×15年该项目的完工百分比、应确认劳务收入和成本；
(4) 请为辉正公司编制2×15年收入确认与成本结转的会计分录。

3. 任务分析

显然，辉正公司接受的该安装项目是一项跨年度的项目，所以尽管在年末没有完工，但要确认2×15年的劳务收入和成本。由于收入的金额能够可靠计量，相关的经济利益很可能流入企业，交易的完工进度能够可靠确定，交易中已发生的和将发生的成本能够可靠计量，所以辉正公司在资产负债表日提供劳务交易的结果能够可靠估计的，应当按照完工百分比法确认提供劳务收入。

4. 任务具体完成过程

(1) 请为辉正公司编制收到预付款的会计分录。

2×15年11月1日：

借：银行存款　　　　　　　　　　　　　　　　　　50 000
　　贷：预收账款　　　　　　　　　　　　　　　　　50 000

(2) 请为辉正公司编制2×15年发生的劳务成本的会计分录。

2×15年11月至12月发生的劳务成本：

借：劳务成本　　　　　　　　　　　　　　　　　　54 000
　　贷：应付职工薪酬　　　　　　　　　　　　　　　54 000

(3) 请为辉正公司计算2×15年该项目的完工百分比、应确认劳务收入和成本。

2×15年12月31日：

完工进度＝54 000÷60 000×100%＝90%
收入＝80 000×90%＝72 000(元)
成本＝60 000×90%＝54 000(元)

(4) 请为辉正公司编制2×15年收入确认与成本结转的会计分录。

借：预收账款　　　　　　　　　　　　　　　　　　72 000
　　贷：主营业务收入　　　　　　　　　　　　　　　72 000
借：主营业务成本　　　　　　　　　　　　　　　　54 000
　　贷：劳务成本　　　　　　　　　　　　　　　　　54 000

任务十三：让渡资产使用权使用费业务的核算

1. 任务描述

软件公司转让其一项软件的使用权，一次性收费 100 000 元，不提供后续服务，款项已经收回。假定不考虑其他因素。

2. 任务要求

请为软件公司编制转让软件使用权收入的会计分录。

3. 任务分析

这是一项如何确认使用费收入的问题。当合同或协议规定使用费一次支付，且不提供后期服务的，应视同该项资产的销售一次确认收入。由于软件公司转让软件的使用权但不提供后续服务，满足让渡资产使用权收入确认的条件，所以软件公司应在转让当期确认使用权收入。

4. 任务具体完成过程

借：银行存款　　　　　　　　　　　　　　　　　　　　　　　　100 000
　　贷：主营业务收入　　　　　　　　　　　　　　　　　　　　　100 000

6.2　费用与利润业务的核算

情境引例

辉正公司经营中发生的各种费用应归属于哪些种类的费用？当期的利润总额构成是什么？当期实现的净利润如何结转？

 知识准备

6.2.1　费用的定义与种类

1. 费用的定义和特征

费用是指企业在日常活动中发生的、会导致所有者权益减少的、与向所有者分配利润无关的经济利益的总流出。费用是影响企业利润的重要因素，是企业经营成果的重要指标。费用具有以下特征：

1) 费用是企业在日常活动中发生的经济利益的总流出

这里的日常活动是指企业为完成其经营目标所从事的经常性活动及其与之相关的活动，即不是偶发的交易或事项中发生的经济利益的流出。经常性活动是企业开展的主营业务活动，比如工业企业制造销售产品、商品流通企业采购销售商品、提供服务等活动。与

经常性活动相关的活动是企业进行的附营业务活动或其他活动，如工业企业销售不需用的原材料、出租无形资产和固定资产等活动。

这里的经济利益的总流出是指费用代表企业资源的流出，与资源流入企业所形成的收入正好相反。费用也可以理解为企业为了实现收入的目的而发生的资产耗费，以便获得更多的资产。具体表现为企业资金支出，如企业发生的工资支出、消耗材料和机器设备的折旧费用等。有些交易或事项虽然也能使企业发生经济利益的流出，但因为不属于企业的日常经营活动，所以其经济利益的流出不属于费用而是损失，如加工业企业出售固定资产净损失。

2) 费用会导致企业所有者权益的减少

费用最终由所有者承担，会减少企业的所有者权益。一般而言，企业的所有者权益会随着收入的增加而增加，而随费用的增加而减少。费用可能表现为资产的减少，或负债的增加，或二者兼而有之而引起所有者权益减少。但是，导致所有者权益减少的因素并不都属于费用。

3) 费用与向所有者分配利润无关

企业向所有者分配的利润或股利也会导致企业经济利益的流出，但该经济利益的流出属于收益的分配，不作为费用。费用是企业日常活动中发生的与向所有者分配利润无关的经济利益的流出。

2. 费用的种类

企业为生产产品、提供劳务等发生的可归属于产品成本、劳务成本等的费用，应当在确认产品销售收入、劳务收入等时，将已销售产品、已提供劳务的成本等计入当期损益，包括主营业务成本、其他业务成本等。企业发生的支出不产生经济利益的，或者即使能够产生经济利益但不符合或者不再符合资产确认条件的，应当在发生时确认为费用，计入当期损益，如营业税金及附加。企业发生的交易或者事项导致其承担了一项负债而又不确认为一项资产的，如应付利息，应当在发生时确认为费用，计入当期损益。企业为组织和管理生产经营活动而发生的期间性费用，其发生与一定时期实现的收入相关，称为期间费用，发生时必须计入当期损益，包括销售费用、财务费用、管理费用。企业经营需要履行缴纳所得税的义务，所得税也是企业的费用之一，最终会减少企业的利润。

企业经营过程可能发生一些经营损失，如资产减值损失、投资损失、固定资产和无形资产出售损失，这些损失会导致利润减少，属于广义的费用范畴。

6.2.2 费用的核算

1. 费用的确认条件

费用只有在经济利益很可能流出从而导致企业资产减少或者负债增加且经济利益的流出额能够可靠计量时才能予以确认。费用的确认至少应当符合以下条件：

(1) 费用相关的经济利益应当很可能流出企业；
(2) 经济利益流出企业的结果会导致资产的减少或者负债的增加；
(3) 经济利益的流出额能够可靠计量。

2. 主营业务成本

主营业务成本是指公司生产和销售与主营业务有关的产品或提供劳务所必须投入的直接成本，主要包括原材料、人工成本(工资)和固定资产折旧等。

企业核算主营业务成本，应设置"主营业务成本"科目，用于核算企业因销售商品、提供劳务等日常活动而发生的实际成本。"主营业务成本"科目下应按照主营业务的种类设置明细账，进行明细核算。企业销售商品或提供劳务时，应根据计算所售商品或提供劳务的实际成本，结转主营业务成本，借记"主营业务成本"科目，贷记"库存商品""劳务成本"科目。采用计划成本或售价核算库存商品的，平时的营业成本按计划成本或售价结转，月末，还应结转本月销售商品应分摊的产品成本差异或商品进销差价。有关销售商品或提供劳务的成本结转到"主营业务成本"的相关业务见 6.1 节。企业期末，应将本账户的余额转入"本年利润"科目，结转后本账户应无余额，具体见利润部分。

3. 其他业务成本

其他业务成本是指企业除主营业务活动以外的其他经营活动所发生的成本，包括：销售材料成本，出租固定资产折旧额，出租无形资产摊销额，出租包装物成本或摊销额。

为核算其他业务成本，企业应设置"其他业务成本"科目，该科目核算企业确认的除主营业务活动以外的其他经营活动所发生的支出，包括销售材料的成本、出租固定资产的折旧额、出租无形资产的摊销额、出租包装物的成本或摊销额等。采用成本模式计量投资性房地产的，其投资性房地产计提的折旧额或摊销额，也通过本科目核算。该科目可按其他业务成本的种类进行明细核算。企业发生的其他业务成本，借记"其他业务成本"科目，贷记"原材料""周转材料""累计折旧""累计摊销""银行存款"等科目。企业在月末时需要将"其他业务成本"结转入"本年利润"科目，借记"本年利润"科目，贷记"其他业务成本"科目，结转后本科目无余额。

4. 管理费用

管理费用是指企业行政管理部门为组织和管理生产经营活动而发生的各项费用。管理费用属于期间费用，在发生的当期就计入当期的损益。管理费用包括公司经费、职工教育经费、业务招待费、税金、技术转让费、无形资产摊销、咨询费、诉讼费、开办费摊销、上缴上级管理费、劳动保险费、待业保险费、董事会会费及其他管理费用。

为核算管理费用，企业应设置"管理费用"科目，发生管理费用时，应借记"管理费用"科目，贷记"现金""银行存款""应付职工薪酬"等科目；月终，将归集的管理费用全部由"管理费用"科目的贷方转入"本年利润"科目的借方，计入当期损益。结转管理费用后，"管理费用"科目期末无余额。

5. 销售费用

销售费用是指企业在销售产品、自制半成品和提供劳务等过程中发生的各项费用。包括由企业负担的包装费、运输费、广告费、装卸费、保险费、委托代销手续费、展览费、租赁费(不含融资租赁费)和销售服务费、销售部门人员工资、职工福利费、差旅费、折旧费、修理费、物料消耗、低值易耗品摊销及其他经费等。与销售有关的差旅费应计入销售费用。

企业为核算销售费用，应设置"销售费用"科目，本科目应当按费用项目进行明细核算。本科目核算企业销售商品和材料、提供劳务的过程中发生的各种费用，包括保险费、包装费、展览费和广告费、商品维修费、预计产品质量保证损失、运输费、装卸费等，以及为销售本企业商品而专设的销售机构(含销售网点、售后服务网点等)的职工薪酬、业务费、折旧费等经营费用。企业在销售商品过程中发生的包装费、保险费、展览费和广告费、运输费、装卸费等费用，借记本科目，贷记"现金""银行存款"科目。企业发生的为销售本企业商品而专设的销售机构的职工薪酬、业务费等经营费用，借记本科目，贷记"应付职工薪酬""银行存款""累计折旧"等科目。期末，应将本科目余额转入"本年利润"科目，结转后本科目应无余额。

6. 财务费用

财务费用指企业在生产经营过程中为筹集资金而发生的筹资费用。包括企业生产经营期间发生的利息支出(减利息收入)、汇兑损益(有的企业如商品流通企业、保险企业进行单独核算，不包括在财务费用)、金融机构手续费，企业发生的现金折扣或收到的现金折扣等。但在企业筹建期间发生的利息支出，应计入开办费；为购建或生产满足资本化条件的资产发生的应予以资本化的借款费用，在"在建工程""制造费用"等科目核算。

企业为核算发生的财务费用，应设置"财务费用"科目，并按费用项目设置明细账进行明细核算。企业发生的各项财务费用借记"财务费用"科目，贷记"银行存款""应付利息"等科目；企业发生利息收入、汇兑收益应借记"应收利息"等科目，贷记"财务费用"科目。月终，将借方或贷方归集的财务费用全部由"财务费用"科目的贷方或借方转入"本年利润"科目借方或贷方，计入当期损益。结转当期费用后，"财务费用"科目期末无余额。

7. 营业税金及附加

营业税金及附加是反映企业经营主要业务应负担的营业税、消费税、城市维护建设税、资源税和教育费附加等。

为核算营业税金及附加，企业应设置"营业税金及附加"科目，该科目主要核算企业经营活动发生的营业税、消费税、城市维护建设税、资源税和教育费附加等相关税费。房产税、车船使用税、土地使用税、印花税在"管理费用"等科目核算，不在本科目核算。企业按规定计算确定的与经营活动相关的税费，借记"营业税金及附加"科目，贷记"应交税费"等科目。期末，应将本科目余额转入"本年利润"科目，结转后本科目应无余额。

6.2.3 利润的核算

1. 利润的概念与种类

利润是指企业在一定会计期间的经营成果。利润是衡量企业经营业绩的一种重要标志，往往是评价企业管理层业绩的一项重要指标，也是投资者等财务报告使用者进行决策时的重要参考。利润包括收入减去费用后的净额、直接计入当期利润的利得和损失等。直接计入当期利润的利得和损失，是指应当计入当期损益，最终会引起所有者权益发生增减变动的、与所有者投入资本或者向所有者分配利润无关的利得或损失。利得是指由企业非日常活动所形成的、会导致所有者权益增加的、与所有者投入资本无关的经济利益的流入，分为：①直接计入所有者权益的利得；②直接计入当期利润的利得。损失是指由企业非日常活动所发生的、会导致所有者权益减少的、与向所有者分配利润无关的经济利益的流出，分为：①直接计入所有者权益的损失；②直接计入当期利润的损失。

$$利润＝收入减去费用的净额＋直接计入当期利润的利得和损失$$

利润的确认主要依赖于收入和费用以及利得和损失的确认，其金额的确定也主要取决于收入、费用、利得、损失金额的计量。

2. 利润的构成

利润按其构成的不同层次可划分为：营业利润、利润总额和净利润。

1) 营业利润的构成

营业利润是企业进行日常活动所取得的经营成果。营业利润的构成：

营业利润＝营业收入－营业成本－营业税金及附加－销售费用－管理费用－财务费用－资产减值损失＋公允价值变动损益(－公允价值变动损失)＋投资收益(－投资损失)。

营业收入是指企业经营业务所确认的收入总额，包括主营业务收入和其他业务收入。营业成本是指企业经营业务所发生的实际成本总额，包括主营业务成本和其他业务成本。资产减值损失是指企业计提各项资产减值准备所形成的损失。公允价值变动收益(或损失)是指企业交易性金融资产等公允价值变动形成的应计入当期损益的利得(或损失)。投资收益(或损失)是指企业以各种方式对外投资所取得的收益(或发生的损失)。

2) 利润总额的构成

$$利润总额＝营业利润＋营业外收入－营业外支出$$

营业外收支是指企业发生的与其日常经营活动无直接关系的各项损益，又称营业外损益，是企业财务成果的组成部分，包括营业外收入和营业外支出。营业外收入和营业外支出应当分别核算，并在利润表中分列项目反映。营业外收入和营业外支出还应当按照具体收入和支出设置明细账进行明细核算。

(1) 营业外收入的核算。

营业外收入是指企业发生的与其日常经营活动无直接关系的各项利得。首先，营业外收入并不是由企业经营资金耗费所产生的，不需要企业付出代价，实际上是一种纯收入，不可能也不需要与有关费用进行配比。因此，在会计核算上，应当严格区分营业外收入与营业收入的界限。其次，营业外收入是偶然发生，不重复出现，所以企业不能将其纳入营业利润。

为了总括反映和监督企业营业外收入情况，企业应设置"营业外收入"科目。该账户贷方登记企业发生的营业外收入额，借方登记期末转入"本年利润"科目的数额，经结转后该账户期末无余额。

营业外收入主要包括非流动资产处置利得、非货币性资产交换利得、债务重组利得、政府补助、捐赠利得等。一些营业外收入的核算如固定资产处置损益在本书相关章节已有阐述，此处主要阐述政府补助的核算。

政府补助是指企业从政府无偿取得货币型资产或非货币型资产形成的利得，企业核算政府补助时应该区分与资产相关的政府补助和与收益相关的政府补助。与资产相关的政府补助是指企业取得的、用于购建或以其他形式形成长期资产的政府补助。与收益相关的政府补助是指除了与资产相关的政府补助之外的政府补助。政府补助主要有以下形式有财政拨款、财政贴息、税收返还、无偿划拨非货币性资产等。

企业取得与收益相关的政府补助时,应借记"银行存款"或"其他应收款"科目,贷记"营业外收入"或"递延收益"科目。企业取得与资产的政府补助时,不能全额确认为当期收益,应当先计入"递延收益",然后在相关资产的使用寿命内平均分配,转入"营业外收入"。递延收益的分摊采用的是平均分配的方法。

(2) 营业外支出的核算。

营业外支出是指企业发生的与其日常经营活动无直接关系的各项损失。营业外支出主要包括:固定资产盘亏、处置固定资产净损失、处置无形资产净损失、非常损失、罚款支出、债务重组损失、捐赠支出等。

企业为核算营业外支出,应设置"营业外支出"科目。有关营业外支出的核算请见相关章节,这里不再赘述。

3) 净利润的构成

净利润时企业利润总额扣除与所得税费用后形成的经营成果,即利润总额与当期所得税费用之间的差额,计算公式如下:

$$净利润=利润总额-所得税费用$$

在不考虑纳税调整事项的情况下,利润总额即税前会计利润等于应纳税所得额,这时会计确认的所得税费用等于应纳所得税额,应纳所得税额的计算公式如下:

$$应纳所得税额=应纳税所得额\times 适用的所得税税率$$

3. **本年利润的结转**

为了计算出当期利润,本年利润结转方法包括账结法和表结法两种(根据会计制度,可以每月结转损益科目,也可以每月不结转,待年底时一次性结转。每月结转的方法叫做"账结法",年底一次性结转的方法叫做"表结法"。)

1) 表结法

表结法下,各损益类账户每月月末只需结计出本月发生额和月末累计余额,不结转到"本年利润"科目,只有在年末时才将全年累计余额转入"本年利润"科目。但每月月末要将损益类账户的本月发生额合计数填入利润表的本月数栏,同时将本月末累计余额填入利润表的本年累计数栏,通过利润表计算反映各期的利润(或亏损)。表结法下,月末损益类账户无需结转入"本年利润"科目,从而减少了转账环节和工作量,同时并不影响利润表的编制及有关损益指标的利用。但是,年底需要编制结账分录,将各损益类科目的年末余额一次性结转到"本年利润"科目。

2) 账结法

账结法下,每月月末均需编制转账凭证,将在账上结计出的各损益类账户的余额转入"本年利润"科目。结转后"本年利润"科目的本月合计数反映当月实现的利润或发生的亏损,"本年利润"科目的本年累计数反映本年累计实现的利润或发生的亏损。账结法在各月均可通过"本年利润"科目提供当月及本年累计的利润(或亏损)额，但增加了转账环节和工作量。

表结法和账结法两种方法是相对而言的，它们既有区别又有联系。企业在采用表结利润方法进行利润核算时，其年末结转损益实际上也就是账结利润法账务处理在其时点上的具体应用。

3) 结转本年利润的核算

为核算本年利润业务，企业应设置"本年利润"总账账户。企业在期末将各损益类科目的余额转入"本年利润"科目，即各收入、收益类账转至本年利润的贷方；费用支出类账结转至本年利润的借方。具体来讲，结转收入或利得时，借记"主营业务收入""其他业务收入""营业外收入""投资收益""公允价值变动损益"科目，贷记"本年利润"科目；结转费用或损失时，借记"本年利润"科目，贷记"主营业务成本""其他业务成本""主营业务税金及附加""管理费用""财务费用""销售费用""所得税费用""营业外支出""投资收益""公允价值变动损益"科目。通过上述两笔结转分录，本年利润账户的贷方与借方轧差，便可计算出本期实现的净利润(若借方大于贷方则为亏损)。

本年利润账户的余额表示年度内累计实现的净利润或净亏损，该账户平时不结转，年终一次性地转至"利润分配——未分配利润"科目，借记"本年利润"科目，贷记"利润分配——未分配利润"科目，如为亏损则作相反分录。结转后，"本年利润"科目年末余额为零。

业务操作

任务一：应交消费税的核算

1. 任务描述

辉正公司销售自产的应税消费品，应缴纳的消费税额为 20 000 元。辉正公司应编制的会计分录如下。

2. 任务要求

请为辉正公司编制应交消费税的核算。

3. 任务分析

辉正公司销售应税消费品时，按照税法的要求计算应缴纳的消费税借记"营业税金及附加"科目，同时贷记"应交税费"科目。

4. 任务具体完成过程

借：营业税金及附加　　　　　　　　　　　　　　　　　　　　　20 000
　　贷：应交税费——应交消费税　　　　　　　　　　　　　　　　　20 000

任务二：城市维护建设税与教育附加的核算

1. 任务描述

辉正公司 2×15 年 12 月实际缴纳增值税 100 000 元，消费税 20 000 元，营业税 1 000 元，辉正公司适应的城市维护建设税税率为7%，适应的教育费附加征收比率为3%。

2. 任务要求

(1) 请为辉正公司计算2×15年12月应交的城市维护建设税金额和教育费附加金额；

(2) 请为辉正公司编制本期应交的城市维护建设税和教育费附加的会计分录。

3. 任务分析

按照税法规定，辉正公司应按照当期应交的增值税、消费税和营业税三税之和的 7%和3%分别计算缴纳当期应交的城市维护建设税和教育费用附加金额，借记"营业税金及附加"科目，贷记"应交税费"科目。

4. 任务具体完成过程

(1) 请为辉正公司计算2×15年12月应交的城市维护建设税金额和教育费附加金额

应交的城市维护建设税金额＝(100 000＋20 000＋1 000)×7%＝8 470(元)

应交的教育费附加金额＝(100 000＋20 000＋1 000)×3%＝3 630(元)

(2) 请为辉正公司编制本期应交的城市维护建设税和教育费附加的会计分录。

借：营业税金及附加　　　　　　　　　　　　　　　　　　　　　　12 100

  贷：应交税费——应交城市维护建设税　　　　　　　　　　　　　　8 470

    ——应交教育费附加　　　　　　　　　　　　　　　　　　　3 630

任务三：收到的税费返还业务的核算

1. 任务描述

辉正公司生产的产品符合国家增值税先征后返的政策。2×15年12月，辉正公司实际缴纳的增值税9 000元，2×16年1月25日，辉正公司收到政府按70%的比例返还的增值税额6 300元，款项已存入开户银行。

2. 任务要求

请为辉正公司编制收到税法返还的会计分录。

3. 任务分析

辉正公司按照收到的税费返还借记"银行存款"科目，贷记"营业外收入"科目。

4. 任务具体完成过程

借：银行存款　　　　　　　　　　　　　　　　　　　　　　　　　6 300

  贷：营业外收入　　　　　　　　　　　　　　　　　　　　　　　　6 300

任务四：利润结转业务的核算

1. 任务描述

辉正公司2×15年有关损益类科目的年末余额见表6-2(该公司采用表结法年末一次结转损益类科目，所得税税率为25%，金额单位为万元)。

表 6-2 损益类科目年末余额

单位：万元

科 目 名 称	结账前余额	结账前余额方向
主营业务收入	3 000	贷
其他业务收入	100	贷
投资收益	200	贷
公允价值变动损益	50	贷
营业外收入	10	贷
主营业务成本	2 100	借
其他业务成本	80	借
营业税金及附加	30	借
销售费用	20	借
管理费用	30	借
财务费用	20	借
资产减值损失	40	借
营业外支出	70	借

2. 任务要求

(1) 将各损益类科目年末余额结转入"本年利润"科目；

(2) 假设没有纳税调整事项，计算确认当期所得税费用，结转所得税费用；

(3) 将"本年利润"科目的余额转入"利润分配"科目。

3. 任务分析

由于辉正公司采用表结法结转利润，所以年末一次结转损益类科目，借记"本年利润"科目，贷记"主营业务成本""其他业务成本"等成本费用账户，借记"主营业务收入""其他业务收入"等科目，贷记"本年利润"科目。由于没有纳税调整事项，所以税前会计利润等于应纳税所得额，会计确认的所得税费用与应交所得税额相等。将"本年利润"转入"利润分配"时，盈利时借记"本年利润"科目，贷记"利润分配——未分配利润"科目，亏损时做相反会计分录。

4. 任务具体完成过程

(1) 将各损益类科目年末余额结转入"本年利润"科目。

借：主营业务收入	3 000
其他业务收入	100
投资收益	200
公允价值变动损益	50
营业外收入	10
贷：本年利润	3 360

借：本年利润 2 390
　　贷：主营业务成本 2 100
　　　　其他业务成本 80
　　　　营业税金及附加 30
　　　　销售费用 20
　　　　管理费用 30
　　　　财务费用 20
　　　　贷资产减值损失 40
　　　　营业外支出 70

(2) 假设没有纳税调整事项，计算确认当期所得税费用，结转所得税费用。

应纳税所得额＝税前会计利润＝3 360－2 390＝970(万元)
所得税费用＝应交所得税＝970×25%＝242.5(万元)

借：所得税费用 242.5
　　贷：应交税费——应交所得税 242.5
借：本年利润 242.5
　　贷：所得税费用 242.5

(3) 将"本年利润"科目的余额转入"利润分配"科目。

净利润＝970－242.5＝727.5(万元)

借：本年利润 727.5
　　贷：利润分配——未分配利润 727.5

 知识拓展

以旧换新销售是指销售方在销售商品的同时回收与所售商品相同的旧商品的销售方式。在这种销售方式下，销售的商品按照销售商品收入确认条件确认收入，回收的商品作为购进商品处理。

以旧换新销售时，按照扣除旧商品回收价的商品售价与增值税合计借记"银行存款"等科目，按照回购的旧商品的回收价借记"库存商品"等科目，贷记"主营业务收入"等科目，按照增值税额贷记"应交税费——应交增值税(销项税额)"科目，同时结转商品成本，借记"主营业务成本"科目，贷记"库存商品"科目。

例：辉正公司采用以旧换新方式销售给个人家电商品1 000台，每台售价为4 000元，单位成本为3 500元，同时收回100台同类家电商品，每台回收价为300元，款项已收到。辉正公司为一般纳税人，增值税率17%。

要求：请为辉正公司编制以旧换新销售业务的会计分录。

具体解答过程如下：

借：银行存款 4 650 000
　　库存商品 30 000
　　贷：主营业务收入 4 000 000
　　　　应交税费——应交增值税(销项税额) 680 000

借：主营业务成本　　　　　　　　　　　　　　　　　　3 500 000
　　贷：库存商品　　　　　　　　　　　　　　　　　　　　　3 500 000

 本章小结

1. 教学内容
(1) 商品销售收入业务的核算。
(2) 提供劳务收入业务的核算。
(3) 让渡资产使用权收入业务的核算。
(4) 费用和利润的核算。
2. 教学重点
(1) 商品销售收入确认的条件。
(2) 完工百分比法的运用。
(3) 利润结转方法。
3. 教学难点
商品销售收入确认的条件。
4. 教学建议
(1) 通过向学生解读现行企业会计准则—收入准则关于收入核算的规定使学生了解各种收入核算的要求。
(2) 课件演示企业收入、费用和利润核算的全过程，让学生理解各种收入确认的条件、费用的种类、利润的构成以及利润的结转。
(3) 技能掌握及巩固：通过例题讲解及学生讨论、交流，熟练掌握商品销售收入、提供劳务收入、让渡资产使用权收入的核算，再通过习题巩固不同收入、费用和利润的核算以及完工百分比法的运用。
(4) 根据学生掌握的情况，引导学生思考理解"与商品所有权有关的主要风险和报酬是否转移的判断"以及"企业既没有保留通常与所有权相联系的继续管理权，也没有对已售出的商品实施有效控制"，各种收入核算设置的账户的差异，引导学生思考表结法和账结法的异同。

训 练 题

一、单项选择题

1. 下列项目中不应确认为收入的是(　　)。
　　A. 出售原材料取得的收入　　　　　　B. 设备出租收入
　　C. 违约金收入　　　　　　　　　　　D. 销售商品收取的不含税价款
2. 企业采用预收账款方式销售商品，确认销售收入的时点通常是(　　)。
　　A. 收到第一笔货款时　　　　　　　　B. 按合同约定的收款日期
　　C. 发出商品时　　　　　　　　　　　D. 收到支付凭证时
3. 企业对外销售需要安装的商品时，若安装和检验属于销售合同的重要组成部分，则确认该商品销售收入的时间是(　　)。

A．发出商品时 B．收到商品销售货款时
C．商品运抵并开始安装时 D．商品安装完毕并检验合格时

4．费用是指企业在日常活动中发生的、会导致(　　)减少的、与向所有者分配利润无关的经济利益的总流出。

A．资产 B．负债
C．所有者权益 D．收入

5．"销售费用"科目期末无余额。月终，将借方归集的销售费用全部由本科目的贷方转入(　　)科目的借方，计入当期损益。

A．利润分配 B．本年利润
C．生产成本 D．所得税费用

6．下列各项中，不属于费用的是(　　)。

A．主营业务成本 B．销售费用
C．营业外支出 D．营业税金及附加

7．企业对于已经发出且符合收入确认条件的商品(未计提存货跌价准备)，其成本应借记的科目是(　　)。

A．在途物资 B．发出商品
C．库存商品 D．主营业务成本

8．2×16年10月，公司销售一批原材料，开具的增值税专用发票上注明的售价为5 000元，增值税税额为850元，材料成本4 000元，则该企业编制会计分录时，应借记的其他业务成本科目的金额是(　　)元。

A．4 000 B．5 000
C．5 850 D．9 000

9．对于在合同中规定了买方有权退货条款的销售，如无法合理确定退货的可能性，则符合商品销售收入确认条件的时点是(　　)。

A．收到货款时 B．发出商品时
C．签订合同时 D．买方正式接受商品或退货期满时

10．下列项目中，应计入其他业务收入的是(　　)。

A．转让无形资产所有权收入 B．出租固定资产收入
C．罚款收入 D．股票发行收入

二、多项选择题

1．下列各科目中，能够反映已经发出但尚未确认销售收入的商品成本的有(　　)。

A．生产成本 B．委托代销商品
C．发出商品 D．库存商品

2．下列各项收入中，属于工业企业的其他业务收入的有(　　)。

A．提供运输劳务所取得的收入
B．提供加工装配劳务所取得的收入
C．出租无形资产所取得的收入
D．销售材料产生的收入

3. 提供劳务交易的结果能够可靠估计，应同时满足的条件包括(　　)。
   A．收入的金额能够可靠地计量
   B．相关的经济利益很可能流入企业
   C．交易中已发生的成本能够可靠地计量
   D．交易中将发生的成本能够可靠地计量

4. 关于让渡资产使用权产生的收入的确认与计量，下列说法中正确的有(　　)。
   A．让渡资产使用权收入同时满足"相关的经济利益很可能流入企业"和"收入的金额能够可靠地计量"时才能予以确认
   B．让渡资产使用权收入同时满足"相关的经济利益很可能流入企业"和"发生的成本能够可靠地计量"时才能予以确认
   C．使用费收入金额，按照实际收费时间计算确定
   D．利息收入金额，按照他人使用本企业货币资金的时间和实际利率计算确定

5. 下列有关收入的表述中，不正确的有(　　)。
   A．凡是资产的增加或负债的减少，或二者兼而有之，同时引起所有者权益的增加，一定表明收入的增加
   B．在商品销售收入确认条件中，所有权上的主要报酬和风险随所有权凭证的转移而转移
   C．如果企业确认商品销售收入后，发生销售退回的均冲减退回当月的销售收入，并冲减当月销售成本
   D．委托其他单位代销商品情况下，委托方应在收到受托方提供的增值税发票时确认收入
   E．在对销售收入进行计量时，应不考虑预计可能发生的现金折扣和销售折让，现金折扣和销售折让实际发生时才予以考虑

6. 下列应计入"销售费用"科目的项目有(　　)。
   A．销售产品运输费　　　　　　　B．产品促销费用
   C．销售部门的费用　　　　　　　D．行政管理部门费用

7. 下列应计入"管理费用"科目的项目有(　　)。
   A．公司经费　　　　　　　　　　B．董事会费
   C．无形资产摊销　　　　　　　　D．业务招待费

8. 下列应计入"财务费用"科目的项目有(　　)。
   A．利息支出　　　　　　　　　　B．技术培训费
   C．汇兑净损失　　　　　　　　　D．银行手续费

9. 企业的营业成本包括(　　)。
   A．主营业务成本　　　　　　　　B．其他业务成本
   C．营业外支出　　　　　　　　　D．生产成本

10. 下列项目属于其他业务成本科目核算的内容有(　　)。
    A．出租的无形资产的摊销额　　　B．出租无形资产支付的服务费
    C．销售材料结转的材料成本　　　D．出售固定资产发生的处置净损失

三、判断题

1．企业发生的销货退回，无论是属于本年度销售的，还是以前年度销售的，都应冲减退回年度的主营业务收入及相关的成本费用。（　　）

2．企业只要将商品所有权上的主要风险和报酬转移给了购货方，就可以确认收入。（　　）

3．对于以旧换新销售商品时，销售的商品应按新旧商品的市场价格的差额确认收入。（　　）

4．如果企业保留与商品所有权相联系的继续管理权，则在发出商品时不能确认该项商品销售收入。（　　）

5．如果劳务的开始和完成分属不同的会计年度，就必须按完工百分比法确认收入。（　　）

6．代销商品中，受托方将商品销售后，按实际售价确认为销售收入，并向委托方开具代销清单。（　　）

7．费用是企业在日常经济活动中发生的经济利益的流出，而损失的发生是因企业的非日常经济活动引起的。（　　）

8．向所有者分配利润或股利也是一种费用的发生。（　　）

9．管理费用指直接用于产品生产，但不便于直接计入产品成本，以及间接用于产品生产的各项费用。（　　）

10．对于车间管理人员的工资和企业管理部门的工资，都应记入"管理费用"科目。（　　）

第7章 财务报告的编制

职业能力目标

- **专业能力目标**
  - 能掌握资产负债表的编制。
  - 能掌握利润表的编制。
  - 能掌握所有者权益变动表的编制。
  - 能掌握现金流量表的编制。
  - 能完成财务报表附注的编制。
- **教学能力目标**
  - 熟悉财务报表的编制。
  - 结合专业知识和学情进行个性化专业教学设计。
  - 营造良好的项目、选择合适的教学方法进行专业教学实施。
  - 选择恰当的方式开展专业教学评价。
- **社会能力目标**
  - 具备一定的沟通协调能力,处理好个人与他人关系,处理好企业内外相关部门的关系。
  - 能利用现代信息技术获取并甄别相关信息,分析准则的修订和完善对财务报表编制的影响。
  - 了解企业财务报表编制现状。

工作任务分析

- 编制账户式资产负债表。

第 7 章 财务报告的编制

- 编制多步式利润表。
- 编制直接法下现金流量表主表和间接法下现金流量表附表。
- 编制所有者权益变动表。
- 编制财务报表附注。

7.1 资产负债表的编制

情境引例

辉正公司对一定会计期间企业经济业务进行会计账务处理后,在会计期末需要知道期末企业的财务状况是怎样的?在编制财务报告过程需要遵守哪些财务报告列报的基本要求?财务报表采用什么的格式?报表中各项目金额如何确定的?

知识准备

7.1.1 财务报告定义及其体系

1. 财务报告定义

财务报告是指企业对外提供的反映企业某一特定日期的财务状况和某一会计期间的经营成果、所有者权益变动、现金流量等会计信息的文件。

财务报告的目标是向财务报告使用者提供与企业财务状况、经营成果和现金流量等有关的会计信息,反映企业管理层受托责任履行情况,有助于财务报告使用者(如投资者、债权人、政府及其有关部门和社会公众等)做出经济决策。

2. 财务报告体系

财务报告包括财务报表和其他应当在财务报告中披露的相关信息和资料。财务报告是企业报告的核心,而财务报表是财务报告的核心。

1) 财务报表

财务报表是对企业财务状况、经营成果、所有者权益变动和现金流量的结构性表述。财务报表包括财务会计报表和报表附注两部分。财务会计报表主要包括资产负债表、利润表、现金流量表和所有者权益变动表。财务报表附注主要是对一些未能在财务会计报表中反映或反映得不具体的内容进行的补充说明,包括:企业的基本情况、财务报表的编制基础、遵循企业会计准则的声明、重要会计政策和会计估计、会计政策和会计估计变更以及差错更正的说明、报表重要项目的说明、或有事项的说明、资产负债表日后事项的说明、关联方关系及其交易的说明等。附注是对在会计报表中列示项目所做的进一步说明,以及对未能在这些报表中列示项目的说明等。企业编制附注的目的是通过对财务报表本身作补充说明,以更加全面、系统地反映企业财务状况、经营成果和现金流量的全貌,从而有助于向使用者提供更为有用的信息,做出更加科学合理的决策。

2) 其他应当在财务报告中披露的相关信息和资料

财务报表是财务报告的核心内容，但是除了财务报表之外，财务报告还应当包括其他相关信息，具体可以根据有关法律法规的规定和外部使用者的信息需求而定。如企业可以在财务报告中披露其承担的社会责任、对社区的贡献、可持续发展能力等信息，这些信息对于使用者的决策也是相关的，尽管属于非财务信息。无法包括在财务报表中，但是如果有规定或者使用者有需求的，企业应当在财务报告中予以披露，有时企业也可以自愿在财务报告中披露相关信息，比如辅助报表(如物价变动会计下编制的报表)，其他直接或间接涉及财务会计的报告(如管理当局的讨论与分析、管理当局的责任报告、自愿披露等)。

7.1.2 财务报表列报的基本要求

财务报表列报应当遵循一些基本的要求，这些基本要求包括以下几项。

1. 遵循各项会计准则进行确认和计量

根据实际发生的交易和事项，按照《企业会计准则—基本准则》和其他各项会计准则的规定进行确认和计量，在此基础上编制财务报表，并在附注中对该遵循做出声明。对于应当按照会计准则的规定进行确认与计量的交易和事项，企业不能以附注披露代替确认和计量。

2. 列报基础

1) 企业应当以持续经营为基础编制财务报表

企业管理层应当对企业持续经营的能力进行评价，需要考虑的因素包括市场经营风险、企业目前或长期的盈利能力、偿债能力、财务弹性及企业管理层改变经营政策的意向等。评价后对企业持续经营的能力产生严重怀疑的，应当在附注中披露导致对持续经营能力产生重大怀疑的重要的不确定因素。

2) 企业处于非持续经营状态时，企业应当采用其他基础编制财务报表。企业处于非持续经营状态的情况包括企业已在当期进行清算或停止营业，企业已经正式决定在下一个会计期间进行清算或停止营业，企业已确定在当期或下一个会计期间没有其他可供选择的方案而将被迫进行清算或停止营业。企业在附注中声明财务报表未以持续经营为基础列报，披露未以持续经营为基础的原因以及财务报表的编制基础，即以持续经营为基础编制财务报表不再合理的，并在附注中披露这一事实。

3. 重要性和项目列报

1) 重要性的含义

重要性是指财务报表某项目的省略或错报会影响使用者据此做出经济决策的，该项目具有重要性。

2) 重要性的判断

应当根据企业所处环境，从项目的性质和金额大小两方面加以判断：一是应当考虑该项目的性质是否属于企业日常活动、是否对企业的财务状况和经营成果具有较大影响等因素；二是判断项目金额大小的重要性，应当通过单项金额占资产总额、负债总额、所有者权益总额、营业收入总额、净利润等直接相关项目金额的比重加以确定。

第 7 章　财务报告的编制

3) 项目列报

依据重要性原则判断项目在财务报表中是单独列报还是合并列报项目：性质或功能不同的项目，应当在财务报表中单独列报，不具有重要性的项目除外。性质或功能类似的项目，一般可以合并列报，其所属类别具有重要性的，应当按其类别在财务报表中单独列报。

项目单独列报的原则不仅适用于报表，还适用于附注。某些项目的重要性程度不足以在报表内单独列示，但是可能对附注而言却具有重要性，在这种情况下应当在附注中单独披露。无论是《企业会计准则第 30 号—财务报表列报》规定的单独列报项目，还是其他具体会计准则规定单独列报的项目，企业都应当予以单独列报。

4. 列报的一致性

为了使财务报表具有可比性，财务报表项目的列报应当在各个会计期间保持一致，不得随意变更，不仅只针对财务报表中的项目名称，还包括财务报表项目的分类、排列顺序等，但下列情况除外：会计准则要求改变财务报表项目的列报；企业经营业务的性质发生重大变化后，变更财务报表项目的列报能够提供更可靠、更相关的会计信息。

5. 财务报表项目金额间的相互抵销

财务报表项目应当以总额列报，财务报表中的资产项目和负债项目的金额、收入项目和费用项目的金额不得相互抵销，即不得以净额列报，但企业会计准则另有规定的除外。下列情况不属于抵销，可以以净额列示：资产项目按扣除减值准备后的净额列示，不属于抵销；非日常活动产生的损益，以收入扣减费用后的净额列示，不属于抵销，如固定资产清理损益、无形资产转让损益等。

6. 比较信息的列报

为了帮助报表使用者分析企业财务状况、经营成果、现金流量等的变化情况进而做出经济决策，企业当期财务报表的列报，至少应当提供所有列报项目上一可比会计期间的比较数据，以及与理解当期财务报表相关的说明，会计准则另有规定的除外。财务报表项目的列报发生变更的，应当对上期比较数据按照当期的列报要求进行调整，并在附注中披露调整的原因和性质，以及调整的各项目金额。对上期比较数据进行调整不切实可行的，应当在附注中披露不能调整的原因。不切实可行，是指企业在做出所有合理努力后仍然无法采用某项规定。

7. 财务报表表首的列报要求

财务报表一般分为表首、正表两部分。企业应当在财务报表的表首位置披露下列各项：编报企业的名称，如发生了变更应明确表明；资产负债表日或财务报表涵盖的会计期间；货币名称和单位：如人民币、金额单位；财务报表是合并财务报表的，应当予以标明。

8. 报告期间

企业至少应当按年编制财务报表。年度财务报表涵盖的期间短于一年的，应当披露年度财务报表的涵盖期间，以及短于一年的原因。中国会计年度采用的是公历，自公历 1 月 1 日至 12 月 31 日止。

7.1.3 资产负债表的编制

1. 资产负债表的定义与作用

1) 资产负债表的定义

资产负债表是指反映企业在某一特定日期财务状况的会计报表。财务状况是指企业在某一时点资产、负债、所有者权益的构成及其相互关系,借以反映企业财务状况的一种资源存量的报表。

2) 资产负债表的作用

(1) 有助于了解企业拥有或控制的资源及偿债能力与资本结构。

资产负债表让使用者可以一目了然地从资产负债表上了解企业在某一特定日期所拥有的资产总量及其结构;可以提供某一日期的负债总额及其结构,表明企业未来需要用多少资产或劳务清偿债务以及清偿时间;可以反映所有者所拥有的权益,据以判断资本保值、增值的情况以及对负债的保障程度。企业的资产可以通过负债融资和接受所有者的投资。负债是需要偿还的,偿债能力主要取决于企业的获利能力和它的资本结构,资本结构是企业的权益总额中负债和所有者权益的相对比例。资产负债表上的资产和负债的流动性可以体现企业的偿债能力。企业的资产和负债的流动性主要体现了短期偿债能力,企业全部资产清偿全部负债的能力主要体现了长期偿债能力。

(2) 有助于了解企业的变现能力和财务弹性。

财务弹性和流动性主要来自企业从经营活动中产生现金流入的能力;对外筹集和调度资金的能力,如短期内出售债券或股票;在不影响正常经营的前提下变卖资产获取现金的能力。变现能力是指用来描述企业某项资产变现或通过其他方式转化成现金的预期消耗的时间长短,或预期某项负债应予支付的时间长短,如将流动资产与流动负债进行比较,计算出流动比率;将速动资产与流动负债进行比较,计算出速动比率等,可以表明企业的变现能力。财务弹性是指公司在面临突发性现金需要时,能够在资金调度上采取有效行动、做出迅速反应的能力。

2. 资产负债表列报的总体要求

(1) 分类别列报。资产、负债和所有者权益是反映企业财务状况的三大要素,资产负债表就是反映这三大要素的信息,所以资产负债表应当按照资产、负债和所有者权益三大类别分类列报。

(2) 资产和负债按其流动性列报。流动性是指资产变现或耗用时间以及负债偿还时间的长短,资产变现或耗用时间或负债偿还时间越短,资产、负债的流动性越强,相反,资产、负债的流动性越弱。资产和负债应当按照流动性分别分为流动资产和非流动资产、流动负债和非流动负债列示。

资产满足下列条件之一的,应当归类为流动资产:①预计在一个正常营业周期中变现、出售或耗用;②主要为交易目的而持有,如交易性金融资产;③预计在资产负债表日起一年内(含一年,下同)变现;④在资产负债表日起一年内,交换其他资产或清偿负债的能力不受限制的现金或现金等价物。流动资产以外的资产应当归类为非流动资产,并应按其性质分类列示。

负债满足下列条件之一的,应当归类为流动负债:①预计在一个正常营业周期中清偿;②主要为交易目的而持有如交易性金融负债;③在资产负债表日起一年内到期应予以清偿;④企业无权自主地将清偿推迟至资产负债表日后一年以上。流动负债以外的负债应当归类为非流动负债,并应按其性质分类列示。

资产负债表中,企业应按资产和负债的流动性强弱列示,即在资产部分,先列示流动资产,再列示非流动资产,在负债部分,先列示流动负债,再列示非流动负债。

(3) 所有者权益应当按照其来源和用途列报。资产负债表应当按实收资本或股本、资本公积、盈余公积、未分配利润分别列报。

(4) 列报相关的合计和总计项目。

资产负债表中的资产类至少应当分别列示流动资产合计、非流动资产合计及资产总计项目,负债类至少应当分别列示流动负债合计、非流动负债合计及负债总计项目,所有者权益类应当列示所有者权益总计项目。资产负债表还应当分别列示负债与所有者权益之和的总计项目,并与资产总计项目的金额相等。

(5) 比较式资产负债表。企业应编制比较式资产负债表,即反映资产、负债和所有者权益各项目本期末余额和期初余额的信息,有助于分析企业财务状况的变动情况。

此外,企业应按期如公历月末和年末编制资产负债表,但年度终了必须编制;资产负债表的表首应列明报表和企业的名称、编制日期、货币单位和报表编号;资产负债表各项目金额均以"元"为单位,元以下填至"分";采用外币作为记账本位币的企业,应当将以外币反映的资产负债表折合为报告货币反映的资产负债表;特别目的的报表可取元、百元或千元等为整数单位;分类不可重叠,不同项目不能混合在一起或互相抵销;要体现可理解性和重要性的信息质量要求。

3. 资产负债表的格式

1) 资产负债表的组成

资产负债表由表头、报表主体(表内)、报表附注三部分组成。

表头是报表的基本标志,列有报表名称、编制单位、报表编号、编报日期和金额单位等项目。由于资产负债表是反映期末资金静态的报表,所以编报的日期应填写报告期末最后一天的日期。

报表主体是资产负债表的基本部分,主要反映资产、负债、所有者权益各项目。资产负债表格式不同,报表主体列示的方式不同,中国主要采用账户式资产负债表,所有资产负债表分为左右两方,左方反映资产,右方反映负债和所有者权益。

报表附注也是资产负债表的重要组成部分,列在资产负债表的下端。附注所提供的是使用者需要了解,但在主体部分中无法反映或难以单独反映的一些资料,如商业承兑汇票贴现的金额、融资租入固定资产的原价、库存商品的期末余额等。

2) 资产负债表的格式

资产负债表是根据会计恒等式"资产=负债+所有者权益",把企业特定日期的资产、负债、所有者权益按照一定的分类标准和一定的次序予以适当排列编制而成的。

资产负债表的格式根据不同的排序方式分为账户式、报告式。

账户式资产负债表又称为水平式资产负债表,其资产项目按一定顺序列示于报表的左方,负债和股东权益项目列示于报表的右方,一般按求偿权先后顺序排列,报表左右两方总额相等,类似于"T"字型账户。其优点是资产、负债和权益的恒等关系一目了然。

报告式资产负债表是上下结构,资产、负债和所有者权益项目垂直分列的形式排列。上半部列示资产,下半部列示负债和所有者权益。具体排列形式又有两种:一是按"资产=负债+所有者权益"的等式垂直顺序排列;二是按"资产－负债=所有者权益"的等式垂直顺序排列。

不管采取什么格式,资产各项目的合计等于负债和所有者权益各项目的合计这一等式不变。

中国采用的是账户式、比较式资产负债表见表 7-1。

表 7-1　资产负债表

会企 01 表

编制单位:××公司		2×××年12月31日			单位:元
资　　产	期末余额	年初余额	负债和股东权益	期末余额	年初余额
流动资产:			流动负债:		
货币资金			短期借款		
交易性金融资产			交易性金融负债		
应收票据			应付票据		
应收账款			应付账款		
预付款项			预收款项		
应收利息			应付职工薪酬		
应收股利			应交税费		
其他应收款			应付利息		
存货			应付股利		
一年内到期的非流动资产			其他应付款		
其他流动资产			一年内到期的非流动负债		
流动资产合计			其他流动负债		
非流动资产:			流动负债合计		
可供出售金融资产			非流动负债:		
持有至到期投资			长期借款		
长期应收款			应付债券		
长期股权投资			长期应付款		
投资性房地产			专项应付款		
固定资产			预计负债		
在建工程			递延所得税负债		
工程物资			其他非流动负债		
固定资产清理			非流动负债合计		
生产性生物资产			负债合计		

续表

资　　产	期末余额	年初余额	负债和股东权益	期末余额	年初余额
油气资产			股东权益:		
无形资产			股本		
开发支出			资本公积		
商誉			盈余公积		
长期待摊费用			未分配利润		
递延所得税资产			股东权益合计		
其他非流动资产					
非流动资产合计					
资产总计			负债和股东权益总计		

4. 资产负债表的具体列报方法

资产负债表各项目数据来源如下所述。

(1) 资产负债表"期末余额"栏的填列方法。

本表"期末余额"栏内各项数字,一般应根据资产、负债和所有者权益类科目的期末余额填列。

① 根据总账科目的余额填列。

一是根据总账科目余额直接填列,不需加工,如"交易性金融资产""工程物资""固定资产清理""递延所得税资产""短期借款""交易性金融负债""应付票据""应付职工薪酬""应交税费""应付利息""应付股利""其他应付款""专项应付款""预计负债""递延所得税负债""实收资本(或股本)""资本公积""库存股""盈余公积"等项目应根据有关总账科目的余额填列。

二是有些项目则应根据几个总账科目的余额计算加工填列。如"货币资金"项目,应根据"库存现金""银行存款""其他货币资金"三个总账科目余额的合计数填列。"其他流动负债"项目,应根据有关科目的期末余额分析填列。

② 根据明细账科目余额计算填列。

"开发支出"项目,应根据"研发支出"科目中所属的"资本化支出"明细科目期末余额填列;"应付账款"项目,应根据"应付账款"和"预付账款"两个科目所属的相关明细科目的期末贷方余额合计数填列;"预收款项"项目,应根据"预收账款"和"应收账款"科目所属各明细科目的期末贷方余额合计数填列;"一年内到期的非流动资产""一年内到期的非流动负债"项目,应根据有关非流动资产或负债项目的明细科目余额分析填列;"未分配利润"项目,应根据"利润分配"科目中所属的"未分配利润"明细科目期末余额填列。

③ 根据总账科目和明细账科目余额分析计算填列。

"长期借款"项目,应根据"长期借款"总账科目余额扣除"长期借款"科目所属的明细科目中将在资产负债表日起一年内到期且企业不能自主地将清偿义务展期的长期借款后的金额计算填列;"长期待摊费用"项目,应根据"长期待摊费用"科目的期末余额减去将于一年内(含一年)摊销的数额后的金额填列;"其他非流动资产"项目,应根据有关科目的期末余额减去将于一年内(含一年)到期偿还数后的金额填列。

④ 根据有关科目余额减去其备抵科目余额后的净额填列。

如"可供出售金融资产""持有至到期投资""长期股权投资""在建工程""商誉"项目,应根据相关科目的期末余额填列;已计提减值准备的,还应扣减相应的减值准备;"固定资产""无形资产""投资性房地产""生产性生物资产""油气资产"项目,应根据相关科目的期末余额扣减相应的累计折旧(摊销、折耗)填列;已计提减值准备的,还应扣减相应的减值准备;采用公允价值计量的上述资产,应根据相关科目的期末余额填列;"长期应收款"项目,应根据"长期应收款"科目的期末余额,减去相应的"未实现融资收益"科目和"坏账准备"科目所属相关明细科目期末余额后的金额填列;"长期应付款"项目,应根据"长期应付款"科目的期末余额,减去相应的"未确认融资费用"科目期末余额后的金额填列。

⑤ 综合运用上述填列方法分析填列。

主要包括:"应收票据""应收利息""应收股利""其他应收款"项目。应根据相关科目的期末余额,减去"坏账准备"科目中有关坏账准备期末余额后的金额填列;"应收账款"项目,应根据"应收账款"和"预收账款"科目所属各明细科目的期末借方余额合计数,减去"坏账准备"科目中有关应收账款计提的坏账准备期末余额后的金额填列;"预付款项"项目,应根据"预付账款"和"应付账款"科目所属各明细科目的期末借方余额合计数,减去"坏账准备"科目中有关预付款项计提的坏账准备期末余额后的金额填列;"存货"项目,应根据"材料采购""原材料""发出商品""库存商品""周转材料""委托加工物资""生产成本""受托代销商品"等科目期末余额合计,减去"受托代销商品款""存货跌价准备"科目期末余额后的金额填列;材料采用计划成本核算,以及库存商品采用计划成本核算或售价核算的企业,还应按加或减材料成本差异、商品进销差价后的金额填列。

(2) 资产负债表"年初余额"栏的填列方法。

表 7-1 的"年初余额"栏通常根据上年末有关项目的期末余额填列,且与上年末资产负债表"期末余额"栏一致。

企业在首次执行新准则时,应当按照《企业会计准则第38号—首次执行企业会计准则》对首次执行新准则当年的"年初余额"栏及相关项目进行调整;以后期间,如果企业发生了会计政策变更、前期差错更正,应当对"年初余额"栏中的有关项目进行相应调整。此外,如果企业上年度资产负债表规定的项目名称和内容与本年度不一致,应当对上年年末资产负债表相关项目的名称和数字按照本年度的规定进行调整,填入"年初余额"栏。

任务一:资产负债表的编制操作

1. 任务描述

辉正股份有限公司 2×16 年 12 月 31 日的科目余额表见表 7-2。2×16 年 12 月 31 日"坏账准备"总账科目的明细科目为"坏账准备——应收账款"贷方余额 1 800 元。

表 7-2 科目余额表

单位名称：辉正股份有限公司　　　　2×16 年 12 月 31 日　　　　　　　　　　　单位：元

科 目 名 称	借 方 余 额	科 目 名 称	贷 方 余 额
库存现金	17 225	短期借款	50 000
银行存款	805 831	应付票据	100 000
其他货币资产	7 300	应付账款	953 800
交易性金融资产	0	其他应付款	50 000
应收票据	66 000	应付职工薪酬	180 000
应收账款	600 000	应交税费	226 731
坏账准备	−1 800	应付利息	0
预付账款	100 000	应付股利	32 215.85
其他应收款	5 000	一年内到期的长期负债	0
材料采购	275 000	长期借款	1 160 000
原材料	45 000	股本	5 000 000
周转材料	38 050	资本公积	0
库存商品	2 122 400	盈余公积	123 272.5
材料成本差异	4 250	利润分配(未分配利润)	227 236.65
其他流动资产	100 000		
长期股权投资	250 000		
固定资产	2 401 000		
累计折旧	170 000		
固定资产减值准备	30 000		
工程物资	300 000		
在建工程	428 000		
无形资产	600 000		
累计摊销	60 000		
其他长期资产	200 000		
合计	8 103 256	合计	8 103 256

2．任务要求

请根据上述资料为辉正股份有限公司编制 2×16 年 12 月 31 日的资产负债表。

3．任务分析

辉正公司资产负债表上的 2×16 年 12 月 31 日各项目期末余额，有的是直接根据总账账户余额填列，比如"短期借款""交易性金融资产""应付利息""应付股利"项目；有的是根据几个总账账户的余额合计填列，比如货币资金项目；有的是根据明细账户余额分析填列，比如"应付账款"项目，应根据"应付账款"和"预付账款"两个科目所属的相关明细科目的期末贷方余额合计数填列；有的是根据不同总账科目和明细账科目余额分析计算填列,比如"长期待摊费用"项目,应根据"长期待摊费用"科目的期末余额减去将于一年内(含一年)摊销的数额后的金额填列;有的是根据有关科目余额减去其备抵科目余额后的净额填列,比如"固定资产"项目,应根据"固定资产"科目的期末余额扣减相应的累计折旧填列,已计提减值准备的,还应扣减相应的固定资产减值准备;有的是综合运用上述填列方法分析填列,比如"应收账款"项目,应根据"应收账款"和"预收账款"科目所属各明细科目的期末借方余额合计数,减去"坏账准备"科目中有关应收账款计提的坏账准备期末余额后的金额填列。

辉正公司资产负债表上的"年初余额"栏应根据2×15年年末有关项目的期末余额填列,且与上年末资产负债表"期末余额"栏一致。

4. 任务具体完成过程

见表7-3(期初余额为2×15年12月31日资产负债表的"期末余额")。

表7-3 资产负债表

会企01表

编制单位:辉正股份有限公司　　　2×16年12月31日　　　　　　　单位:元

资产	期末余额	年初余额	负债和股东权益	期末余额	年初余额
流动资产:			流动负债:		
货币资金	830 356	1 406 300	短期借款	50 000	300 000
交易性金融资产	0	15 000	交易性金融负债	0	0
应收票据	66 000	246 000	应付票据	100 000	200 000
应收账款	598 200	299 100	应付账款	953 800	953 800
预付款项	100 000	100 000	预收款项	0	0
应收利息	0	0	应付职工薪酬	180 000	110 000
应收股利	0	0	应交税费	226 731	36 600
其他应收款	5 000	5 000	应付利息	0	1 000
存货	2 484 700	2 580 000	应付股利	32 215.85	0
一年内到期的非流动资产	0	0	其他应付款	50 000	50 000
其他流动资产	100 000	100 000	一年内到期的非流动负债	0	1 000 000
流动资产合计	4 184 256	4 751 400	其他流动负债	0	0
非流动资产:			流动负债合计	1 592 746.85	2 651 400
可供出售金融资产	0	0	非流动负债:		
持有至到期投资	0	0	长期借款	1 160 000	600 000
长期应收款	0	0	应付债券	0	0
长期股权投资	250 000	250 000	长期应付款	0	0
投资性房地产	0	0	专项应付款	0	0
固定资产	2 201 000	1 100 000	预计负债	0	0
在建工程	428 000	1 500 000	递延所得税负债	0	0
工程物资	300 000	0	其他非流动负债	0	0

续表

资产	期末余额	年初余额	负债和股东权益	期末余额	年初余额
固定资产清理	0	0	非流动负债合计	1 160 000	600 000
生产性生物资产	0	0	负债合计	2 752 746.85	3 251 400
油气资产	0	0	股东权益：		
无形资产	540 000	600 000	股本	5 000 000	5 000 000
开发支出	0	0	资本公积	0	0
商誉	0	0	盈余公积	123 272.5	100 000
长期待摊费用	0	0	未分配利润	227 236.65	50 000
递延所得税资产	0	0	股东权益合计	5 350 509.15	5 150 000
其他非流动资产	200 000	200 000			
非流动资产合计	3 919 000	3 650 000			
资产总计	8 103 256	8 401 400	负债和股东权益总计	8 103 256	8 401 400

7.2 利润表的编制

 情境引例

辉正公司对一定会计期间企业经济业务进行账务处理后，在会计期末需要知道在该会计期间企业是盈利还是亏损？损益类利润表采用什么的格式？报表中各项目金额如何确定的？

知识准备

7.2.1 利润表的定义和内容

1. 利润表定义

利润表是反映企业在一定会计期间的经营成果方面信息的会计报表。会计期间又称会计分期，是指将企业连续不断的经营活动划分为若干个相等的区间，在连续反映的基础上，分期进行会计核算和编制会计报表定期反映企业某一期间的经营活动和成果。经营成果是指企业在一定会计期间实现的收入/利得、发生的费用/损失以及利润等相关情况，例如，反映1月1日至12月31日经营成果的利润表。编制利润表的主要目的是将企业经营成果的信息，提供给各种报表用户，以供他们作为决策的依据或参考。

2. 利润表内容

通常，利润表主要反映以下几方面的内容。

(1) 构成营业利润的各项要素。营业利润是营业收入减营业成本、营业税金及附加、营业费用、管理费用、财务费用、资产减值损失后，再加计公允价值变动收益(减损失)、投资收益(减损失)得出。

(2) 构成利润总额(或亏损总额)的各项要素。利润总额(或亏损总额)在营业利润的基础上加营业外收入、减营业外支出后得出。

(3) 构成净利润(或净亏损)的各项要素。净利润(或净亏损)在利润总额(或亏损总额)的基础上，减去本期计入损益的所得税费用后得出。

(4) 每股收益。每股收益是税后利润与股本总数的比率，包括基本每股收益和稀释每股收益。基本每股收益是归属于普通股股东的当期净利润除以当期发行在外普通股的加权平均数。上市公司常常存在一些潜在的可能转化成上市公司股权的工具，如可转债、认股期权或股票期权等，这些工具有可能在将来的某一时点转化成普通股，从而减少上市公司的每股收益。稀释每股收益是假设公司存在的上述可能转化为上市公司股权的工具都在当期全部转换为普通股股份后计算的每股收益。相对于基本每股收益，稀释每股收益充分考虑了潜在普通股对每股收益的稀释作用，以反映公司在未来股本结构下的资本盈利水平。

(5) 其他综合收益。其他综合收益反映企业根据企业会计准则规定未在损益中确认的各项利得和损失扣除所得税影响后的净额。

(6) 综合收益总额。综合收益总额反映企业净利润与其他综合收益的合计金额。

7.2.2 利润表的结构与格式

利润表的结构一般有表首、正表两部分。其中表首说明报表名称编制单位、编制期间、报表编号、货币名称、计量单位等；正表是利润表的主体，反映形成经营成果的各个项目和计算过程。

利润表的格式一份有两种：单步式利润表和多步式利润表。单步式利润表是将当期所有的收入列在一起，将所有的费用列在一起，两者相减得出当期净损益。多步式利润表是通过对当期的收入、费用、支出项目按性质加以归类，按利润形成的主要环节列示一些中间性利润指标，如营业利润、利润总额、净利润，分步计算当期净损益。

中国企业采用多步式利润表，主要分四步计算企业的利润(或亏损)：第一步，以营业收入为基础，减去营业成本和营业税金及附加，减去销售费用、管理费用、财务费用、资产减值损失后，再加计公允价值变动收益(减损失)、投资收益(减损失)，计算出营业利润；第二步，以营业利润为基础，加上营业外收入，减去营业外支出，计算出利润总额；第三步，以利润总额为基础，减去所得税，计算净利润(或净亏损)。此外还要反映每股收益、其他综合收益和综合收益总额信息。利润表格式见表7-4。

表7-4 利润表

会企02表

编制单位：××公司　　　　　　　　2×××年　　　　　　　　单位：元

项　目	本 期 金 额	上 期 金 额
一、营业收入		
减：营业成本		
营业税金及附加		
销售费用		
管理费用		

续表

项　　目	本期金额	上期金额
财务费用		
资产减值损失		
加：公允价值变动收益(损失以"－"号填列)		
投资收益(损失以"－"号填列)		
其中：对联营企业和合营企业的投资收益		
二、营业利润		
加：营业外收入		
减：营业外支出		
其中：非流动资产处置损失		
三、利润总额(亏损总额以"－"号填列)		
减：所得税费用		
四、净利润(净亏损以"－"号填列)		
五、每股收益：		
(一) 基本每股收益		
(二) 稀释每股收益		
六、其他综合收益		
七、综合收益总额		

7.2.3 利润表的填列方法

在利润表中，企业通常按各项收入、费用及构成利润的各个项目分类分项列示。也就是说收入按其重要性进行列示，主要包括营业收入、投资收益、营业外收入；费用按其性质进行列示主要包括营业成本、营业税金及附加、销售费用、管理费用、财务费用、营业外支出、所得税等；利润按营业利润、利润总额和净利润等利润的构成分类分项列示。

利润表中的各项目都列有"本期金额"和"上期金额"两栏。

1. "本期金额"栏的填列方法

利润表"本期金额"栏反映各项目的本期实际发生额，一般根据账户的本期发生额分析填列。

(1) "营业收入"项目，反映企业销售产品、材料等经营业务所得的收入总额。本项目应根据"主营业务收入"和"其他业务收入"账户的发生额分析填列。

(2) "营业成本"项目，反映企业销售产品、材料等经营业务发生的实际成本。本项目应根据"主营业务成本"和"其他业务成本"账户的发生额分析填列。

(3) "营业税金及附加"项目，反映企业经营业务应负担的营业税、消费税、城市维护建设税、资源税、土地增值税和教育费附加等。本项目应根据"营业税金及附加"账户的发生额分析填列。

(4)"销售费用"项目,反映企业在销售商品等过程中发生的费用。本项目应根据"销售费用"账户的发生额分析填列。

(5)"管理费用"项目,反映企业行政管理等部门所发生的费用。本项目应根据"管理费用"账户的发生额分析填列。

(6)"财务费用"项目,反映企业因负债等业务发生的利息费用等。本项目应根据"财务费用"账户的发生额分析填列。

(7)"资产减值损失"项目,反映企业发生的各项减值损失。本项目应根据"资产减值损失"账户的发生额分析填列。

(8)"公允价值变动损益"项目,反映企业交易性金融资产等公允价值变动所形成的当期利得和损失。本项目应根据"公允价值变动损益"账户的发生额分析填列

(9)"投资收益"项目,反映企业以各种方式对外投资所取得的收益。本项目应根据"投资收益"账户的发生额分析填列;如为投资损失,以"一"号填列。

(10)"营业利润"项目,根据(1)至(8)项目加减计算填列。计算公式如下:

营业利润=营业收入-营业成本-营业税金及附加-销售费用-管理费用-财务费用-资产减值损失±公允价值变动损益±投资损益

(11)"营业外收入"项目和"营业外支出"项目,反映企业发生的与其正常生产经营无直接关系的各项收入和支出。这两个项目应分别根据"营业外收入"账户和"营业外支出"账户的发生额分析填列。

(12)"利润总额"项目,根据(9)项目加减(10)项目计算填列。计算公式如下:

利润总额=营业利润+营业外收入-营业外支出

(13)"所得税费用"项目,反映企业按规定从本期损益中减去的所得税。本项目应根据"所得税费用"账户的发生额分析填列。

(14)"净利润"项目,根据(11)减(12)项目计算填列。计算公式如下:

净利润=利润总额-所得税

2."上期金额"栏的填列方法

根据上年利润表"本期金额栏"填列,如果上年利润表规定的各个项目的名称和内容同本期不相一致的,应对上年该期利润表各项目的名称和数字按本期的规定进行调整后再填入本期利润表"上期金额栏"。

业务操作

任务:利润表的编制操作

1. 任务描述

辉正股份有限公司2×16年度有关损益类科目本年累计发生净额见表7-5。假设辉正公司2×16年不存在纳税调整事项,适用的所得税税率为25%。

表7-5 损益类累计发生净额科目表

单位名称：辉正股份有限公司　　　　2×16年度　　　　单位：元

科 目 名 称	借方发生额	贷方发生额
主营业务收入		1 250 000
主营业务成本	750 000	
营业税金及附加	2 000	
销售费用	20 000	
管理费用	157 100	
财务费用	41 500	
资产减值损失	30 900	
投资收益		31 500
营业外收入		50 000
营业外支出	19 700	
所得税费用	77 575	

2．任务要求

请根据资料为辉正公司编制2×16年度利润表。

3．任务分析

辉正公司利润表上损益类各项目根据损益类科目2×16年度发生额填列。

营业利润＝营业收入－营业成本－营业税金及附加－销售费用－管理费用－财务费用－资产减值损失±公允价值变动损益±投资损益

利润总额＝营业利润＋营业外收入－营业外支出

净利润＝利润总额－所得税

4．任务具体完成过程

利润表见表7-6。

表7-6 利润表

会企02表

编制单位：辉正股份有限公司　　　　2×16年　　　　单位：元

项　　目	本 期 金 额	上期金额(略)
一、营业收入	1 250 000	
减：营业成本	750 000	
营业税金及附加	2 000	
销售费用	20 000	
管理费用	157 100	
财务费用	41 500	

续表

项　　目	本 期 金 额	上期金额(略)
资产减值损失	30 900	
加：公允价值变动收益(损失以"－"号填列)	0	
投资收益(损失以"－"号填列)	31 500	
其中：对联营企业和合营企业的投资收益	0	
二、营业利润	280 000	
加：营业外收入	50 000	
减：营业外支出	19 700	
其中：非流动资产处置损失	略	
三、利润总额(亏损总额以"－"号填列)	310 300	
减：所得税费用	77 575	
四、净利润(净亏损以"－"号填列)	232 725	
五、每股收益：	略	
(一) 基本每股收益		
(二) 稀释每股收益		
六、其他综合收益		
七、综合收益总额		

7.3 现金流量表的编制

情境引例

辉正公司对一定会计期间企业经济业务进行账务处理后，在会计期末需要知道企业在该会计期间的现金流量净额是增加还是减少？哪些因素引起现金流量的变动？现金流量表采用什么的格式？报表中各项目金额如何确定的？

7.3.1 现金流量表概念和作用

1. 现金流量表定义

现金流量表是指反映企业在一定会计期间现金和现金等价物流入和流出的报表。这里的现金流量是指现金和现金等价物的流入和流出，不包括现金和现金等价物之间的流动，因为这种流动属于企业现金管理的部分活动，不属于经营、投资或融资活动。这里的现金是指企业库存现金及可以随时用于支付的存款。定期存款不作为现金，而列为投资；提前通知金融企业便可支取的定期存款等应包括在现金中。这里的现金等价物是指企业持有的期限短、流动性强、易于转换为已知金额现金、价值变动风险很小的投资。除非同时提及现金等价物,均包括现金和现金等价物。

2. 现金流量表的作用

(1) 弥补了资产负债表和利润表信息的不足。

资产负债表能够提供企业一定日期财务的状况,它所提供的是静态的财务信息,没有说明一个企业的资产负债股东权益为什么发生变化,也不能表明这些资产、负债给企业带来多少现金,又用去多少现金。利润表反映企业一定期间的经营成果,提供动态的财务信息,一定程度上说明了财务状况变动的原因,但由于利润表按照权责发生制原则确认和计量收入与费用的,它没有提供经营活动引起的现金流入和现金流出的信息。利润表只能反映利润的构成,有关投资损益和财务费用的信息反映了企业投资和筹资活动的频率和最终成果,不能反映经营活动、投资和筹资活动给企业带来多少现金,又支付多少现金,而且利润表不能反映投资和筹资活动的全部事项,没有反映投资和筹资本身的情况,即投资的规模和投向,以及筹资的规模和来源。现金流量表可以用来分析企业投资和理财活动对经营成果和财务状况的影响。现金流量表进一步提供企业现金流量信息,即提供一定时期现金流入和流出的动态财务信息,表明企业在报告期内由经营活动、投资和筹资活动获得多少现金,企业获得的这些现金是如何运用的,能够说明资产、负债、净资产变动的原因,对资产负债表和利润表起到补充说明的作用。现金流量表是连接资产负债表和利润表的桥梁。它与资产负债表、利润表一同构成了分别以权责发生制原则和收付实现制原则两种渠道反映的企业财务状况、经营成果和财务状况变动,如本期应收未收的款项,在本期现金流量表中虽然没有反映为现金的流入,但意味着未来将会有现金流入,是现金流量的完整体系。

(2) 现金流量表能够说明企业一定期间内现金流入和流出的原因。现金流量表将现金流量划分为经营活动、投资活动和筹资活动所产生的现金流量,并按照流入现金和流出现金项目分别反映。例如,企业当期从银行借入 500 万元,偿还银行利息 3 万元,在现金流量表的筹资活动产生的现金流量中分别反映"借款收到的现金 500 万元","偿付利息支付的现金 3 万元"。因此,通过现金流量表能够清晰地反映企业现金流入和流出的原因,即现金从哪里来,又用到哪里去。这些信息是资产负债表和利润表所不能提供的。

(3) 现金流量表能够说明企业用现金偿还债务的能力和支付现金股利的能力。投资者投入资金、债权人提供企业短期或长期使用的资金,其目的主要是为了获利。通常情况下,报表阅读者比较关注企业的获利情况,并且往往以获得利润的多少作为衡量标准。企业获利多少在一定程度上表明了企业具有一定的现金支付能力。但是,企业一定期间内获得的利润并不代表企业真正具有偿债或支付能力。在某些情况下,虽然企业利润表上反映的经营业绩很可观,但财务困难,不能偿还到期债务;还有些企业虽然利润表上反映的经营成果并不可观,但却有足够的偿付能力。产生这种情况有诸多原因,其中会计核算采用的权责发生制、配比原则等所含的估计因素也是其主要原因之一。现金流量表完全以现金的收支为基础,消除了会计核算中由于会计估计等所产生的获利能力和支付能力。通过现金流量表能够了解企业现金流入的构成,分析企业偿债和支付股利的能力,增强投资者的投资信心和债权人收回债权的信心;通过现金流量表,投资者和债权人可了解企业获取现金的

能力和现金偿付的能力,从而使有限的社会资源流向最能产生效益的地方。

(4) 现金流量表可以用来分析企业未来获取现金的能力。现金流量表反映企业一定期间内的现金流入和流出的整体情况,说明企业现金从哪里来,又运用到哪里去。现金流量表中的经营活动产生的现金流量,代表企业运用其经济资源创造现金流量的能力;投资活动产生的现金流量,代表企业运用资金产生现金流量的能力;筹资活动产生的现金流量,代表企业筹资获得现金流量的能力。通过现金流量表及其他财务信息,可以分析企业未来获取或支付现金的能力。例如,企业通过银行借款筹得资金,从本期现金流量表中反映为现金流入,但却意味着未来偿还借款时要流出现金。

(5) 现金流量表能够提供不涉及现金的投资和筹资活动的信息。现金流量表除了反映企业与现金有关的投资和筹资活动外,还通过补充资料(附注)方式提供不涉及现金的投资和筹资活动方面的信息,使会计报表使用者或阅读者能够全面了解和分析企业的投资和筹资活动。

7.3.2 现金流量的分类

编制现金流量表的目的,是为会计报表使用者提供企业一定会计期间内有关现金的流入和流出的信息。企业一定时期内现金流入和流出是由各种因素产生的,如制造企业用现金支付购入原材料的价款,产品完工出售收取现金,支付职工工资,购买固定资产支付现金以及处置固定资产收取现金,购买其他公司债券/股票支付现金等。现金流量表首先要对企业各项经营业务产生或运用的现金流量进行合理的分类。通常,按照企业经营业务发生的性质将企业一定期间内产生的现金流量归为以下三类。

1. 经营活动产生的现金流量

经营活动是指企业投资活动和筹资活动以外的所有交易和事项,是企业最主要的营业活动,也是影响企业现金流量变动的最重要的因素,包括销售商品、提供劳务、经营性租赁、购买货物、接受劳务、制造产品、广告宣传、推销产品、缴纳税款等。经营活动产生的现金流量是企业通过运用所拥有的资产自身创造的现金流量,主要是与企业净利润有关的现金流量。但企业一定期间内实现的净利润并不一定都构成经营活动产生的现金流量,如处置固定资产净收益或净损失构成净利润的一部分,则不属于经营活动产生的现金流量,处置固定资产净收益或净损失也不是实际的现金流入或流出。通过现金流量表中反映的经营活动产生的现金流入和流出,说明企业经营活动对现金流入和流出净额的影响程度。

2. 投资活动产生的现金流量

投资活动是指企业长期资产的购建以及不包括在现金等价物范围内的投资及其处置活动,投资活动包括两个方面:一是购买或出售企业生产过程中所使用的长期资产,如土地、厂房、建筑物、机器设备和专利权等;二是为了获得投资报酬或其他经营目的的长期投资,通过转让或出售而收回的有关活动。作为现金等价物的投资属于现金自身的增减变动,如购买还有 1 个月到期的债券等,都属于现金内部各项目转换,不会影响现金流量净额的变动,所以现金等价物的投资和处置不属于投资活动。投资活动现金流量代表着企业为了获得未来收益和现金流量而导致资源转出的程度。通过现金流量表中反映的投资活动产生的现金流量,可以分析企业通过投资获取现金流量的能力,以及投资产生的现金流量对企业现金流量净额的影响程度。

3. 筹资活动产生的现金流量

筹资活动是指导致企业资本及债务规模和构成发生变化的活动,它是企业开展经营活动和投资活动的基础或前提,包括吸收权益性资本、发行债券、借入资金、支付股利、偿还债务等。企业有效的筹资活动能够及时为企业经营和投资提供各种可靠的和低成本的资金,从而能够增强企业的财务适应能力,也可以帮助企业资本的投入者预计对企业将来现金流量的要求权。通过现金流量表中筹资活动产生的现金流量,可以分析企业筹资的能力,以及筹资产生的现金流量对企业现金流量净额的影响程度。

7.3.3 现金流量表的结构

现金流量表包括正表(见表 7-7)和附表(见表 7-8)。正表由表首和表身组成,表首说明报表名称、编制单位、编制期间、报表编号、货币名称、计量单位等;表身是现金流量表的主体,反映形成现金流量的各个项目和计算过程。正表反映的现金流量项目主要包括经营活动产生的现金流量、投资活动产生的现金流量、筹资活动产生的现金流量,并分别反映现金流入、现金流出和现金净额。除此之外,正表还应该反映的项目包括汇率变动对现金及现金等价物的影响、现金及现金等价物净增加额、期初现金及现金等价物余额、期末现金及现金等价物余额。

附表是现金流量表补充资料,主要包括的项目有将净利润调节为经营活动现金流量、不涉及现金收支的重大投资和筹资活动、现金及现金等价物变动情况。

表 7-7 现金流量表

会企 03 表

编制单位:	××年度/月/季度		单位:元
一、经营活动产生的现金流量		本期金额	上期金额
销售商品、提供劳务收到的现金			略
收到的税费返还			
收到其他与经营活动有关的现金			
经营活动现金流入小计			
购买商品、接受劳务支付的现金			
支付给职工以及为职工支付的现金			
支付的各项税费			
支付其他与经营活动有关的现金			
经营活动现金流出小计			
经营活动产生的现金流量净额			
二、投资活动产生的现金流量			
收回投资收到的现金			
取得投资收益收到的现金			

续表

	本期金额	上期金额
二、投资活动产生的现金流量		
处置固定资产、无形资产和其他长期资产收回的现金净额		
处置子公司及其他营业单位收到的现金净额		
收到其他与投资活动有关的现金		
投资活动现金流入小计		
购建固定资产、无形资产和其他长期资产支付的现金		
投资支付的现金		
取得子公司及其他营业单位支付的现金净额		
支付其他与投资活动有关的现金		
投资活动现金流出小计		
投资活动产生的现金流量净额		
三、筹资活动产生的现金流量		
吸收投资收到的现金		
取得借款收到的现金		
收到其他与筹资活动有关的现金		
筹资活动现金流入小计		
偿还债务支付的现金		
分配股利、利润或偿付利息支付的现金		
支付其他与筹资活动有关的现金		
筹资活动现金流出小计		
筹资活动产生的现金流量净额		
四、汇率变动对现金及现金等价物的影响		
五、现金及现金等价物净增加额		
加：期初现金及现金等价物余额		
六、期末现金及现金等价物余额		

表7-8 现金流量表补充资料

编制单位： ××年度/月/季度 单位：元

补 充 资 料	本期金额	上期金额
1. 将净利润调节为经营活动现金流量		
净利润		
加：资产减值准备		
固定资产折旧、油气资产折耗、生产性生物资产折旧		
无形资产摊销		
长期待摊费用摊销		
处置固定资产、无形资产和其他长期资产的损失(收益以"－"号填列)		
固定资产报废损失(收益以"－"号填列)		

续表

补 充 资 料	本 期 金 额	上 期 金 额
公允价值变动损失(收益以"－"号填列)		
财务费用(收益以"－"号填列)		
投资损失(收益以"－"号填列)		
递延所得税资产减少(增加以"－"号填列)		
递延所得税负债增加(减少以"－"号填列)		
存货的减少(增加"－"号填列)		
经营性应收项目的减少(增加"－"号填列)		
经营性应付项目的增加(减少"－"号填列)		
其他		
经营活动产生的现金流量净额		
2．不涉及现金收支的重大投资和筹资活动		
债务转为资本		
一年内到期的可转换公司债券		
融资租入固定资产		
3．现金及现金等价物变动情况		
现金的期末余额		
减：现金的期初余额		
加：现金等价物的期末余额		
减：现金等价物的期初余额		
现金及现金等价物净增加额		

7.3.4 现金流量表的编制

资产负债表和利润表主要是根据权责发生制原则编制，而现金流量表是按照收付实现制原则编制，即将权责发生制原则下的盈利信息调整为收付实现制下的现金流量信息，便于信息使用者了解企业净利润的质量。现金流量表编制基础是现金及现金等价物。现金流量表编制需要的信息资料包括：①比较资产负债表，提供从期初到期末资产、负债和所有者权益变动的数额；②当期的损益表，有助于确定期内由经营活动产生或运用的现金数额；③其他相关信息，一般从会计记录中获得。

1．现金流量表编制方法

现金流量表的编制方法主要是针对经营活动的现金流量的编制而言的。为了计算来自经营活动的现金净流量，必须将权责发生制基础调整为收付实现制基础，调整方法包括直接法与间接法。

1) 直接法

所谓直接法，又称损益表法，它是直接分项目列示经营活动对现金流量的影响。一般是以利润表中的营业收入为起算点，调节与经营活动有关的项目的增减变动，然后计算出经营活动产生的现金流量。换而言之，这种方法以同期损益表、比较资产负债表以及有关账户的明细资料为依据，以损益表中的各收入、费用项目为起算点，分别调整与经营活动有关的流动资产和流动负债的增减变动，将权责发生制确认的本期各项收支分析调整为以收付实现制为基础的经营活动现金流量。直接法的调整过程如下：

销售商品、提供劳务收到的现金＝营业收入净额(包括主营业务收入和其他业务收入)＋应交税费(销项税额)＋应收账款、应收票据减少额＋预收账款增加额＋当期收回前期核销的坏账损失－应收账款、应收票据增加额－预收账款减少额－本期的坏账损失－应收票据贴现利息

收到的税费返还＝按规定收到的增值税、消费税、营业税、所得税、教育费附加返还等，本项目根据有关科目的记录分析填列。

收到其他与经营活动有关的现金＝除上述各项以外，收到其他与经营活动有关的现金，如罚款收入、经营租赁固定资产收到的租金、流动资产损失中由个人赔偿的现金收入、除税费返还外的其他政府补助收入等

购买商品、接受劳务支付的现金＝营业成本(包括主营业务成本和其他业务成本)＋应交税费(进项税额)＋应付账款、应付票据减少额＋预付账款增加额＋存货的增加额－应付账款、应付票据增加额－预付账款减少额－存货减少额－本期列入生产成本和制造费用的应付职工薪酬－计入产品成本的固定资产折旧费和修理费与无形资产摊销等费用

支付给职工以及为职工支付的现金＝生产成本、制造费用、管理费用中应付职工薪酬＋(应付职工薪酬期初余额－应付职工薪酬期末余额)－(应付职工薪酬(在建工程)期初余额－应付职工薪酬(在建工程)期末余额)

支付的各项税费＝本期发生并支付的税费＋本期支付以前各期发生的税费和预交的税金(如教育费附加、印花税、房产税、土地增值税、车船使用税、营业税、增值税、所得税等)

支付的其他与经营活动有关的现金＝上述各项目以外的、其他与经营活动有关的现金支付，如罚款支出、差旅费支出、业务招待费支出、保险费支出、经营租赁支付的现金等，本项目包括的子项目中，金额较大的，应以单独项目反映。

直接法的优点是通过顺算将损益表上以权责发生制为基础的、与经营活动有关的各项目调整为收付实现制基础的收入现金和支出现金，较详细地列示了来自经营活动的现金流入量和现金流出量，便于分析企业经营活动产生的现金流量的来源和用途，能全面地反映企业一定时期的现金收支全貌，有利于预测企业现金流量的未来前景和正确评价企业偿债能力、变现能力、投资能力和支付股利的能力。

直接法的缺点是直接法要求企业经营活动中现金收支种类少且简单，当企业现金收支种类多、流动渠道错综复杂时，会造成表述经营活动现金流量的困难；权责发生制和收付实现制两种基础上的利润易使人产生误解；另外，由于无法说明税后净利润与同期现金增减数之间差额的原因，必须同时在报表补充资料中按间接法将净利润调整为经营活动的现金净流量。

2) 间接法

所谓间接法，是指以净利润为起算点，调整不涉及现金的收入、费用、营业外收支等有关项目，剔除投资活动、筹资活动对现金流量的影响，据此计算出经营活动产生的现金

流量。也就是将权责发生制原则下的净利润调整为收付实现制下的经营活动现金净流量，并剔除投资活动和筹资活动对现金流量的影响。调整过程如下：

经营活动现金净流量＝本期净利润＋不减少现金的费用项目＋与经营活动有关的非现金流动资产的减少及流动负债的增加＋列于利润表但属于投资活动与筹资活动的费用及损失项目－不增加现金的收入－与经营活动有关的非现金流动资产的增加及流动负债的减少－列于利润表但属于投资活动与筹资活动的收益项目

中国现金流量表准则规定企业应当采用直接法编报现金流量表，同时要求在现金流量表"补充资料"中提供按间接法将净利润调节到经营活动现金流量的信息，从而兼顾了两种方法的优点。

2. 现金流量表编制程序

现金流量表编制可以直接根据资产负债表、利润表和有关会计科目明细账的记录，分析计算出现金流量表各项目的金额，并据以编制现金流量表的一种方法，基本步骤如下：

第一步，准备现金流量表，列示三个部分：经营活动产生的现金流量、投资活动产生的现金流量、筹资活动产生的现金流量；

第二步，计算现金及现金等价物的变动额，即现金的净增加或净减少额，即现金流量表中的"目标"数字；

第三步，计算除现金及现金等价物账户之外的资产负债表账户的变动净额。通过这些账户的余额的变动，分析这些账户余额变化是否同时引起现金的流入或流出，可分析它们的变动对现金及现金等价物的影响情况；

第四步，通过利用资产负债表账户的变动净额、当期的损益表和有关补充资料，确定现金流量、非现金投资和筹资活动以及汇率变动影响。如果上述账户余额的变化影响现金流量，应区分经营活动产生的现金流量、投资活动产生的现金流量、筹资活动产生的现金流量。如果上述账户余额的变化并未引起现金流量的改变，则分析确定它们是由于非现金利润表项目造成的，还是投资活动或筹资活动的结果。如果是前者，则确定从净收益到来自经营活动净现金流量的调整额，如果是后者，则要认定与其同时发生的投资或筹资活动的组成部分。

通过上面的工作可完成现金流量表各部分的内容，然后对各部分进行小计，汇总计算现金净流量，最后核对其与现金账户余额变化数是否相符。

任务：现金流量表的编制实例操作

1. 任务描述

根据任务一、任务二资料，辉正股份有限公司其他相关资料如下：

(1) 2×16年度利润表有关项目的明细资料如下：

① 管理费用的组成：职工薪酬17 100元，无形资产摊销60 000元，折旧费20 000元，支付其他费用60 000元。

② 财务费用的组成：计提借款利息 11 500 元，支付应收票据(银行承兑汇票)贴现利息 30 000 元。

③ 资产减值损失的组成：计提坏账准备 900 元，计提固定资产减值准备 30 000 元。上年年末坏账准备余额为 900 元。

④ 投资收益的组成：收到股息收入 30 000 元，与本金一起收回的交易性股票投资收益 500 元，自公允价值变动损益结转投资收益 1 000 元。

⑤ 营业外收入的组成：处置固定资产净收益 50 000 元(其所处置固定资产原价为 400 000 元，累计折旧为 150 000 元，收到处置收入 300 000 元)。假定不考虑与固定资产处置有关的税费。

⑥ 营业外支出的组成：报废固定资产净损失 19 700 元(其所报废固定资产原价为 200 000 元，累计折旧为 180 000 元，支付清理费用 500 元，收到残值收入 800 元)。

⑦ 所得税费用的组成：不存在纳税调整事项，当期所得税费用为 77 575 元。

⑧ 除上述项目外，利润表中的销售费用 20 000 元至期末已经支付。

(2) 2×16 年资产负债表有关项目的明细资料如下：

① 本期收回交易性股票投资本金 15 000 元，公允价值变动 1 000 元，同时实现投资收益 1 500 元。

② 存货中生产成本、制造费用组成：职工薪酬 324 900 元，折旧费 80 000 元。

③ 应交税费的组成：本期增值税进项税额 42 466 元，增值税销项税额 212 500 元，已交增值税 100 000 元，应交所得税期末余额为 20 097 元，应交所得税期初余额为 0，应交税费期末数应由在建工程负担的部分为 100 000 元。

④ 应付职工薪酬的期初数无应付在建工程人员的部分，本期支付在建工程人员职工薪酬 200 000 元，应付职工薪酬的期末数中应付在建工程人员的部分为 28 000 元。

⑤ 应付利息均为短期借款利息，其中本期计提利息 11 500 元，支付利息 12 500 元。

⑥ 本期用现金购买固定资产 101 000 元，购买工程物资 300 000 元。

⑦ 本期用现金偿还短期借款 250 000 元，偿还一年内到期的长期借款 1 000 000 元，借入长期借款 560 000 元。

2. 任务要求

根据以上资料，编制辉正股份有限公司 2×16 年度现金流量表。

3. 任务分析

辉正公司可以采用直接法编制现金流量表的正表，间接法编制现金流量表附表。直接法和间接法相关公式请见"知识准备"里的现金流量表编制。除了这些公式外，辉正公司还需根据根据以下等式编制现金流量表正表：

经营活动的现金流量净额＝经营活动现金流入合计－经营活动现金流出合计
投资活动的现金流量净额＝投资活动现金流入合计－经营活动现金流出合计
筹资活动的现金流量净额＝筹资活动现金流入合计－筹资活动现金流出合计

现金及现金等价物净增加额＝经营活动的现金流量净额

＋投资活动的现金流量净额

＋筹资活动的现金流量净额

＋汇率变动对现金及现金等价物的影响

期末现金及现金等价物余额＝现金及现金等价物净增加额

＋期初现金及现金等价物余额

4. 任务具体完成过程

现金流量表正表和附表各项目计算过程如下所述。

1) 用直接法编制现金流量表正表

直接法下现金流量表正表各项目金额分析确定如下：

销售商品、提供劳务收到的现金

＝1 250 000＋212 500－(598 200－299 100)＋(246 000－66 000)－900－30 000

＝1 312 500(元)

购买商品、接受劳务支付的现金

＝750 000＋42 466－(2 580 000－2 484 700)＋(953 800－953 800)＋(200 000－100 000)＋(100 000－100 000)－324 900－80 000

＝392 266(元)

支付给职工以及为职工支付的现金

＝324 900＋17 100－(180 000－110 000)－(0－28 000)

＝300 000(元)

支付的各项税费＝77 575＋2 000＋100 000－(20 097－0)＝159 478(元)

支付其他与经营活动有关的现金＝60 000＋20 000＝80 000(元)

收回投资收到的现金＝15 000＋1 500＝16 500(元)

取得投资收益所收到的现金＝30 000 元

处置固定资产收回的现金净额＝300 000＋(800－500)＝300 300(元)

购建固定资产支付的现金＝101 000＋300 000＋200 000＝601 000(元)

取得借款收到的现金＝560 000 元

偿还债务支付的现金＝250 000＋1 000 000＝1 250 000(元)

偿还利息支付的现金＝12 500 元

根据以上计算结果编制现金流量表正表(见表 7-9)。

表 7-9 现金流量表

会企 03 表

编制单位：辉正股份有限公司　　2×16 年度　　单位：元

一、经营活动产生的现金流量	本 期 金 额	上 期 金 额
销售商品、提供劳务收到的现金	1 312 500	略
收到的税费返还	0	
收到其他与经营活动有关的现金	0	

续表

一、经营活动产生的现金流量	本期金额	上期金额
经营活动现金流入小计	1 312 500	
购买商品、接受劳务支付的现金	392 266	
支付给职工以及为职工支付的现金	300 000	
支付的各项税费	159 478	
支付其他与经营活动有关的现金	80 000	
经营活动现金流出小计	931 744	
经营活动产生的现金流量净额	380 756	
二、投资活动产生的现金流量		
收回投资收到的现金	16 500	
取得投资收益收到的现金	30 000	
处置固定资产、无形资产和其他长期资产收回的现金净额	300 300	
处置子公司及其他营业单位收到的现金净额	0	
收到其他与投资活动有关的现金	0	
投资活动现金流入小计	346 800	
购建固定资产、无形资产和其他长期资产支付的现金	601 000	
投资支付的现金	0	
取得子公司及其他营业单位支付的现金净额	0	
支付其他与投资活动有关的现金	0	
投资活动现金流出小计		
投资活动产生的现金流量净额	−254 200	
三、筹资活动产生的现金流量		
吸收投资收到的现金	0	
取得借款收到的现金	560 000	
收到其他与筹资活动有关的现金	0	
筹资活动现金流入小计	560 000	
偿还债务支付的现金	1 250 000	
分配股利、利润或偿付利息支付的现金	12 500	
支付其他与筹资活动有关的现金	0	
筹资活动现金流出小计	1 262 500	
筹资活动产生的现金流量净额	−702 500	
四、汇率变动对现金及现金等价物的影响	0	
五、现金及现金等价物净增加额	−575 944	
加：期初现金及现金等价物余额	1 406 300	
六、期末现金及现金等价物余额	830 356	

2) 采用间接法编制现金流量表附表

将净利润调节为经营活动现金流量各项目计算分析如下：

资产减值准备＝30 900 元

固定资产折旧＝20 000＋80 000＝100 000(元)

无形资产摊销＝60 000 元

处置固定资产、无形资产和其他长期资产的损失＝－50 000 元

固定资产报废损失＝19 700 元

财务费用＝11 500 元

投资损失＝－31 500 元

存货的减少＝2 580 000－2 484 700＝95 300(元)

经营性应收项目的减少
＝(246 000－66 000)－(598 200－299 100)－900＝－120 000(元)

经营性应付项目的增加
＝－(200 000－100 000)＋(953 800－953 800)＋(180 000－28 000－110 000)＋(226 731－100 000－36 600)＝32 131(元)

经营活动产生的现金流量净额
＝232 725＋30 900＋100 000＋60 000－50 000＋19 700＋11 500－31 500＋95 300－120 000＋32 131

＝380 756(元)

根据以上计算结果，编制现金流量表附表即补充资料(见表 7-10)。

表 7-10　现金流量表补充资料

编制单位：辉正股份有限公司　　　　　　　　　　　　　　　　　　　单位：元

补 充 资 料	本 期 金 额	上 期 金 额
1. 将净利润调节为经营活动现金流量		
净利润	232 725	
加：资产减值准备	30 900	
固定资产折旧、油气资产折耗、生产性生物资产折旧	100 000	
无形资产摊销	60 000	
长期待摊费用摊销	0	
处置固定资产、无形资产和其他长期资产的损失(收益以"－"号填列)	－50 000	
固定资产报废损失(收益以"－"号填列)	19 700	
公允价值变动损失(收益以"－"号填列)	0	
财务费用(收益以"－"号填列)	11 500	
投资损失(收益以"－"号填列)	－31 500	
递延所得税资产减少(增加以"－"号填列)	0	
递延所得税负债增加(减少以"－"号填列)	0	
存货的减少(增加"－"号填列)	95 300	

续表

补 充 资 料	本 期 金 额	上 期 金 额
经营性应收项目的减少(增加"—"号填列)	－120 000	
经营性应付项目的增加(减少"—"号填列)	32 131	
其他	0	
经营活动产生的现金流量净额	380 756	
2．不涉及现金收支的重大投资和筹资活动		
债务转为资本	0	
一年内到期的可转换公司债券	0	
融资租入固定资产	0	
3．现金及现金等价物变动情况		
现金的期末余额	830 356	
减：现金的期初余额	1 406 300	
加：现金等价物的期末余额	0	
减：现金等价物的期初余额	0	
现金及现金等价物净增加额	－575 944	

7.4 所有者权益变动表的编制

情境引例

辉正公司对一定会计期间企业经济业务进行账务处理后，在会计期末需要知道企业在该会计期间的经营是增加了所有者权益还是减少了所有者权益？所有者权益变动的原因是什么？所有者权益变动表采用什么的格式？报表中各项目金额如何确定的？

知识准备

7.4.1 所有者权益变动表的内容

所有者权益变动表是反映公司本期(年度或中期)内至截至期末所有者权益变动情况的报表。通过所有者权益变动表，既可以为报表使用者提供所有者权益总量增减变动的信息，也能为其提供所有者权益增减变动的结构性信息，特别是能够让报表使用者理解所有者权益增减变动的根源。所有者权益变动表的内容包括：所有者权益总量的增减变动；所有者权益增减变动的重要结构性信息，特别是要反映直接计入所有者权益的利得和损失，让报表使用者准确理解所有者权益增减变动的根源；当期损益、直接计入所有者权益的利得和损失，以及与所有者(或股东，下同)的资本交易导致的所有者权益的变动。

在所有者权益变动表中，企业至少应当单独列示反映下列信息的项目：①净利润；②直接计入所有者权益的利得和损失项目及其总额；③会计政策变更和差错更正的累积影响金

第 7 章　财务报告的编制

额；④所有者投入资本和向所有者分配利润等；⑤提取的盈余公积；⑥实收资本或股本、资本公积、盈余公积、未分配利润的期初和期末余额及其调节情况。

7.4.2 所有者权益变动表的格式

为了清楚地表明构成所有者权益的各组成部分当期的增减变动情况，所有者权益变动表应当以矩阵的形式列示：一方面，列示导致所有者权益变动的交易或事项，改变了以往仅仅按照所有者权益的各组成部分反映所有者权益变动情况，而是从所有者权益变动的来源对一定时期所有者权益变动情况进行全面反映；另一方面，按照所有者权益各组成部分(包括实收资本、资本公积、盈余公积、未分配利润和库存股)及其总额列示交易或事项对所有者权益的影响。此外，企业还需要提供比较所有者权益变动表，所有者权益变动表还就各项目再分为"本年金额"和"上年金额"两栏分别填列。具体格式见表 7-11。

表 7-11　所有者权益变动表

编制单位：　　　　　　　　　　××××年度/月/季度　　　　　　　　　　会企 04 表
　　　　　　　　　　　　　　　　　　　　　　　　　　　　　　　　　　　单位：元

项　目	本年金额					上年金额				
	实收资本(或股本)	资本公积	盈余公积	未分配利润	所有者权益合计	实收资本(或股本)	资本公积	盈余公积	未分配利润	所有者权益合计
一、上年年末余额										
加：会计政策变更										
前期差错更正										
二、本年年初余额										
三、本年增减变动金额(减少以"—"号填列)										
(一) 净利润										
(二) 直接计入所有者权益的利得和损失										
1. 可供出售金融资产公允价值变动净额										
2. 权益法下被投资单位其他所有者权益变动的影响										
3. 与计入所有者权益项目相关的所得税影响										
4. 其他										
上述(一)和(二)合计										
(三) 所有者投入和减少资本										
1. 所有者投入资本										

续表

项　目	本 年 金 额					上 年 金 额				
	实收资本(或股本)	资本公积	盈余公积	未分配利润	所有者权益合计	实收资本(或股本)	资本公积	盈余公积	未分配利润	所有者权益合计
2. 股份支付计入所有者权益的金额										
3. 其他										
(四) 利润分配										
1. 提取盈余公积										
2. 对所有者(或股东)的分配										
3. 其他										
(五) 所有者权益内部结转										
1. 资本公积转增资本(或股本)										
2. 盈余公积转增资本(或股本)										
3. 盈余公积弥补亏损										
4. 其他										
四、本年年末余额										

7.4.3 所有者权益变动表的填列方法

1. 上年金额栏的填列方法

所有者权益变动表"上年金额"栏内各项数字，应根据上年度所有者权益变动表"本年金额"栏内所列数字填列。如果上年度所有者权益变动表规定的各个项目的名称和内容同本年度不相一致，应对上年度所有者权益变动表各项目的名称和数字按本年度的规定进行调整，填入所有者权益变动表"上年金额"栏内。

2. 本年金额栏的填列方法

所有者权益变动表"本年金额"栏内各项数字一般应根据"实收资本(或股本)""资本公积""盈余公积""利润分配""库存股""以前年度损益调整"科目的发生额分析填列。

3. "上年年末余额"

"上年年末余额"反映上年资产负债表中实收资本(或股本)、资本公积、库存股、盈余公积、未分配利润的年末余额，根据上年所有者权益变动表填列。

4. "会计政策变更""前期差错更正"

分别反映采用追溯调整法处理的会计政策变更的累积影响金额和采用追溯重述法处理的会计差错更正的累积影响金额。

5. "本年增减变动额"

(1) "净利润",反映企业当年实现的净利润(或净亏损)金额。

(2) "直接计入所有者权益的利得和损失",反映企业当年直接计入所有者权益的利得和损失金额。

① "可供出售金融资产公允价值变动净额",反映企业持有的可供出售金融资产当年公允价值变动的金额。

② "权益法下被投资单位其他所有者权益变动的影响",反映企业对按照权益法核算的长期股权投资,在被投资单位除当年实现的净损益以外其他所有者权益当年变动中应享有的份额。

③ "与计入所有者权益项目相关的所得税影响",反映企业根据《企业会计准则第18号—所得税》规定应计入所有者权益项目的当年所得税影响金额。

6. "所有者投入和减少资本"

反映企业当年所有者投入的资本和减少的资本。

(1) "所有者投入资本",反映企业接受投资者投入形成的实收资本(或股本)和资本溢价或股本溢价。

(2) "股份支付计入所有者权益的金额",反映企业处于等待期中的权益结算的股份支付当年计入资本公积的金额。

7. "利润分配"

反映企业当年的利润分配金额。

(1) "提取盈余公积",反映企业按照规定提取的盈余公积。

(2) "对所有者(或股东)的分配",反映对所有者(或股东)分配的利润(或股利)金额。

8. "所有者权益内部结转"

"公积弥补亏损",反映企业以盈余公积弥补亏损的金额。

9. "本年年末余额"

分别根据 4 至 8 加减计算获得,反映本年资产负债表中实收资本(或股本)、资本公积、库存股、盈余公积、未分配利润的年末余额。

 业务操作

任务:所有者权益变动表编制实例操作

1. 任务描述

辉正公司盈余公积提取比例为 10%,向股东分配现金股利 32 215.85 元,其他资料见项目一中的任务一和项目二中的任务一。

2. 任务要求

请为辉正公司编制 2×16 年度所有者权益变动表。

3. 任务分析

所有者权益变动表中各项目金额的填列方法请见"知识准备"里的所有者权益变动表内容。盈余公积期初 100 000 元，本期提取了 23 272.50 元，所以 2×16 年期末余额为 123 272.50 元。未分配利润项目年初 50 000 元，本期实现净利润 232 725 元，提取盈余公积 23 272.50 元，向所有者分配股利 32 215.85 元，所以 2×16 年期末余额为 227 236.65 元。由于上述的变动，导致辉正公司所有权权益总额由期初 5 000 000 元增加到期末 5 350 509.15 元。

4. 任务具体完成过程

任务具体完成过程见表 7-12。

表 7-12 所有者权益变动表

会企 04 表

编制单位：辉正股份有限公司　　　　2×16 年度　　　　单位：元

项　　目	本年金额					上年金额(略)			
	实收资本(或股本)	资本公积	盈余公积	未分配利润	所有者权益合计	实收资本(或股本)	资本公积	盈余公积	未分配利润	所有者权益合计
一、上年年末余额	5 000 000	0	100 000	50 000	515 000				
加：会计政策变更									
前期差错更正									
二、本年年初余额	5 000 000	0	100 000	50 000	515 000				
三、本年增减变动金额(减少以"—"号填列)									
(一) 净利润				232 725	232 725				
(二) 直接计入所有者权益的利得和损失									
1. 可供出售金融资产公允价值变动净额									
2. 权益法下被投资单位其他所有者权益变动的影响									
3. 与计入所有者权益项目相关的所得税影响									
4. 其他									
上述(一)和(二)合计									
(三) 所有者投入和减少资本									
1. 所有者投入资本									

续表

项 目	本年金额					上年金额(略)				
	实收资本(或股本)	资本公积	盈余公积	未分配利润	所有者权益合计	实收资本(或股本)	资本公积	盈余公积	未分配利润	所有者权益合计
2. 股份支付计入所有者权益的金额										
3. 其他										
(四) 利润分配										
1. 提取盈余公积			23 272.5	−23 272.5	0					
2. 对所有者(或股东)的分配				−32 215.85	−32 215.85					
3. 其他										
(五) 所有者权益内部结转										
1. 资本公积转增资本(或股本)										
2. 盈余公积转增资本(或股本)										
3. 盈余公积弥补亏损										
4. 其他										
四、本年年末余额	5 000 000	0	123 272.5	227 236.65	5 350 509.15					

7.5 财务报表附注

情境引例

会计信息使用者想知道企业的基本情况,采用什么样的会计政策等,这些信息则需要在财务报表附注中披露。

知识准备

7.5.1 财务报表附注的概念和特征

财务报表附注是对资产负债表、利润表、现金流量表和所有者权益变动表等报表中列示项目的文字描述或明细资料,以及对未能在这些报表中列示项目的说明等。财务报表附注具有以下特征。

1. 解释和补充说明

财务报表附注是对财务报表的补充说明,是财务会计报告体系的重要组成部分,可以使报表使用者全面了解企业的财务状况、经营成果和现金流量。财务报表附注拓展了企业会计信息的内容。打破了三张主要报表内容必须符合会计要素的定义,又必须同时满足相关性和可比性的限制,突破了揭示项目必须用货币加以计量的局限性。通过报表附注的文字说明,辅以某些统计资料或定性信息,可弥补财务信息的不足,从而能全面反映企业面临的机会与风险,将企业价值充分体现出来,保证了信息的完整性,从而有助于信息使用者做出最佳的决策。

2. 拓展性、延伸性

财务报表附注除了解释和补充说明财务报表内容外,还要对其加以分析、评价,并有针对性地提出一些改进工作的建议、措施。如通过市场占有率、投入产出等信息,管理当局可以了解本企业在同行中的地位。发现自己的优势与不足,从而采取措施改进企业经营管理,提高生产效率和产品质量,扩大产品的市场占有率。此外,在附注中通过自愿披露企业在安排就业、员工培训、社区服务、环境治理等方面信息。有助于树立企业良好形象,促进企业健康发展。

3. 附属性

财务报表与附注之间存在一个主次关系:财务报表是主体,附注处于从属地位。没有财务报表的存在,附注就失去了依靠,其功能也就无处发挥;而没有附注恰当的延伸、说明。财务报表的功能就难以有效地实现。两者相辅相成,形成一个完善的有机整体。

7.5.2 财务报表附注的主要内容

附注应当按照如下顺序披露有关内容。

1. 企业的基本情况

(1) 企业注册地、组织形式和总部地址。

(2) 企业的业务性质和主要经营活动,如企业所处的行业、所提供的主要产品或服务、客户的性质、销售策略、监管环境的性质等。

(3) 母公司以及集团最终母公司的名称。

(4) 财务报告的批准报出者和财务报告批准报出日。

2. 财务报表的编制基础

财务报表的编制基础是指财务报表是在持续经营的基础上编制的还是在非持续经营的基础上编制的。一般情况下,企业的财务报表是在持续经营的基础上编制的。企业在清算和破产的情况下编制的财务报表属于在非持续经营的基础上编制的财务报表。

3. 遵循企业会计准则的声明

企业应当声明编制的财务报表符合企业会计准则的要求,真实、完整地反映了企业的财务状况、经营成果和现金流量等有关信息。以此明确企业编制财务报表所依据的制度基础。如果企业编制的财务报表只是部分地遵循了企业会计准则,附注中不得做出这种表述。

4. 重要会计政策和会计估计

根据财务报表列报准则的规定,企业应当披露采用的重要会计政策和会计估计,不重要的会计政策和会计估计可以不披露。

1) 重要会计政策的说明

由于企业经济业务的复杂性和多样化,某些经济业务可以有多种会计处理方法,也即存在不止一种可供选择的会计政策。例如,存货的计价可以有先进先出法、加权平均法、个别计价法等;固定资产的折旧,可以有平均年限法、工作量法、双倍余额递减法、年数总额法等。企业在发生某项经济业务时,必须从允许的会计处理方法中选择适合本企业特点的会计政策,企业选择不同的会计处理方法,可能极大地影响企业的财务状况和经营成果,进而编制出不同的财务报表。为了有助于报表使用者理解,有必要对这些会计政策加以披露。

需要特别指出的是,说明会计政策时还需要披露下列两项内容。

(1) 财务报表项目的计量基础。会计计量属性包括历史成本、重置成本、可变现净值、现值和公允价值,这直接显著影响报表使用者的分析,这项披露要求便于使用者了解企业财务报表中的项目是按何种计量基础予以计量的,如存货是按成本还是可变现净值计量等。

(2) 会计政策的确定依据,主要是指企业在运用会计政策过程中所做的对报表中确认的项目金额最具影响的判断。例如,企业如何判断持有的金融资产是持有至到期的投资而不是交易性投资;又比如,对于拥有的持股不足 50%的关联企业,企业为何判断企业拥有控制权因此将其纳入合并范围;再比如,企业如何判断与租赁资产相关的所有风险和报酬已转移给企业,从而符合融资租赁的标准;以及投资性房地产的判断标准是什么等,这些判断对在报表中确认的项目金额具有重要影响。因此,这项披露要求有助于使用者理解企业选择和运用会计政策的背景,增加财务报表的可理解性。

2) 重要会计估计的说明

财务报表列报准则强调了对会计估计不确定因素的披露要求,企业应当披露会计估计中所采用的关键假设和不确定因素的确定依据,这些关键假设和不确定因素在下一会计期间内很可能导致对资产、负债账面价值进行重大调整。

在确定报表中确认的资产和负债的账面金额过程中,企业有时需要对不确定的未来事项在资产负债表日对这些资产和负债的影响加以估计。例如,固定资产可收回金额的计算需要根据其公允价值减去处置费用后的净额与预计未来现金流量的现值两者之间的较高者确定,在计算资产预计未来现金流量的现值时需要对未来现金流量进行预测,并选择适当的折现率,应当在附注中披露未来现金流量预测所采用的假设及其依据、所选择的折现率为什么是合理的等。又如,为正在进行中的诉讼提取准备时最佳估计数的确定依据等。这些假设的变动对这些资产和负债项目金额的确定影响很大,有可能会在下一个会计年度内做出重大调整。因此,强调这一披露要求,有助于提高财务报表的可理解性。

5. 会计政策和会计估计变更以及差错更正的说明

企业应当按照《企业会计准则第 28 号—会计政策、会计估计变更和差错更正》及其应用指南的规定,披露会计政策和会计估计变更以及差错更正的有关情况。

6. 报表重要项目的说明

企业应当以文字和数字描述相结合、尽可能以列表形式披露报表重要项目的构成或当期增减变动情况,并且报表重要项目的明细金额合计,应当与报表项目金额相衔接。在披露顺序上,一般应当按照资产负债表、利润表、现金流量表、所有者权益变动表的顺序及其项目列示的顺序。会计报表中重要项目的说明,会计报表中重大项目主要有:①应收款项(不包括应收票据)及计提坏账准备的方法;②存货、投资核算的方法;③固定资产计价和折旧方法;④无形资产计价和摊销的方法;⑤长期待摊费用的摊销方法;⑥收入的分类及金额;⑦所得税的会计处理方法。

7. 其他需要说明的重要事项

这主要包括或有和承诺事项、资产负债表日后非调整事项、关联方关系及其交易等,具体的披露要求须遵循相关准则的规定。其他重大会计事项的说明有:①企业合并、分立;②重要资产的转让或出售情况;③重大投资、融资活动;④合并会计报表的说明;⑤其他有助于理解和分析会计报表的事项。

业务操作

任务:江苏春兰制冷设备股份有限公司财务报表附注

本任务摘取江苏春兰制冷设备股份有限公司财务报表附注的部分内容如下:

江苏春兰制冷设备股份有限公司财务报表附注

附注一、公司基本情况

江苏春兰制冷设备股份有限公司(以下简称公司或本公司)是经江苏省体改委苏体改生[1993]66号文和中华人民共和国对外贸易经济合作部[1993]外经贸资二函字第780号文件批准,由春兰(集团)公司、香港钟山有限公司、泰州春兰特种空调器厂及泰州春兰销售公司共同发起设立的股份有限公司。公司于1994年2月2日经中国证监会证监发审字[1994]10号文批准,向社会公开发行人民币普通股股票3 000万股,发行后普通股总计12 000万股,并于同年4月25日在上海证券交易所挂牌交易。

根据公司1996年5月18日召开的1995年度股东大会决议,1995年度公司向全体股东按每10股送1股。

根据公司1997年5月18日召开的1996年度股东大会决议,1996年度公司向全体股东按每10股送2股。

根据公司1998年5月30日召开的1997年度股东大会决议,1997年度公司向全体股东按每10股送3股。

1998年7月,经中国证券监督管理委员会证监公司字[1998]77号文核准,以公司总股本20 592万股为基数,按每10股配售1.923股的比例配股,该次配股共增加股本2 970万股。

根据公司1998年利润分配方案，1998年度公司向全体股东按每10股送3股。

2001年8月，经公司2000年第二次临时股东大会表决通过并经中国证券监督管理委员会证监公司字[2001]79号文核准，公司向社会新增发行人民币普通股6 000万股，每股面值人民币1.00元，新增发行股票后，股本为人民币36 630.60万元。

2001年8月，根据公司2001年6月28日召开的2000年度股东大会决议，公司以资本公积金向全体股东每10股转增5股[由于在2000年利润分配方案实施前公司增发了6 000万股A股，公司资本公积金转增股本方案以登记日2001年8月23日登记在册全体股东的股本36 630.60万股计算，向全体股东每10股转增4.181股，同时每10股派发现金股利1.67元(含税)]。该次转增后，公司股本总额为519 458 538股。

根据公司2006年6月19日股权分置改革相关股东会议决议，经商务部2006年7月6日商资批[2006]1444号《关于同意江苏春兰制冷设备股份有限公司股权转让的批复》批准，公司A股非流通股股东共将6 541.981 7万股支付给A股流通股股东。公司转股后，注册资本仍为519 458 538元，总股本519 458 538股，均为A股流通股。

公司经营范围：生产销售空调等制冷产品、空调用红外线遥控、专用集成电路、电子元器件、制冷压缩机等动力机械；物业管理和房屋租赁、自营和代理各类商品及技术的进出口业务。房地产开发经营。

公司的组织框架：公司已根据《公司法》和《章程》的规定，设置了股东大会、董事会、监事会、总经理等组织机构，股东大会是公司的权力机构。

附注二、公司主要会计政策、会计估计和前期差错

一、财务报表的编制基础

公司以持续经营为基础，根据实际发生的交易和事项，按照《企业会计准则—基本准则》和各项具体会计准则及其他相关规定进行确认和计量，并在此基础上编制财务报表。

二、遵守企业会计准则的声明

公司所编制的财务报表符合企业会计准则的要求，真实、完整地反映了报告期公司的财务状况、经营成果和现金流量等有关信息。

三、会计期间

公司会计年度自公历1月1日起至12月31日止。

四、记账本位币

公司以人民币为记账本位币。

五、同一控制下和非同一控制下企业合并的会计处理方法

略。

六、合并财务报表的编制方法

略。

七、现金及现金等价物的确定标准

现金包括公司库存现金以及可以随时用于支付的银行存款和其他货币资金。

公司将持有的期限短(自购买日起三个月内到期)、流动性强、易于转换为已知金额现金、价值变动风险很小的投资，确定为现金等价物。

八、外币业务和外币报表折算

略。

九、金融工具

略。

十、应收款项

(一) 单项金额重大的应收款项坏账准备的确认标准、计提方法

1．单项金额重大的应收款项坏账准备的确认标准

单项金额重大的应收款项，是指期末余额在500.00万元以上的应收账款和期末余额在100.00万元以上的其他应收款。

2．单项金额重大的应收款项坏账准备的计提方法

资产负债表日，公司对单项金额重大的应收款项单独进行减值测试。如有客观证据表明其发生了减值的，则按其预计未来现金流量现值低于其账面价值的差额，确认减值损失，计提坏账准备；单项金额重大的应收款项经测试未发生减值的并入其他单项金额不重大的应收款项，依据其期末余额，按照账龄分析法计提坏账准备。

应收款项发生减值的客观证据，包括下列各项：①债务人发生严重财务困难；②债务人违反了合同条款(如偿付利息或本金发生违约或逾期等)；③出于经济或法律等方面因素的考虑，对发生财务困难的债务人做出让步；④债务人很可能倒闭或进行其他债务重组。

(二) 按组合计提坏账准备的应收款项

1．确定组合的依据

账龄组合：单项金额重大但经单独测试后未计提坏账准备的应收款项加上扣除单项计提坏账准备后的单项金额不重大的应收款项，以应收款项账龄为类似信用风险特征组合。

2．按组合计提坏账准备的计提方法

账龄组合，公司按照账龄分析法计提坏账准备的计提比例如下：

账　　龄	应收账款计提比例(%)	其他应收款计提比例(%)
1年以内(含1年)	1.00	1.00
1～2年	10.00	10.00
2～3年	30.00	30.00
3～4年	50.00	50.00
4～5年	80.00	80.00
5年以上	100.00	100.00

(三) 单项金额虽不重大但单项计提坏账准备的应收账款

单项金额不重大的应收款项是指单项金额在500.00万元以下的应收账款和期末余额在100.00万元以下的其他应收款。

公司对于单项金额虽不重大但具备以下特征的应收款项(与对方存在争议或涉及诉讼、仲裁的应收款项；已有明显迹象表明债务人很可能无法履行还款义务的应收款项等)，可以单独进行减值测试，有客观证据表明其发生了减值的，根据其未来现金流量现值低于其账面价值的差额，确认减值损失，计提坏账准备。同时，公司将扣除单项计提坏账准备后的

单项金额不重大的应收款项,以应收款项账龄为类似信用风险特征组合计提坏账准备。

十一、存货

(一) 存货的分类

公司存货分为在途物资、原材料、周转材料(包括包装物和低值易耗品)、委托加工物资、在产品、库存商品(产成品)、发出商品、开发成本等。

(二) 发出存货的计价方法

发出材料采用加权平均法核算,发出库存商品采用加权平均法核算。

(三) 存货可变现净值的确定依据及存货跌价准备的计提方法

1．存货可变现净值的确定依据

(1) 库存商品(产成品)和用于出售的材料等直接用于出售的商品存货,在正常生产经营过程中,以该存货的估计售价减去估计的销售费用和相关税费后的金额,确定其可变现净值。

(2) 需要经过加工的材料存货,在正常生产经营过程中,以所生产的产成品的估计售价减去至完工时估计将要发生的成本、估计的销售费用和相关税费后的金额,确定其可变现净值。

(3) 为执行销售合同或者劳务合同而持有的存货,其可变现净值以合同价格为基础计算;公司持有存货的数量多于销售合同订购数量的,超出部分的存货的可变现净值以一般销售价格为基础计算。

(4) 为生产而持有的材料等,用其生产的产成品的可变现净值高于成本的,该材料仍然按照成本计量;材料价格的下降表明产成品的可变现净值低于成本的,该材料按照可变现净值计量。

2．存货跌价准备的计提方法

(1) 公司按照单个存货项目的成本与可变现净值孰低计提存货跌价准备。

(2) 对于数量繁多、单价较低的存货,公司按照存货类别计提存货跌价准备。

(3) 与在同一地区生产和销售的产品系列相关、具有相同或类似最终用途或目的,且难以与其他项目分开计量的存货,则合并计提存货跌价准备。

(四) 存货的盘存制度

公司存货盘存采用永续盘存制,并定期进行实地盘点。

(五) 周转材料的摊销方法

1．低值易耗品的摊销方法

公司领用低值易耗品采用一次转销法进行摊销。

2．包装物的摊销方法

公司领用包装物采用一次转销法进行摊销。

……

十二、长期股权投资

略。

十三、投资性房地产

略。

十四、固定资产

······

二十五、主要会计政策和会计估计的变更

公司在本报告期内无会计政策变更事项。

(二) 会计估计变更

公司在本报告期内无会计估计变更事项。

二十六、前期会计差错更正

公司本报告期内无前期差错更正事项。

附注三、税项

1．主要税种和税率

税　种	计税依据	税　率
增值税	销项税额—可抵扣进项税额	17%
营业税	营业额	5%
城市维护建设税	应纳流转税额	7%
企业所得税	应纳税所得额	25%
房产税	房屋租赁收入	12%
土地使用税	土地面积	5元/平方米

2．税收优惠及批文

略。

 知识拓展

1．了解单步式利润表的编制；
2．了解报告式资产负债表的编制；
3．了解小企业会计准则对财务报表编制的要求。

 本章小结

1．教学内容
(1) 财务报告体系、列报的基本要求。
(2) 资产负债表的编制。
(3) 利润表的编制。
(4) 现金流量表的编制。
(5) 所有者权益变动表的编制。
(6) 财务报表附注的编制。
2．教学重点
财务报表各项目数据的生成过程。

3. 教学难点

现金流量表的编制。

4. 教学建议

(1) 通过向学生解读《企业会计准则—财务报告准则》使学生掌握财务报告编制的要求。

(2) 课件演示企业财务报表编制的全过程，让学生理解各财务报表是如何编制的。

(3) 技能掌握及巩固：通过例题讲解、学生讨论与交流以及习题，熟练掌握财务报表的编制。

(4) 根据学生掌握的情况，引导学生思考除了教材中所学习的遵循《企业会计准则》编制财务报告之外，遵循《小企业会计准则》编制财务报表有何不同。

训 练 题

一、单项选择题

1. 公司 2×16 年度发生以下业务：以银行存款购买将于 2 个月后到期的国债 500 万元，偿还应付账款 200 万元，支付生产人员工资 150 万元，购买固定资产 300 万元。假定不考虑其他因素，该企业 2×16 年度现金流量表中"购买商品、接受劳务支付的现金"项目的金额为(　　)万元。

　　A．200　　　　　　B．350　　　　　　C．650　　　　　　D．1 150

2. 下列各项中，不属于现金流量表"筹资活动产生的现金流量"的是(　　)。

　　A．实际收到分配的现金股利　　　　B．发行公司债券实际收到的现金

　　C．增发股票实际收到的现金　　　　D．偿还公司债券支付的现金

3. 支付给在建工程人员的工资应列示在现金流量表(　　)项目中。

　　A．支付给职工以及为职工支付的现金

　　B．支付其他与经营活动有关的现金

　　C．购建固定资产、无形资产和其他长期资产支付的现金

　　D．投资支付的现金

4. 公司 2×16 年购买商品支付 500 万元(含增值税)，支付 2×15 年接受劳务的未付款项 50 万元，2×16 年发生的购货退回 15 万元，假设不考虑其他条件，公司 2×16 年现金流量表"购买商品、接受劳务支付的现金"项目中应填列(　　)万元。

　　A．535　　　　　　B．465　　　　　　C．435　　　　　　D．500

5. 下列各项中，会引起现金流量表"经营活动产生的现金流量净额"发生变化的是(　　)。

　　A．固定资产的购置与处置　　　　　B．支付在建工程人员工资

　　C．转让股票投资取得的收入　　　　D．以现金购买办公用品

6. 下列各项中，不影响工业企业营业利润的是(　　)。

　　A．主营业务成本　　　　　　　　　B．其他业务成本

　　C．劳务成本　　　　　　　　　　　D．营业税金及附加

7. 企业 2×16 年 10 月主营业务收入为 200 万元，主营业务成本为 120 万元，营业税金及附加为 10 万，管理费用为 5 万元，销售费用为 3 万，制造费用为 4 万元，资产减值损

失为2万元,投资收益为15万元。假定不考虑其他因素,该企业当月的营业利润为(　　)万元。

A. 62　　　B. 70　　　C. 71　　　D. 75

8. 企业"应付账款"科目月末贷方余额40 000元,其中:"应付阳光公司账款"明细科目贷方余额35 000元,"应付雨露公司账款"明细科目贷方余额5 000元;"预付账款"科目月末贷方余额30 000元,其中:"预付雪花工厂账款"明细科目贷方余额50 000元,"预付大庆工厂账款"明细科目借方余额20 000元。该企业月末资产负债表中"应付账款"项目的金额为(　　)元。

A. 90 000　　B. 30 000　　C. 40 000　　D. 70 000

9. 下列各项中,不属于资产负债表中"货币资金"项目的是(　　)。

A. 交易性金融资产　　　　B. 银行结算户存款
C. 信用卡存款　　　　　　D. 外埠存款

10. 下列资产负债表项目中,应根据多个总账科目余额计算填列的是(　　)。

A. 应付账款　　　　　　　B. 盈余公积
C. 未分配利润　　　　　　D. 长期借款

二、多项选择题

1. 下列会计科目,在编制资产负债表时应列入"存货"项目的有(　　)。

A. 材料采购　　　　　　　B. 材料成本差异
C. 工程物资　　　　　　　D. 周转材料

2. 下列各项中,应列入利润表"资产减值损失"项目的有(　　)。

A. 原材料盘亏损失　　　　B. 固定资产减值损失
C. 应收账款减值损失　　　D. 无形资产处置净损失

3. 企业2×16年发生的营业收入为2 000万元,营业成本为1 200万元,销售费用为40万元,管理费用为100万元,财务费用为20万元,投资收益为80万元,资产减值损失为140万元(损失),公允价值变动损益为160万元(收益),营业外收入为50万元,营业外支出为30万元。该企业2010年的营业利润和利润总额分别为(　　)万元。

A. 660　　　B. 740　　　C. 640　　　D. 760

4. 下列各项中,应列入利润表"营业税金及附加"项目的有(　　)。

A. 增值税　　　　　　　　B. 城市维护建设税
C. 教育费附加　　　　　　D. 矿产资源补偿费

5. 在填列资产负债表"一年内到期的非流动负债"项目时,需要考虑的会计科目有(　　)。

A. 应付票据　　　　　　　B. 应付债券
C. 长期借款　　　　　　　D. 应付股利

6. 下列各项资产项目中,直接根据总账科目余额填列的有(　　)。

A. 固定资产　　　　　　　B. 短期借款
C. 应收股利　　　　　　　D. 交易性金融资产

7. 下列各项中,应在资产负债表"预付款项"项目列示的有(　　)。

A. "应付账款"科目所属明细科目的借方余额

B. "应收账款"科目所属明细科目的借方余额
C. "应收账款"科目所属明细科目的贷方余额
D. "预付账款"科目所属明细科目的借方余额

8. 下列交易或事项中,会引起现金流量表"经营活动产生的现金流量净额"发生变化的有( )。
   A. 支付广告费   B. 支付借款利息
   C. 购入固定资产   D. 收到返还的税费

9. 现金流量表中的"支付给职工以及为职工支付的现金"项目包括( )。
   A. 支付给退休人员的退休金   B. 支付的在建工程人员的职工薪酬
   C. 支付的销售部门人员的职工薪酬 D. 支付的生产工人的职工薪酬

10. 下列各项中,属于现金流量表"投资活动产生的现金流量"的有( )。
    A. 固定资产的购置与处置   B. 支付在建工程人员工资
    C. 转让股票投资取得的收入   D. 以银行存款支付购买材料款

三、判断题

1. 财务报告附注是对在资产负债表、利润表、现金流量表和所有者权益变动表等报表中列示项目的文字描述或明细资料,以及对未能在这些报表中列示项目的说明等。( )

2. 所有者权益变动表"上年年末余额"项目,反映企业上年资产负债表中实收资本(或股本)、资本公积、库存股、盈余公积、未分配利润的年末余额。( )

3. 企业以发行债券的方式筹集资金实际收到的款项应反映在"取得借款收到的现金"项目中。( )

4. 利润表中"营业税金及附加"项目包括增值税和印花税。( )

5. 企业年末"长期待摊费用"科目的余额为200万元,其中将于1年内摊销完的为50万元,那么资产负债表中的"长期待摊费用"项目的金额为200万元。( )

6. 一套完整的财务报表至少应当包括资产负债表、利润表、现金流量表、所有者权益变动表和附注。( )

7. 货币资金项目,反映企业库存现金、银行结算户存款、外埠存款、银行汇票存款、银行本票存款、信用证保证金存款等的合计数。本项目应根据"库存现金""银行存款"科目期末余额的合计数填列。( )

8. 如果固定资产清理科目出现借方余额,应在资产负债表"固定资产清理"项目中以负数填列。( )

9. "开发支出"项目应当根据"研发费用"科目中所属的"资本化支出"明细科目期末余额填列。( )

10. "应付账款"项目应根据"应付账款"和"预付账款"科目所属各明细科目的期末贷方余额合计数填列;如"应付账款"科目所属明细科目期末有借方余额的,应在资产负债表"预付款项"项目内填列。( )

参 考 文 献

[1] 陈立军. 中级财务会计[M]. 北京：中国人民大学出版社，2015.
[2] 企业会计准则编审委员会员. 企业会计准则[M]. 上海：立信会计出版社，2015.
[3] 企业会计准则编审委员会员. 企业会计准则—应用指南[M]. 上海：立信会计出版社，2015.
[4] 窦洪波. 会计核算实务[M]. 北京：中国财政经济出版社，2011.
[5] 戴德明，林钢，赵西卜. 财务会计学[M]. 7版. 北京：中国人民大学出版社，2014.
[6] 戴德明，林钢，赵西卜. 财务会计学学习指导书[M]. 7版. 北京：中国人民大学出版社，2015.
[7] 财政部会计资格评价中心. 中级会计实务[M]. 北京：经济科学出版社，2015.
[8] 葛家澍，丁增稳. 财务会计[M]. 4版. 大连：大连出版社，2014.
[9] 刘永泽. 中级财务会计[M]. 大连：东北财经大学出版社，2014.
[10] 孔德兰. 企业财务会计[M]. 北京：高等教育出版社，2014.